理解他者　理解自己

也
人
———
The Other

徐前进 著

驶于当下

技术理性的
个体化
阐释

上海书店出版社
SHANGHAI BOOKSTORE PUBLISHING HOUSE

目 录

前
言

在进入现代社会的最初时刻，汽车的运动性改变了人的感觉系统，包括时间—空间感、空间—速度感。它在这个时刻获得了一种超越伦理或超越法律的社会境遇：排放的尾气让人享受，激起的尘土让人敬畏。但在现代高效的生产制度下，汽车进入了普及化的阶段。街道上挤满了汽车，路边的停车位已经无法满足需求，人类生存模式中那些恶劣的愿望与企图开始主导汽车时代的日常生活领域。汽车进入人类历史之初所创造的新奇感觉几乎都消失了。汽车及其功能成为一种具有矛盾性的日常生活形式，既是一个空间破坏者，也是一种实用化的移动方式。

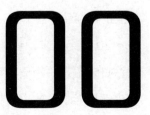

一、机器与物质主义

现代日常生活是一个消费模式主导的感觉领域，同时也是一个具有无限变化可能的物质所构成的实在领域。但在思想意义上，日常生活中的物质处于隐性或缺失的状态。文字以使用说明书的形式阐释这些物质的功能，但一般都被限定在大众阅读之外的封闭空间，词汇贫乏，语法简单，拒绝无目的的想象，所以没有广泛传播的可能，并会因其功能的时效性而很快被覆盖或遗忘。日常生活中的物质也就具有了一种神秘性。这种神秘性源于物质在两个方面受到的忽视：一是在同一时间性里的忽视，即当代人对于当下物质状况的忽视；二是在不同时间性里的忽视，即现代人不了解过去的物质状况，未来的人也不了解这个时代的物质状况。

这是一种出现在"过去—现在"之间的时间性断裂，也是一种关于"存在—记忆"的知识性断裂。自人类历史开始以来，这种断裂在日常生活领域中一直存在，而且未来也可能会持续下去。历史学家会凭借复原一个时刻的日常生活证明自己杰出的研究能力，他们依靠的是个体化的想象力和修辞学技巧，但无法干预这种断裂在未来叙事空间里的延续性。

20 世纪以来，哲学领域的现象学派注意到这种断裂，并提出要关注日常语言、物质与空间状况，现象学由此被视为"一种关于处于其生活世界之中的人的哲学，它能够以某种严格的科学方式来说明这个生活世界的意义"[1]。鉴于此，哲学家进入了日常物质、语言与事件领域。由于无法处理那些琐碎、无常、不可把握的状况，他们最终又回归纯粹的思想领域。相比而言，社会学和非虚构文学或"当下文学"（关于当下的写作）[2]对于这个目的的实践更充分。但因其与现象学理论的联系并不密切，这种实践也就缺乏深刻的理论背景，尤其是关于日常生活的时间性、日常叙事与人类中心主义叙事关系的思考，所以日常生活状况仍旧无法进入现代理性话语的主体结构。

日常生活成为人类中心主义叙事之外的隐蔽领域，在文本意义上不可追溯、不可复原。每一个时代的日常生活都被限定为当下的感受，确切地说是个体神经系统内部的、即时性的感受。在工业化之前的时代，这些感受虽然是孤立存在的，但对于个体而言仍然是完整的。现代机器控制日常生活之后，它们不再是完整的，而且更替的节奏更快。一旦新技术引起日常生活中物质状况的变化，这些依存于之前物质体系的个体感受也就不存在了。总之，个体感受总是处在"当下"状态。这里的"当下"是一种断裂性的时间状态，与过去无关，也不会通向未来，与现在也仅仅具有一种局部的、可隐匿和可忽视的关系。

当下日常生活中的物质与个体感受本该是宏观叙事或逻辑分析的基础，但最终消失不见，未来的宏观叙事或逻辑分析会出现一种形而上的、非实践化的倾向。这种状况普遍存在于"过去—现在"的历史结构中，而在"现在—未来"的时间结构中同样如此。未来的人无法把握当下正在发生的事件及其空间和物质结构，这个时代的日常生活

－1 ［奥］阿尔弗雷德·许茨：《社会实在问题》，霍桂恒译，浙江大学出版社，2011 年，第124 页。
－2 Gianfranco Rubino, "Avant-Propos", *Écrire le présent*, sous la direction de Gianfranco Rubino et Dominique Viart, Paris: Armand Colin, 2013, p.12.

状况也就无法传递到未来的话语空间。在普遍意义上，每个人都处在不断流动的日常生活中，他们是日常生活领域的主导者，他们独立地选择日常物质的类别，独立地决定这些物质的用途与归宿。虽然这些物质与同时存在的人的状态密切相关，但出于上述原因不会成为长时段的历史记忆。

日常生活物质中有一个被人类中心主义的叙事机制所刻意剪切掉的类别，即功能性的物质。其中的一部分会进入当下的日常因果关系叙事，但只会进入语言的名词系统，而这个名词系统最终又因其所依存的物质体系的消失而成为一个不可知的语言领域。20 世纪，汽车对于现代社会机制而言是一种无可取代的功能性物质，从根本上改变了人类社会的动力基础，但也无法逃脱被裁剪的命运。汽车驱逐了牛马，成为公共道路的主角，在世界范围内改变了路面结构、城市景观和法律体系，而且是一个现代时间—空间与身体移动性的重要支撑，并在一定程度上因其所具有的无限动力机制驱逐了古代奴隶制度，然而汽车却很少进入现代文字机制，因其属于这个被人类中心主义剪切掉的类别。

关于物质的知识在不间断地更新，但这个进程中也有一个反常现象：旧知识被新知识取代后不会形成长时段的记忆，不会进入档案系统，几乎都是直接消失。几乎每一种新知识变陈旧后都会有相似的命运。考古学家对于这种状况没有提出健全的应对方案，他们实际上缩减了自身的功能，将自己的力量限定在被裁剪的物质领域。他们的视野需要求助于运气，也就是在不经意间发现另一个时代的物质遗存，然后进行一系列弥补性的、想象性的推理工作。历史学家虽然受到这类问题的直接影响，他们也没有应对方案，所以多数情况下会采取置之不理的态度。

　　现代人总是间接或直接地受制于汽车所创造的空间转换效率、信息传递效率和身体移动效率。如果有人认为自己只要待在工作室里，步行出入，也不能就此否认汽车对于日常生活和宏观历史趋势的影响，也不能说自己不受汽车的影响。因为他身边的人、他的衣食住行都处在这种机械化的移动性里，他的生活环境也被这种移动性所改变。同样，文学家、哲学家、自然科学家也都处在这种机械化的移动性里，但这依然不能改变汽车在档案生成机制里被裁剪、被忽视的命运。电影与电视等音像体制最大限度地表现了汽车对于日常生活和宏观历史的意义，但这不是关于人类记忆的稳定的、可传递的方式，而是一个以娱乐为目的的艺术空间，虚构有不受质疑的合理性，所以很少有人苛求其中的真实性。汽车以及相关的技术体系在历史进程中逐渐进入人类知识谱系的最深层，成为一种被遗忘的、不可见的重要性。

　　汽车是一个具体的象征，是对现代机器历史性处境的阐释。现代文化是一种将机器作为动力基础并对其功能有特定预期的历史状态，然而机器在现代叙事中始终处在沉默或隐形状态。18 世纪以来，现代机器不间断地影响人类社会的状况，并在一些重大时刻改变了历史的方向。在启蒙时代后期，机器降低了奴隶制度的存在价值，在实质意义上加速了它的消失。在工业化前期，机器所塑造的社会阶级状况孕育了现代革命的动机，并改变了现代政治的基本结构。在工业化后期，机器重新塑造了人的神经系统，改变了人的时间感和空间感，加快了日常生活的节奏；机器体系加剧了现代战争的残酷性，但也创造了空前的城市文明。20 世纪初，机器已经是现代生产和生活秩序的决定性因素，并以其机械化的单向付出机制消解了社会阶级之间的暴力对抗。

机器与现代职业类别、社会管理和政治理念等构成了一个功能综合体，雅斯贝斯称之为"机器的统治"[1]。我们很难想象一旦失去机器的动力机制，现代文化会变成什么样的状态。奴隶制度会不会重新出现，人类政治模式会不会改变？

尽管如此，机器仍旧无法打破人类中心主义主导的叙事—记忆机制。机器加速了奴隶制度的消失，并协助人类建立了高效、平等、自由的现代制度，但待其功能终结仍旧无法避免在双重意义上被驱逐：一是物质形态的消失，二是在叙事—记忆机制中的消失。这是现代历史上一个关于存在与记忆的矛盾：一种机器在其功能丧失之后就被排挤出实用主义体系，进而被排挤出叙事—记忆机制，看起来就像从来没有存在过一样。这个现象源于人类中心主义与物质主义之间的对立。虽然这种对立的结果从古至今都是存在的，但我们不能就此否认机器对于改造人类历史的巨大作用。

那些强有力的、具备特定功能的机器没有语言能力，也就没有关于政治权力和日常生活方面的主动需求，它们甚至不在意自始至终受到人类叙事—记忆机制的忽视。中国学者吴国盛认为其主要原因是技术本身有"自我隐蔽"的特点[2]。法国学者西蒙栋（Gilbert Simondon）认为这是现代文化的特征，也就是"把技术归于非人性的范畴，并因此与之抗争"[3]。鉴于此，他批判了这种在人和机器之间制造对立的文化模式，并试图在物质主义的体制下构建一种技术或机器文化，然后重

－ 1 ［德］卡尔·雅斯贝斯：《时代的精神状况》，王德峰译，上海译文出版社，2005 年，第 23 页。
－ 2 吴国盛：《技术哲学讲演录》，中国人民大学出版社，2016 年，第 124 页。
－ 3 ［法］贝尔纳·斯蒂格勒：《技术与时间：爱比米修斯的过失》，裴程译，译林出版社，2019 年，第 24 页。

新认识现代文化和机器的关系。

在这一方面，我们不能苛求将人的身份赋予机器，事实上也无法在人类中心主义叙事—记忆机制中复原机器的存在状态，因为机器不具有类人化的主体性，要完全依赖于人的行为机制，但我们也不能将之彻底从现代文化中剥离，"文化一旦失去了与技术物体的真正联系，那么它也就会失去文化的真正的一般性特征"[1]。汪民安试图在机器与人类中心主义的叙事—记忆机制之间构建确切的联系，并从这一角度分析现代家庭中的机器状态，将之纳入现代叙事—记忆机制："洗衣机有一个复杂的叙事过程，它有一个开端，一个发展，一个高潮，一个结局……像是一部叙事小说一样起起伏伏。它发出的声音充满着变奏，有时候是轻快的水流声，有时候是间断性的嗡嗡声，有时候发出迅疾的低声轰鸣，最后是戛然而止的警报提示音。"[2] 对于人类中心主义的叙事—记忆机制而言，家庭中的机器成为一个具有反思价值的类别。

机器改变了日常生活的时间性与空间性，打破了人与劳动之间的传统关系。汪民安将洗衣机看作是女性独立的物质基础："解除了衣服和妇女的劳动关联，而且还解除了这种关联中的身份征兆……最终将妇女从一个受难式的被压抑的文化视角中解放出来。"[3] 几乎所有的家庭机器都能减轻人的劳动强度，将人从生产性的劳动状态推向消费性的享受生活状态。这是机器对于日常生活机制的改变。而在日常生活之外，机器也不完全是人类的压迫者，相反它创造了一个有别于传统社会的生存状态："合理化与机器化将无数来源不同的因素汇合成巨大的

- 1 ［法］贝尔纳·斯蒂格勒：《技术与时间：爱比米修斯的过失》，第 24 页。
- 2 汪民安：《论家用电器》，河南大学出版社，2015 年，第 9 页。
- 3 同上，第 11—12 页。

洪流，这样的结果不是一种把人当作低级动物的奴隶经济，而是一种由独立人格形成的经济。"[1]

在物质主义的视野下，现代文化应该有其他的阐释方式。这里的"物质主义"有别于马克思的"商品拜物教"，也不同于社会伦理学意义的"物质主义"，即个体将物质视为生活的第一要义，甘于被诱惑并无限度消耗物质的消极状态。所以，物质主义是一种在人类中心主义之外重新评估物质功能及其价值的思想体系，其目的是打破无意识物质和有意识生命之间的界限，将那些作为宏观历史与日常生活基础的物质纳入人类叙事—记忆机制，重构现代文化阐释学。一个人看自己的手表，在人类中心主义的视角下，我们会认为他在看时间，为自己的生活状态获得时间定位，或日常生活的节奏感。但在物质主义的视角下，看表的内涵不只如此，也是在看表的物质结构及其所具有的功能。这些功能是一个物质—技术序列的独特属性，并以一种独立的存在状态进入人类日常生活的景观。

在人类中心主义的范畴内，物质主义在实践意义和思想意义上一直受到忽视。物质的静止状态受到忽视，物质的功能受到忽视，物质的演化过程也受到忽视。这是物质在人类知识谱系中处于边缘的重要原因。马克思注意到这种状况，并做了一些基础性的工作。尽管他的分析背景是阶级对立，但仍有开拓性的意义。在马克思的观念中，物质基础决定了一个时代的思想状态，但在物质主义体系中，这个观点还有进一步发掘的可能。物质没有语言能力，它们总是处在被改造、被使用、被抛弃、被忽视的境地，并最终因为没有语言能力和感受能

─ 1　［德］卡尔·雅斯贝斯：《时代的精神状况》，第 6 页。

力，它们对于人类中心主义的叙事—记忆机制始终没有反思的可能。法国哲学家斯蒂格勒认识到这个问题，进而从物质主义的角度描述日常物质的功能，但解决这个问题并不容易，研究者会被持续的沉闷所控制，因其面对的始终是一个不能言的机器—技术领域。

"不能言"包含两个方面的内涵。第一个方面显而易见，即机器—技术领域与叙事—记忆机制各行其道，但远离叙事—记忆机制会减弱机器—技术阐释学的重要性，并且会妨碍叙事—记忆机制对于现代文明的解释思路。机器—技术已经内嵌于现代文明，我们虽然可以在人文主义思路的背景下构建现代文明叙事，忽视机器—技术领域，但这会造成现代叙事中无主体或偏离主体的现象，伦理判断或道德谴责之类的主观叙事会趁机抢夺关于现代文明进程的解释权力。

德国历史学家迈内克用这种方式为纳粹德国辩护，并将这个历史现象归结于西方道德普遍没落的问题："希特勒时代的德国人身上的这种马基雅维利式的不道德因素，并不仅仅限于德国人，而是属于那个骇人听闻的过程中的普遍动荡的一部分，无论那是西方的没落，还是西方转换为一种新的生活方式，'没有一个人做了好事，没有一个人'。"[1]实际上，他忽视了机器—技术领域对于人的行为模式的影响。在现代机器—技术机制主导的社会分工时代，很多人死于人道主义暴行。当我们追究罪责时却会遇到难题，因为一个人被指控犯了杀人罪，但他说自己只是按了一个按钮，然后一个技术体系承担了消灭生命的功能。

迈内克没有发掘现代人的机器—技术属性及其受到机器—技术体系控制的情况，所以他只能纠结于道德判断，并将德国人的民族性转

－1　［德］弗里德里希·迈内克：《德国的浩劫》，何兆武译，商务印书馆，2013年，第68页。

变成现代人或欧洲人的普遍问题。这是一种令人反感的辩解策略。自从机器进入现代历史之后，人的主体性及其境遇发生了彻底的变化。一个人要去做他不愿意做的甚至违背其伦理的事，但由于机器—技术体系创造了一个漫长、模糊的因果关系类别，他不清楚自己行为的严重后果。机器—技术塑造了一种新的生存秩序，人与人之间的认知、交往与责任感已被机器—技术体系打乱。在这个新秩序中的人仍旧支配着自己的身体，却不一定是源于个体的自由意志，而可能受制于"技术统治"时代的"顺从机制"[1]。这个分析思路对于迈内克的观点更有利，因其能在更普遍的意义上说明现代人在机器—技术所主导的现代文明体系中所具有的被动性和从属性。

关于"不能言"第二方面的内涵具有间接的隐蔽性。机器—技术领域不但自身会远离叙事—记忆机制，与之相关的人也会消失于这个机制。他们可能是一个时代高效机械动力的创造者，主导了一个领域的物质与技术变革，然而在文本意义上却不可见："技术不仅颠覆了写作，也与所谓的人类一起将其吞噬并携之而去，导致无法对技术进行具体的描述。"[2] 所以，"不能言"的第二个方面与第一个方面在本质上没有区别，相反是对第一个方面的强化，即机器—技术领域既有内在的隐蔽性，又有对外的吞噬性。

对于机器—技术领域的研究有一个困难：除了通过想象力与感受力获得的单向度的解释思路之外，我们无法直接获得机器的内在感受，

- 1　[美] 道格拉斯·凯尔纳：《技术、战争与法西斯主义：20世纪40年代的马尔库塞》，出自 [美] 赫伯特·马尔库塞：《技术、战争与法西斯主义》，高海清、冯波译，人民出版社，2019年，第6、11页。
- 2　[德] 弗里德里希·基特勒：《留声机 电影 打字机》，邢春丽译，复旦大学出版社，2017年，第2页。

因为这种感受对于人而言是不存在的。这是一个长期以来就存在的问题，"哲学自古至今把技术遗弃在思维对象之外，技术即是无思"[1]。在这种状况下，我们也就无法证明对于这个没有动机、不能言语的对象的分析是否合理。海德格尔对于这个问题的判断是深刻的："技术本身阻断了对其本质的体验。"[2]

　　一般而言，对于人类历史状况的分析，记忆是压倒一切的。关于一个问题的记忆越丰富，相关分析就会越具体。相反，没有记忆则没有历史。而语言对于日常生活的所指能力是日常生活状况在记忆中存在的前提，"事件总是语言的事件，总是一个可言之物"[3]。所以，塑造记忆的前提是语言的所指功能变成稳定的历史文本。伟大的英雄人物改变了历史进程，但在历史文本学意义上，他们改变的是叙事—记忆机制。如果这些人不具备语言能力，或者说他们即使具备语言能力而无法主导叙事—记忆机制，那么同样不会在现代人的观念中成为改变历史进程的角色。

　　机器影响了现代历史的进程，并在一些重大时刻改变了现代历史的方向，但机器没有语言能力，所以不会进入人类历史的个体和集体记忆系统。因为能言，或者说具备语言能力是塑造历史性存在的前提："可言之物既不是某个简单的语言之物，也不是某个纯粹的事实之物：根据一个古老的根源，它处于思想和事物、言词和世界之间。不是和词语分离的事物，而是被说出并被命名的事物；不是作为自主符号的言词，而是命名并显现了事物的行为中的言词。或者，我们还可以更

－1　［法］贝尔纳·斯蒂格勒：《技术与时间：爱比米修斯的过失》，第 1 页。
－2　［德］弗里德里希·基特勒：《留声机 电影 打字机》，第 3 页。
－3　［意］吉奥乔·阿甘本：《奇遇》，尉光吉译，西南师范大学出版社，2018 年，第 85 页。

确切地说，它是一个处在了其纯粹可言性当中的事物，是一个向着语言到来的事物。"[1] 而机器处在这种状态之外。谁都不能否定机器在塑造现代历史进程中的巨大力量，但很少有人能够说明这个过程是什么样的，因为机器不能言。

所以，作为一个技术集合体的机器总是被限定在当下的日常生活领域。人类宏观历史是一个无限延长的状态，处在当下日常生活中的机器能够进入这种延长性的记忆空间，并在一个时刻是这种历史延长性的基础因素，但最终又被人类中心主义主导的叙事—记忆机制所排斥。当一类机器的功能正常运转，而且这些功能有可观的经济价值，那么在这个时刻它就具有不可取代性，或被视为现代生产序列的基本要素。一旦它的功能出现失常状态，或是在这个序列中不再具有经济价值，那么这类机器就会被迫消失，并进入废物回收机制。这是宏观历史中一个沉默的、没有缅怀意义的领域，一个最终被彻底遗忘的领域，而不是一个具有知识考古学意义的、可追溯的领域。人类叙事—记忆机制中关于存在与印象的关系不适用于机器领域，一旦预设的功能消失，机器的存在及其印象会一同消失。

汽车是一种功能性的物质，在当下的日常生活中无处不在，既是现代城市意识形态的动力基础，也是消费主义时代的身体移动基础，以一个无可取代的角色承担着物质、人员与信息的运输功能，但在未来呢？汽车有很多种进入人类叙事—记忆机制的方式，包括技术手册的功能描述、消费者的即时性评论、生产者的自传性写作等，但由于不能言，汽车仍旧处在现代档案生成体系的边缘地带，在人类记忆中

－1　[意]吉奥乔·阿甘本：《奇遇》，第86页。

是一个不稳定的、难以追溯的角色。

如果汽车被部分地放在实物陈列馆或博物馆，它们还有可能进入现代知识的考古学领域。因为实物陈列馆或博物馆是由公共财政维持的供普通人缅怀、纪念或追忆的公共记忆保存机构，也是一种维持物质功能可解释性的重要机构。对于无限流动的、不断更新换代的物质而言，这类机构有不可取代的意义，因其能弥补平面化文字在塑造一类意义时的不完备，并在一定程度上对抗文字的单向度解释以及其中的独断目的。但与汽车相关的物质进入陈列馆或博物馆的可能性很小，所以，未来的人理解这个时代的燃油动力汽车时只能依靠片段化的、选择性的叙事—记忆机制。即使未来有人在地层里发现了它们被水、盐、各种矿物质侵蚀后剩余的残损部分，也很难阐释各部分的功能。

现代汽车在销售时会统一配备技术手册。在现代思想领域，这类手册几乎没有分析的价值，语法简单，动词和形容词单调，其中的名词属于日常话语的边缘系列，在形而上学和抽象分析中出现的机会很少。这是一种不具备深入解读可能的技术文本。在未来的思想史、社会学、政治学和历史研究的参考书目中，这些技术文本一般不会出现。未来可能会有一个类似于"技术社会学"的新领域，重视那些控制日常生活的方方面面却在学术研究中被忽略的物质与技术，但这个新领域最终会不会出现，能不能形成完整的分析话语，在目前看来还是一个不确定的问题。鉴于此，这些附属于机器—技术领域的专业知识手册在人类历史中会处在一种悬置的状态。

汽车类杂志是一种展示汽车状态的图像形式。这类杂志有三类功能：一是驾驶感觉的传递，二是现代设计—审美，三是商业销售目的。在传统的档案生成机制中，汽车杂志因其商业性和技术性而被排斥在

外。我们在这个世界上很难找到哪家公立图书馆或档案馆专门为这类
杂志确定了独立的知识类别，并将之完整收录。所以，这类杂志在人
类知识谱系中不会成为一个无限传承的类别。

　　作为一种技术综合体的汽车是现代人类行为模式的革新者，在人
类叙事—记忆机制中却是一种附属物质，尽管配置了大量先进、复杂的
技术与科技功能，仍旧不具有跨时代阐释、承担双向或多向情感沟通的
能力，所以很多关于汽车的研究也就不能突破汽车在人类叙事—记忆机
制中的附属性。麦克卢汉提出了一个具有物质歧视性的概念，即"机器
新娘"（The Mechanical Bride），用来描述车主与汽车的关系[1]。当代
非虚构作家彼得·海斯勒（Peter Hessler）描述过奇瑞汽车的状况，
但汽车在他的语言中仍然是一个被刻意塑造的附属角色。汽车对于他而
言是一种保护个体安全的物质，或一种不可取代的视野，没有汽车，他
就不能构建关于中国日常风俗的叙事。但在这个叙事类型中，汽车最终
还是成为一个可有可无的附属品。他驾驶着一辆汽车从北京南下芜湖，
参观了奇瑞的工厂和技术陈列室，简短地与奇瑞领导交谈。

　　这场对话很仓促，双方都没有摸清对方的目的。海斯勒是要见一
见奇瑞的领导，完善非虚构写作的情节。这个领导是要尽微薄的地主
之谊，他不知道这个美国记者能在多大程度上帮助或阻碍公司的发展。
而海斯勒没有处理好这一场跨领域、跨技术体系的对话。在他们之间
始终有一个关于日常领域与技术领域、源于美国百年汽车文化与中国
自主制造初级阶段的落差，而且短暂的接触甚至无法突破陌生感所主
导的僵硬话语模式："我们拥有的是进取心，我们没有品牌，没有认知

－1 ［加］马歇尔·麦克卢汉：《机器新娘：工业人的民俗》，何道宽译，中国人民大学出版
社，2004 年。

度，什么都没有，我们拥有的只是强烈的进取心。"[1] 所以，这个对话的
场景既没有历史性的绵长与厚重，也没有汽车工业与物质感觉所主导
的技术话语的准确性。

非虚构文学仍旧处于人类中心主义范畴，虽然突破了传统文学的
视野局限，但对于物质主义的理解是不足的。这种写作体裁重新定义
了文学与日常生活的联系，创造了写作场景的平等化、日常化和即时
性，让那些微小的、转瞬即逝的场景具备了解释的意义。但迄今为止，
这个体裁仍旧没有摆脱传统文学的写作策略。在传统文学模式中，最
重要的是人，尤其是那些能够改变一个空间存在状态的人。但在传统
文学和非虚构文学模式之外，那些为人改造的物质领域、独立存在的
物质领域或改变人的生存状态的物质领域同样具有写作的意义。而这
些领域迄今仍旧受到无意或刻意的忽视。

为了直接进入这个被忽视的领域，我购买了一辆汽车。2020 年这
本书的初稿完成后，我试图跟这个汽车生产商建立联系，以确定相关
数据是否准确，并希望获得机会考察生产线，以实践者的角色体验中
国制造状况及其与消费心理的关系。在这个过程中，我感受到身处物
质与感觉领域中的孤独。这些以稳定的技术状态行驶的汽车仍旧被限
定在日常消费领域，几乎难以找到进入现代思想领域的途径。2020 年
3 月，我致电汽车生产商，通话首先进入人工智能应答模式："自助查
询请按 0，救援请按 1，投诉请按 2，咨询请按 3，重听请按 9。"进
入咨询系列后，人工智能提示正在接通人工服务，"通话期间会录音"。
我告知了我的目的：我根据你们公司生产的汽车写了一本书，一是说

－1 ［美］彼得·海斯勒：《奇石：来自东西方的报道》，李雪顺译，上海译文出版社，2014
年，第 315 页。

明中国制造的状况，二是阐释机器动力与现代社会的关系，希望您能为我联系相关技术人员，以便确认书中数据的准确性。人工话务员告诉我一个电子邮箱，写信后可以得到答复。我打开网页，在电子邮箱中输入收信地址，然后在文本框中输入具体内容：

> 您好，我有一辆贵公司生产的手动挡汽车，目前正在写一本汽车与中国制造的书，已基本完稿，但缺少研发过程的数据。这本书的目的是将汽车纳入现代社会的进程，将之看作是现代生活的动力机制。鉴于此，我希望贵公司能给我对接相应部门，让我更好地了解研发经过、调校技术、车身各部分的数据，当然在不涉及商业秘密的情况下。

等待三个月之后，我没有得到回信，所以再次拨打客服电话。客服提示我在手机上关注车主俱乐部服务号，其中的人工服务会给我提供相关信息。进入车主俱乐部服务号之后，自动答复系统发来对话提示："亲爱哒～夏日炎炎，愿我的服务给您带来清凉，我是人见人爱的奇瑞客服'瑞文'，请问有什么可以效劳的？"我再次阐释我的目的：

——目前还没有这方面的信息的，非常抱歉。

——如果书出版了，涉及技术不准确的地方，怎么办？你们会不会找我的麻烦？

——目前还没有这方面的信息的，非常抱歉了……亲，给您添麻烦了。

迫于无奈，我拨打人工客服电话，说明我在这个过程中所遇到的困难，并强调这是纯粹的学术研究，不涉及商业利益，既不会要求提供研究资助，也不期望写成后获得奖赏，"我只是想借此说明中国制造的进步，以及机器动力对于现代社会的重要性"。客服人员表示会为我联系相关部门："请保持手机畅通，我们会尽快和您联系。"三天后，我接到了电话："对不起，我们目前没有这类服务，请您再想其他办法。"

我或许可以将这个过程归结为汽车文化的薄弱，或者汽车生产商服务意识的局限，然后做一番批评或指责。但这不是我的目的，我不想在构建汽车感觉的过程中用讽刺的方式对待这辆车的生产商，相反，我理解他们在面对复杂的消费舆论时的不知所措。尽管我有塑造汽车文化的意图，却没有实践的能力。一个庞大的现代机器生产体制怎么会在不具备相互了解的前提下满足一个身处这个体制之外的陌生人的愿望？这辆汽车的终点是废物处理机制，而不是现代思想机制。在人类中心主义的时代，谁会为一辆廉价的、不能言的汽车写作？就此而言，我的目的反而是不可理解的。

如果突破了我与汽车生产商的二元关系，从第三方的视角分析，我应该感谢这个徒劳无功的沟通过程，因其进一步将我塑造为一个非政治性、非商业化的个体，从而以一种卑微、独立、真实的角度构建物质主义的叙事风格。在这个过程中，我所经历的日常生活状况没有因为权力、利益或其他非日常化的目的的介入而变形，一切都以自然的节奏发生，一切都以一种中立的语言状态表达。总之，从卑微、弱小、非利益化的角度观察是日常生活写作的基础，因为日常生活本质上是一个平等、真实、非意识形态化的领域。

在物质主义语境中，汽车与现代思想的关系将会不同于人类主义的分析思路。迄今为止，我所能发现的一个将汽车视为人类情感和行为对等物的研究者是美国社会学家罗宾·内葛。他描述了一辆垃圾运输车，并将之塑造为一种具有生命意义的机械：

> 这辆车有很多其他的怪癖，这都属于机动车跑过很多里程的典型特征。她的缓冲装置和螺旋弹簧座很早之前就失效，不具备减轻路途颠簸的功能。她的后视镜振动得太厉害，以至于我身后的车看上去像一个个战战兢兢的污点……我停在队伍的末端，踩下刹车，继续捉摸她的噪音。也许这声音并不是哀恸，而是一种货车式的宣言，以示我们旅途的仪式性和庄严性，或是一种机械式的循环呼吸[1]。

相比于麦克卢汉，罗宾改变了汽车在现代思想中存在的状态。他的描述里包含了一种物质平等主义，尽管仍旧不是纯粹的物质平等主义，因其没有避免从人类中心主义的角度去设定阐释物质世界的理性、情感与逻辑模式，但我们对此不能强求。对于人类而言，物的状态可能始终是一个未知的、不可描述的领域。

马克思在棉纺织业大举扩张的时代分析了工人阶级在机器和资本控制下的艰难生活。在相关分析中，他将机器纳入了现代话语体系，注重机器与资本对于下层社会或产业工人的异化能力，并将之视为无产阶级革命的重要因素[2]。马克思的观点在一定程度上改变了现代思想

－ 1　[美]罗宾·内葛：《捡垃圾的人类学家：纽约清洁工纪实》，华东师范大学出版社，2018 年，第 1—2 页。
－ 2　[德]卡尔·马克思：《1844 年经济学哲学手稿》，《马克思恩格斯文集》，第 1 卷，人民出版社，2009 年，第 163 页。

的方向，由此成为分析现代社会根本特点的基础理论。这是 19 世纪后期在人类中心主义的视野下机器所具有的政治意义。但这里的"人类"不是一个无差别的整体，而是在内部对立中的一个部分，即受到机器和资本压迫的无产阶级。在这一阶段，社会生产能力有限，物质产品不能满足日常生活的各种需要，"即使在对工人最有利的社会状态中，工人的结局也必然是劳动过度和死亡，沦为机器，沦为资本的奴隶，发生新的竞争以及一部分工人饿死或行乞"[1]。20 世纪后期，机器所构成或主导的社会机制在很多方面超越了马克思的预想。这个时代已经不同于产业工人受机器或资本控制、奴役的 19 世纪，无产阶级与资产阶级之间的对抗也由于全新的社会机制（工会、代议制、公费医疗、退休制度等）而减弱。不断提升生产效率的机器动力保证了丰富的物质供应，一方面降低了阶级对抗的愿望，另一方面创造了一个实践个体自由的无限消费机制，尽管这种自由在很多情况下属于个体感觉领域，而非现代政治领域。

马克思在现代资本主义制度的早期阶段预见到劳动分工日益精细以及机器生产机器的情况，这种视野对于当下的物质、技术与社会状况也有重要意义。在《政治经济学批判（1857—1858 年）手稿》中，他提出了一个新概念，即机器体系或自动机器体系对于商品生产的意义。他将分析视野限定在生产领域，并且认为这种新的机器体系是工人的异己力量："机器代替工人而具有技能和力量，它本身就是能工巧匠，它通过在自身中发生作用的力学规律而具有自己的灵魂，它为了

- 1 ［德］卡尔·马克思：《1844 年经济学哲学手稿》，《马克思恩格斯文集》，第 1 卷，第 121 页。

自身不断运转而消费煤炭、机油等等，就像工人消费食物一样。"[1] 这种情况也不同于当下的人与机器的关系。在新的时代，就像消费行为所具有的自由内涵一样，物质与技术同样具有缓解社会冲突和政治对抗的巨大作用。

20 世纪后期，西方马克思主义学派对此已有相关解读，并由于重视物质、技术与日常生活的关系而发掘了这个分析范畴。法国思想家波德里亚继承了《政治经济学批判大纲》的思路，分析机器自动化和机器人时代对于人类生存状态的影响[2]。这个分析范畴中有一个难以解决的问题：将不能言的物质纳入现代文本，这是一个几乎不可能完成的任务。其原因在于："技术物体自身不具备任何赋予其活力的因果性，技术就是在这样一种本体论的支配下，一直被放在目的和方法的范畴中来分析的。换言之，技术物体没有任何自身的动力。"[3]

尽管如此，这是一个可以部分阐释的问题。在分析物质的存在状态时，我们虽然不能改变人类中心主义的主导性，却能将分析视野下沉到日常生活领域，描述机器以及功能性的技术体系在这个领域中的真实存在状态。厄休拉·富兰克林对此有相关的经验："当我谈论（技术世界的）真实时，我并不是想变身为一个哲学家，我是基于普通人的日常生活经验来思考现实。"[4] 日常生活领域的意义再次呈现出来。每个人都是这个领域的专家，对之具有深刻的理解，而机器的存在领域正是日常生活，不是议会、书房、辩论大厅。所以，对于机器的分析

－1 ［德］卡尔·马克思：《政治经济学批判（1857—1858 年）手稿摘选》,《马克思恩格斯文集》，第 8 卷，人民出版社，2009 年，第 184—185 页。
－2 ［法］让·波德里亚：《象征交换与死亡》，车槿山译，译林出版社，2012 年，第 67页。
－3 ［法］贝尔纳·斯蒂格勒：《技术与时间：爱比米修斯的过失》，第 2 页。
－4 ［加］厄休拉·M. 富兰克林：《技术的真相》，田奥译，南京大学出版社，2019 年，第45 页。

首先要实现一个空间意义的转换，其次要重视主流知识谱系中的边缘地带。这个边缘地带不是思想浅薄的地带，而是对于人类生存状态而言具有深刻和普遍重要性的地带。

二、物质、消费与技术政治学

汽车处在人类叙事—记忆机制的边缘，也处在人类伦理与法律的边缘。在进入现代社会的最初时刻，汽车的运动性改变了人的感觉系统，包括时间—空间感、空间—速度感。它在这个时刻获得了一种超越伦理或超越法律的社会境遇：排放的尾气让人享受，激起的尘土让人敬畏。但在现代高效的生产制度下，汽车进入了普及化的阶段。街道上挤满了汽车，路边的停车位已经无法满足需求，人类生存模式中那些恶劣的愿望与企图开始主导汽车时代的日常生活领域。汽车进入人类历史之初所创造的新奇感觉几乎都消失了。汽车及其功能成为一种具有矛盾性的日常生活形式，既是一个空间破坏者，也是一种实用化的移动方式。在汽车的日常状态中，通行效率与安全性是最重要的因素，其他的问题都可以忽略，或看起来不重要。这种现象进一步加剧了汽车存在的矛盾性。

与汽车及其移动性相关的民族认同、审美性、身份标识等因素在特定状态下或对于特定人群而言还是重要的问题。但在长时段的历史意义上，汽车对于社会结构和心理的影响更加重要，因其改变了日常生活的物质供应体制，更新了社会产业布局，在提供运动性的同时又能提供娱乐性和审美性，并最终改变了19世纪以来机器在社会阶级对抗中的消极作用。所以，尽管汽车在现代日常生活中是一个矛盾性的存在，但又因其无可取代的功能而不断延续着这种矛盾性。

在现代社会早期，资产阶级和无产阶级的差别在机器领域里表现为一种控制机器和被机器控制的差别。汽车进入现代日常生活领域之后，一直在缓解机器所制造的阶级对抗状态。第二次世界大战后，机械功能的电子化将汽车纳入一个象征动作类别。刹车与转向系统不再需要驾驶者持续的大力气和大动作，仅需要一种指向性的动作，驾驶室最大限度地实现了性别平等、年龄平等。汽车因此更加普及，最终由身份和财富的符号变为日常用品。而在现代思想意义上，汽车的机械性能和自由移动性能将之置于民族性之上，并在一定范围内成为一种超越民族意识的现代机器，同时又扩展了畜力时代、人力时代自由、平等的内涵，将人类社会中的对抗延伸至物质领域。但这种延伸不是对抗的强化，而是对抗的稀释。

在传统意义上，阶级对抗的基础是社会分工。在经济意义上，社会分工是一个关于生产效率的问题；但在政治意义上，这是一个区分阶级、重构社会的问题。亚当·斯密在《国富论》中提出：在未来的生产制度下，分工会改变物质生产与日常生活的状态。但他未必预想到这种改变的彻底性，包括 19 世纪阶级社会的出现，以及 20 世纪后期消费社会的出现。如果说阶级社会是现代历史进程中一个自然而言的阶段，那么消费社会的出现对于这种历史逻辑具有重构或颠覆意义。消费社会是在机器—技术主导下出现的新的社会状态，与权力主导的古典社会形态不同，与 19 世纪的阶级社会也不同，阶级之间的对抗不再具有紧张性。我们甚至可以说在技术或机器全面进入现代日常生活的时代，传统意义上的阶级对抗已经失去了实践性的基础，这个术语进入了一个具有知识考古学意义的历史语言学领域。

　　那么，应该如何描述这种新的社会状态？除了消费社会之外，信息社会、全球化社会等也是对之命名的尝试，虽然没有获得共识，关于这种新状态的描述依旧模糊，但在这一过程中，阶级社会的使用频率越来越少。在现代化的精细分工社会里，以技术和经验为基础的工作决定了一个人的语言习惯、身份特征和经济地位，"工厂的工人、医院的护士、开火车的司机——所有这些人都是通过他们采用的技术而存在的社会群体中的成员"[1]。这意味着机器—技术在具体的实践性之外具有了更广泛的政治内涵，所以现代社会中一个本质的问题是机器（技术）政治学。

　　现代分工重新定义了现代人群的集体属性和公共空间的娱乐化倾向、陌生人社会的交往机制以及现代知识范围的有限性和多元生活策略，进而创造了一种博学与无知共存的状况。一个人在一个领域有深奥的知识，在其他领域可能一无所知。在生命意义上，两个人没有明显的身体差别，他们的知识体系却是完全不同的，行为方式与语言习惯也不同，他们甚至无法进行一场深入的对话。但这种状况不会威胁到现代人在日常生活中的心理状况，他们不会为此而陷入迷茫，因为这是一种正常的现代状态。英国思想家吉登斯在分析现代性的特点时注意到这个问题。他是一个关于现代权力、思想与生活的博学家，但当他走出家门，坐上一辆汽车，这种矛盾性就出现了：

　　我进入了一系列完全充斥着专门知识的环境之中，包括汽车的设计和制造，高速公路，交叉路口，交通信号，以及其他许多相关

－1 ［加］安德鲁·芬伯格：《技术体系：理性的社会生活》，上海社会科学院科学技术哲学创新团队译，上海社会科学院出版社，2018年，第11页。

的知识。人人都知道驾驶汽车是一种危险的活动，承担着发生事故的风险。当我选择驾车外出时，我就接受了这种风险，但是我信赖上面所说的专业系列，它们将尽可能保证事故的发生率降到最低点。我对于汽车的运行原理知之甚少，而且如果汽车出了故障，也只能干一些极其简单的修理工作。对道路建设的技术，路面的维护，或者是帮助控制交通活动的计算机等，我的知识也都极为有限[1]。

现代复杂分工的基础是机器—技术，机器—技术的第一个重要特点是中立性。这是一个容易受到忽视的问题。一般的研究思路是在机器—技术分析中加入人的意志，突出人的意志的被动角色，也就是受控制、受指使、不能自由存在的状态。表面上，这是在批判机器—技术的专制性，但实际上是在间接地批评人的工业化。但这不是机器—技术的本来状态，机器—技术是中立的，不会引起人的意志的不自由状态所导致的存在感的弱化。哈贝马斯和马尔库塞对于机器—技术的批判正是源于机器—技术对于人的控制，而他们的问题也出现在这里，也就是忽略了机器—技术的中立性。如果考虑到这种中立性并非总是处于稳定状态，20 世纪后期的机器—技术批判又有合理性。因为机器—技术的功能由于时空变化、使用阶层的不同以及技术本身的状态，会出现消极、背叛、破坏的后果。"中立性"本来可以解释为"忠诚""顺从"与"背叛""反抗"的平衡状态，但在不稳定的状况下，这种平衡就被打破了，机器—技术批判也就具有必要性。

机器—技术的中立性创造了一种现代生存的新类型。汽车在本质

－1 ［英］安东尼·吉登斯：《现代性的后果》，田禾译，黄平校，译林出版社，2011 年，第24—25 页。

上是一种不具备善恶辨别能力却具有实践能力的机械物质。它能在善恶之间自由变换，从来也不会出现对于恶的反思。一辆汽车可以用于运送救灾物资，也可以用于为犯罪分子运送违禁物品。汽车驾驶室可以容纳善良的人，也不拒绝制造罪恶的人。所以，这是一种不区分的中立性，没有自我意识、没有一贯的逻辑，不受人类道德、法律、政治意识形态的控制。这种物质意义的真实状态与人的存在方式有相似之处。人的存在模式受道德因素、政治观念以及修辞学的限制或美化，从而导致了关于人的生存的虚拟状态。而汽车进入日常生活后提供了一个展示这种状态的客观语境。

　　人类中心主义是世界历史的主导因素。但在人与机器—技术的关系中，这个因素所主导的叙事具有不确定性。在近代中国，汽车完全依赖进口的时代，一个人喊着爱国与自立的口号，周围一群人热烈拥护，散场后他们各自钻进外国制造的汽车，绝尘而去。在这类场景中，汽车既是交通工具，也是身份象征。这群呼吁自立的人的身份要依靠外来物质的塑造，对于自立性的呼吁也就仅仅是一种逻辑与现实分裂的态度，而不会成为政治观念的稳定基础。这是一个具有自反性的物质—观念图景。物质决定意识，但在特定情况下，意识会忽略物质，然后在孤立的状态下成为一种没有实践力的思想状态。

　　民国作家德龄描述了一个关于政治理念与技术相错位的场景。在一个大厅里，一群人在听一个人演讲："我们是共和国，当然应该置身于世界大国之中。所有其他洋人必须赶出中国。中国是中国人的。"[1]一百年前，这是一段具有卓越见识的演讲，但也是一个没有物质基础

－1 德龄：《现世宝》，顾秋心、邓伟霖译，中国人民大学出版社，2012年，第29页。

的理想。等演讲结束后，这些人从大厅里出来，走进自己的汽车，"这些车面向住宅停放，沿街排列……女士们都穿着来自纽约和巴黎的最新时装，虽然有少数还坚持采用东方的服饰和发型，而那些车都是英国、美国、法国和德国制造的。车的主人多数在不同的外国银行、旅社、协会等处工作。在每辆车的散热器上都插着一面小旗，美国旗、法国旗、英国旗或德国旗"[1]。这个演讲者同样也花了一大笔钱买了一辆底特律生产的新车，但为了体现演讲中的豪言壮语，他想把这辆车卖掉。物质与观念在这个时刻有过一次短暂的、局部的重合。

机器—技术的第二个重要特点是聚集效应，一方面是机器—技术自身的聚集效应，另一方面是具有延伸性的经济—政治效应。在现代生产机制下，几乎没有一种机器是单独存在的，而是以一个具有严密运动逻辑与完整运动策略的技术序列而存在。这种状况造就了大量的现代化工厂或公司，并根据工人的年龄、性别、身体状况、知识结构和家族力量设定他们在工业体系中的类别。这些工厂或公司除了经济功能之外，还是一种政治形式，确切地说是一种政治—经济综合体。它们扩展了政治领域的范畴，也扩展了自由与民主的范畴。在生产过程或在消费过程中，那些一生都没有机会进入传统政治领域的普通人体会到了自由与民主的存在以及个体自由意志的日常生活内涵。"技术和民主一样，既包括理念，也包括实践，既包括虚构之事，也包括关于真实的诸多模型。如同民主，技术改变了人与人之间的社会和个人关系，它迫使我们检查和重新定义我们对力量和责任的看法。"[2]

一个新的学科类别或一个新知识类型出现了，我们可以称之为机

- 1 德龄：《现世宝》，第 29—30 页。
- 2 ［加］厄休拉·M. 富兰克林：《技术的真相》，第 10 页。

器—技术学或技术政治学。马克思尝试构建关于技术的进化理论的可能性，恩格斯又提出了关于工具和手的辩证理论，打破了无意识物体和有意识物体的划分标准，对于机器—技术学的构建有奠基性的意义。20世纪，机器—技术学已经在多个方面影响到传统理论，包括权力的新概念等，海德格尔呼吁据此建立一种不同于西方思想传统的新思想，"凡此种种都是因为现代技术的特殊性"[1]。

马克思主义理论谴责以追求剩余价值为目的的生产过程，这不仅仅是一种经济剥削，还是一种心理剥削，陷入这个过程中的人甚至会被剥夺生活的乐趣，生命价值出现工具性的异化状态，"人已经不再是人的奴隶，而变成了物的奴隶，人的关系的颠倒完成了"[2]。马尔库塞将这个观点向前推动了一步，他认为这是一种源自机器—技术的极权主义状态。人变成了工具，确切地说是一种"奴役状态的纯粹形式"[3]。在这种技术主导的状态中，"生产装备趋向于变成极权性的，它不仅决定着社会需要的职业、技能和态度，而且还决定着个人的需要和愿望。因此，它消除了私人与公众之间、个人需要与社会需要之间的对立。对于现存的制度来说，技术成了社会控制和社会团结的新的、更有效的、更令人愉快的形式"[4]。在技术极权主义的控制下，人是没有选择权的，他的生产能力是被规划好的，他的娱乐目的也是被规划好的，他的视觉、听觉、触觉的反应机制在一定的时刻里也是被预设的。马尔库塞据此提出了新的异化论："当个人认为自己同强加于他们身上的存

－1 ［法］贝尔纳·斯蒂格勒：《技术与时间：爱比米修斯的过失》，第2—3、25页。
－2 《马克思恩格斯文集》，第1卷，人民出版社，2009年，第94—95页。
－3 ［美］赫伯特·马尔库塞：《单向度的人：发达工业社会意识形态研究》，刘继译，上海译文出版社，2008年，第28页。
－4 同上，导言第6页。

在相一致并从中得到自己的发展和满足时，异化的观念好像就成问题
了。这种一致化的过程并非虚构，而是现实。然而这种现实又构成了
异化的最高阶段。"[1]

在新的异化状态下，人的境遇会不会更糟呢？现代消费社会模式
提供了一种化解的方案。它改变了参与现代生产过程中的人的境遇，
但没有像马尔库塞所说的那样人被压缩为一个具有自反性的或违背人
类历史逻辑的符号，相反，他们在生产过程之外的领域获得了一种前
所未有的关于自由的体验。在生产领域，他们是一种附属于技术的功
能性符号，但在消费领域，他们瞬间变为充满追求和活力的人，艰苦
的、非自由化的生产过程尽管是难以忍受的，但他们从中获得了让他
们满足的经济补偿。消费品包含了一种关于支配的想象力，让人获得
感觉意义上前所未有的满足感。我们在这里并不是完全否定马尔库塞
的技术极权主义，但要对之有所限定，即这个问题存在，但不是全时
段性的，而是局部和间歇性的。

技术极权主义实际上将机器置于现代性批判的核心领域，以此解
释西方现代文化的异常状态。这种分析并非没有疑义。在现代历史上，
机器—技术引起一系列重大变化，涉及道德秩序、法律规范、政治模
式、道路景观、身体感觉等方面。有一些变化导致了人类生存状况的
恶化；但另一些变化却有积极意义，因其能完成人类逻辑无法企及的
社会变革。

消费品所创造的感觉在一定程度上改变了政治运作的模式。传统
政治运作模式是一个言语与行为的双向机制，其关键词包括管理、控

－1 ［美］赫伯特·马尔库塞：《单向度的人：发达工业社会意识形态研究》，2008年，第
10页。

制、服从、平等、公正等。而以物质与技术为基础的消费社会在这个双向机制之外增加了新的部分，即技术—生命体验领域。这个领域不同于语言与行为的交流功能，它与人的感觉密切相关，确切地说是一个缓解对立的无声的机制。它所具有的政治内涵不同于传统政治对于民主与个体自由的判断标准。

在机器—技术所主导的现代化进程中，宏观政治领域在不断地实践现代民主与自由制度，除此之外，日常生活领域出现了一种突破性的进展。这种进展源自以机器—技术为基础的消费社会的推动，与个体的感觉密切相关。这是一种个体意义的民主与自由类型。由于汽车的普及、个体购买力的提升，以及法律对于汽车与人的关系的明确界定，汽车承担起了在日常生活中实践现代自由与民主的功能。

现代城市街边停驶的汽车中有一类共享类型，车身上有二维码。一个人如果不想乘坐出租车或其他出行工具，他可以选择共享汽车，一种更加符合个体愿望的移动方式。在一辆共享汽车旁边，我进入华为手机的软件下载平台"应用市场"，搜索"摩捷出行"，点击下载手机应用软件 App（即 application 的简写），5 秒后手机系统提示安装，3 秒后进入引导界面，第一个是"共享汽车，多种车型，一键即享"；第二个是"全城无盲区，更自由，更及时，更轻松"；第三个是"话想说就说，路想走就走"。每个界面出现时都有一个可以"跳过"的选择，这是一种关于视觉自由的设置。

我点击"立即体验"，手机出现提示信息：是否允许获取此设备的位置信息。下方显示两个选项，"禁止"或"始终允许"。我点击"始终允许"后手机屏幕上出现提示框："亲爱的用户，感谢您一直以来对我们的信任。我们依据最新的监管要求更新了《用户协议》，特此向您说明。若您点击同意，我们将视同您阅读并同意我们新的用户协议内容"。点击同意后，手机屏幕上出现提示框："摩捷出行使用期间需要使用手机网络，如果需要关闭，可前往手机设置—移动网络中关闭。"之后，手机屏幕依次出现四个提示：一是新车型降价消息，二是交警提示：重点整治四类不文明驾驶行为（乱停影响他人出行、车内抽烟、车内污损、肇事逃逸），三是在线邀请好友即可获得 48 元出行大礼包，四是注册成功即享首单免费，并赠送 300 元出行礼包。随后，应用程序进入本地地图模式，显示每条街道上可供使用的共享汽车及其相关数据。我可以随时退出，也可以继续下去；我可以选择一种车型，也可以选择另一种车型；我可以在这个城市的任何一个合法停车位停车，缴费后离开。由于保险制度的介入，驾驶过程中引起交通事故，保险公司会承担赔偿事宜。在这个过程中，真正对我有所限制的是自动挡车型。我更愿意选择手动挡车辆，但可供选择的几乎都是自动挡车型。由于自动挡车型的普及，这种限制对我而言是存在的，但对于其他人却是更好的选择。

获得共享汽车服务之前，我首先要注册账号，明确个人身份，为这些自由使用的汽车进入道路公共空间并开启无限度流动模式实行法律确权。我在提示界面输入了手机号，点击"获取验证码"，手机信息栏很快显示收到的验证码。我将之输入提示框，并设定密码。密码要连续输入两次，以校对是否正确。之后，手机屏幕出现用户协议，共计 21 条，包括使用前事项、使用中事项、使用中的正常状况和异常状况处理规则、使用后的责任，最后一条是"如何联系我们"。这是一套在不确定的驾驶者与流动的车辆之间寻求一种确定性关系的规则。这套规则实际上已经积累了近百年，包含了汽车进入人类行为模式中的各种情况，以及人在机械运动模式下的各种情况。之后，注册者需要在线签署隐私政策协议："为您提供服务时，可能会收集、保存、使用您的个人信息。我们深知个人信息对您的重要性，并会尽全力保护您的个人信息安全可靠。"在注册者使用手机系统时，该系统会调用手机中的相机、位置、电话、存储权限、网络权限、蓝牙设备等随机功能。翻到协议的最后一行时，手机屏幕出现了一个提示状态："已详细阅读全部协议并注册"的标志牌由灰色变为蓝色，这预示着可以点击注册。我阅读的时间太长，当我点击时，手机提示"您的验证码已过期"。

我返回注册首页，重新获取验证码，进入认证审核阶段，系统提示需要身份证正反面照片，点击文本框，自动拍照功能开启。当我对准镜头后，手机自动拍摄，系统自动识别姓名和身份证号，之后输入反面照片，系统自动识别身份证有效期。点击下一步，相机背面镜头自动切换为正面镜头，记录申请人的面貌。手机播放提示音："请眨眼。"我眨眼一次，手机提示强度不够，我又连续三次眨眼，向它证实这是一个有行为能力的真正的人。手机提示可以进行下一步，正面镜头再次开启，手机播放提示音："请缓慢点头。"验证结束后，手机系统自动进入地图画面，显示附近的待用车。我的手机收到了信息："恭喜您，您的身份验证已通过，即刻登录 App，体验摩捷出行带来的贴心服务吧，退订此消息请回复 TD。"这是现代技术时代陌生人与可移动物质之间的独特状态，既是一个涉及物质—服务租赁以及具有时效性的法律问题，也是一个具有现代政治内涵的行为。从注册到使用，以及使用后的争端处理过程中体现了现代自由、平等与民主的技术形式。

一般意义上，自由是一个政治体内统治者与被统治者之间的一种宏观关系，在更广泛的意义上是一个政治体内部人与人之间的共生状

态。但在现代技术的意义上，自由不再限定在传统的政治领域或人与
人之间，而是出现在人与技术之间。这种关于自由的实践技术由于是
在平静的状态下一群人所塑造的最合理思路，而且由于技术不会被人
的反常激怒，所以能够以一种稳定的形式实践最初的理念。20 世纪早
期，汽车在美国生活中被看作是现代平等和自由的新类型。在交通功
能之外，汽车所创造的感觉（速度、封闭性与可操控性）被看作是现
代自由的新类型。1916 年，德莱赛（Theodore Dreiser）开车穿越
印第安纳州，在崭新的道路上行驶的过程中，他感觉到"汽车给人的
生命注入了独立和自由"[1]。《出行》(Outing）杂志认为开车的最大魅力
在于一个人在驾驶的过程中"最大程度上掌控了自我的自由和独立"[2]。
20 世纪后期，《波士顿环球报》(Boston Globe）专栏作家认为"汽车体
现了我们的根本价值——自由、选择、隐私、个人主义和自立"[3]。

　　这是一种技术意义的自由，不像政治自由那样在人类历史上被阶
级、财富状况所束缚，反而因其与日常技术的密切关系而具有更加普
遍的实践性，无论什么身份的人，只要有购买和驾驶能力，他就能体
会到这种技术性和个体化的自由状态。一个处在生活困境中的人，驾
驶一辆价值 3 万元钱、使用年限超过十年的旧车，他的身体可能很弱，
但只要有良好的驾驶技能，就能在道路上以每小时 100 公里的速度行
驶，不断地超越 30 万或 60 万的高档汽车，也能飞快驶过法律管辖弱
化的、暗黑的荒郊野外。在这一过程中，汽车技术颠倒了政治意义、
经济意义或生命意义的自由秩序。这是一种个体化的、非政治化的机

－ 1 ［美］科滕・塞勒：《汽车化时代》，边卫花、王冬、朱丹译，李敏、陈蓓尔校，河北教
育出版社，2016 年，第 54 页。
－ 2 同上，第 54 页。
－ 3 同上，第 53 页。

械自由状态。

现代技术创造了一种全新的平等状态，不同于代议制意义的平等，也不同于公共舆论意义的平等。在注册和使用共享汽车的过程中，平等从政治性的内涵转向技术性的内涵。它的出现并未借助于传统革命的方式。这是现代社会的巨大进步。在实践新式平等的意义上，政治家不再具有垄断性的能力，产业工人、设计师、工程师等分担了政治家的功能。这种平等的标准虽然具有选择性，包括必须有合法的驾驶身份、必须有真实的电子身份、必须会用智能手机、必须有电子支付账号等，但对于这个时代的人而言，这些条件并不具有压迫性。

我选择了一辆共享汽车，启动发动机，系好安全带，手机系统显示汽车的里程、油量、地理位置、行驶计价标准等。汽车的技术状况一切正常。我踩下油门，在城市道路上快速行驶，超过很多汽车，我不会因为这些车的品牌与价格而为之让行，它们只是一个个没有差别的机械—技术综合体。这是一种现代技术所创造的平等景观。我的汽车经过一个个道路监控设备，汽车基本上处在透明和可追踪的状态下。没有哪一辆车能避开公共视野的追踪，也就没有人能够逃离不良驾驶的后果。由于电子监控设备所具有的平等性最大程度上维持了汽车行驶过程的平等性以及违法处理的平等性，所以，汽车所塑造的现代城市景观中有一种新式的平等。

现代民主的标准首先是程序正义，其次是在程序正义的基础上确保结果的正义。相比而言，程序正义更具有基础性。在一个微小团体中或在一种社会功能实践中，只要符合程序正义，我们都可以将之视为民主程序，一种保证知情权、尊重选择权，并能应对突发状况的理想化生活状态。但在现代技术的影响下，关于民主的理解已经超越传

统政治学范畴，扩展为一种日常生活意义的普遍状态。共享汽车出行
工具所提供的感觉已经超越了在人与人之间实践民主的范畴。同样，
当下流行的网络购物为人提供的不仅仅是一种购物体验，也是对于现
代民主理念的改造。这些购物模式中隐藏着基层民主的最有效的实践
状况。如果要解释这种状况，首先要突破民主的传统政治学定义，从
个体日常生活体验中寻找民主的具体实践形式。

　　机器—技术为日常生活提供了一种具体的、个性化的民主形式。
在这个过程中，日常生活中的消费行为被赋予了政治学意义的内涵，
消费本身也成了一种缓解冲突的政治行为。经典马克思主义理论认为
政治革命是资本主义向社会主义转变的前提，但在现代技术与消费社
会出现后，这个前提出现了新的可能。工业化早期的劳动者受到资本
家的剥削，不能从工作中获得足够的收入，而且丧失劳动能力后没有
社会福利制度的帮助，所以处境悲惨，被迫走向以打碎既有的社会秩
序来获取生存条件的革命道路。另一方面，工业化进程改变了古典时
代以来的社会秩序和个体生活的稳定性，包括"风景的破坏、丑陋的
工厂、杂乱无章的城市发展……毫无美感的商品世界"[1]。这些问题不但
塑造了现代社会变革的激进性，也在思想领域导致了现代早期的"技
术怀疑和技术批判"[2]。而 20 世纪后期，消费领域从附属于生产领域的
角色变成一个引领性的角色之后，它的内涵和功能已经不同于以往的
状况，既有经济意义的内涵，也有对于个体的心理安抚甚至是一种宗
教性安抚的内涵。

－1 ［德］阿明·格伦瓦尔德：《技术伦理手册》，吴宁译，社会科学文献出版社，2017 年，
第 75 页。
－2 同上，第 75 页。

马克思已经注意到消费在社会机制中的重要性，但在 19 世纪资本主义制度的早期阶段，生产领域在社会运行机制中处在主导地位，所以他没有将同等重要的政治和心理意义赋予消费领域。马克思将消费看作是生产过程的附属因素，"生产制造出适合需要的对象，分配依照社会规律把它们分配，交换依照个人需要把已经分配的东西再分配，最后在消费中，产品脱离这种社会运动，直接变成个人需要的对象和仆役，供个人享受而满足个人需要"[1]。但 20 世纪后期现代技术与消费社会出现后，对于技术、工业化的怀疑或批判将不同于以往。一方面，现代技术主导的生产领域具备了审美功能，生产环境越来越符合人类中心主义的要求，产品实用美观、价格低廉。另一方面，劳动者有法定的休息日，生产与消费之间有良好的平衡，他们可以在生产领域与消费领域之间自由地变换，而等他们退休后有社会福利制度的持续供养，他们最终会成为消费领域的"独裁者"。

在逻辑意义上，这是一种技术政治化的理想状态。但在现实意义上，技术政治化仍旧有两个问题或隐忧：一是人类主义与自然伦理之间的对立，二是消费成为一种经济意义的意识形态，开始主导个体的行为。

关于第一个问题，技术化的物质生产极大丰富了日常生活的物质供应，但同时也导致了技术化物质本身的价值远远高于其出售价格，而商业竞争又导致了价格进一步降低，消费领域会有更加丰富的物质供应。这种状况改变了人类中心主义视野下的匮乏问题，但在自然主义的视野下却是一种对于自然资源的掠夺。

关于第二个问题，纯粹的消费社会在缓解传统意义的阶级对抗的

─ 1 ［德］卡尔·马克思：《1857—1858 年经济学手稿摘选》，《马克思恩格斯文集》，第 8 卷，第 12—13 页。

同时也引发了很多不良的现象，其中之一是消费在人类行为模式中的
地位在无限提升。在现代工业化的早期，个体被生产程序所控制、压
迫，但在消费社会中，个体为消费欲望所俘获，购买行为所创造的满
足感已经成为一种社会心理机制。鉴于此，现代社会学家波兹曼否定
了技术以及由其主导的消费社会的价值。他认为消费社会的负面意义
更大，至少是腐蚀了传统政治的美德和运行模式：

> 一切公众话语都日渐以娱乐的方式出现，并成为一种文化精神。
> 我们的政治、宗教、新闻、体育、教育和商业都心甘情愿地成为娱
> 乐的附庸，毫无怨言，甚至无声无息，其结果是我们成了一个娱乐
> 至死的物种 [1]。

这是消费社会的最大隐忧。在工业化前期，人受到机器体系压迫，
但在消费社会里，人为物质欲望所俘获。消费行为所制造的满足感变
成一种牢固的社会心理机制，不断地压缩人的生命价值，将之变成一
个消费终端，满足于身体感觉，然后隐匿于私人空间，放弃了现代理
性人的职责。

三、不在场与日常生活

机器—技术在现代思想中是一个独立的物质类别。我们能证明这
个问题的重要性，进而构建一种与之相关的分析方法，将之纳入人类

- 1 ［美］尼尔·波兹曼：《娱乐至死》，章艳译，中信出版社，2015 年，第 4 页。

知识谱系，最终改变人类中心主义在文本叙事和档案生成机制中的专断性，以及由此导致的现代文化起源的模糊性。但这是一种理想状态，因为物质与技术基本出现在复杂、流动的日常生活中。日常生活在人类思想中有什么样的境遇，物质与技术也会有什么样的境遇，在一个时刻无处不在，但在另一个时刻又会转瞬消失，不会进入长时段的记忆。这些有用而平凡之物是日常生活的基础，却在现代思想中出现了不在场的错觉。

法国历史学家布罗代尔在人类历史中区分了三个层次：几乎静止不动的历史、节奏缓慢的历史、个人的历史。第一个层次是人与其周围环境的关系，这是一种缓慢流逝、缓慢演变、经常出现反复和不断重新开始的周期性历史；第二个层次可以称之为社会史、群体史和集团史，与目前通行的宏观历史分析相似；第三个层次是短促、迅速和动荡的事件史，这种历史本质上是极端敏感的，最轻微的脚步也会使它的测量仪器警觉起来，这是所有历史中最动人心弦、最有人情味，也最危险的历史[1]。

每个层次的历史都或多或少涉及日常生活领域的问题，但布罗代尔在这个表述中没有具体说明这个领域的意义。根据日常生活的分散性、不稳定性和不可预测性，这个领域有不被重视的理由。哪个研究者会去关注当下的日常生活在人的视觉和感觉中所制造的那些司空见惯、无所不在又转而消失的图景与感受？即使捕捉到了这些图景与感受，又如何使之进入人类中心主义所主导的宏观叙事？所以，现代学术研究将日常生活看作是一个可以忽略的领域，但对于那些身处学术

- 1 ［法］费尔南·布罗代尔：《地中海与菲利普二世时代的地中海世界》，第一卷，唐家龙、曾培耿等译，吴模信校，商务印书馆，2014 年，第一版序言，第 8—9 页。

研究之外，身处现代理性话语以及与之相关的修辞学体系之外的人而言，日常生活是他们日复一日沉浸于其中的领域，是他们最熟悉的领域，也是他们无法离开的领域。虽然他们不具备用文字塑造日常经验的可能，但现代学者忽视这个领域，满足于构建缺乏日常生活基础的宏观分析与抽象叙事也是不恰当的。

从表面上看，日常生活领域属于第三层次的历史，但又有很多不重合之处，因为日常生活领域不但涉及人的活动，而且涉及与人直接相关的物质、技术和空间领域，以及那些表面上看似没有关系却间接充当人类活动基础的物质、技术和空间领域。我们可以将之看作是三个层次历史之外的一个新层次。2001 年，法国思想家贝达里达（Bédarida）阐述了这个新层次中的三个分析方向：一是历史研究的时间性，即历史学家向一个至今缺席和被排斥的领域开放，也就是当下的阶段；二是历史研究的新空间，利用口头资料、见证资料、电影等，同时与其他人文科学合作，从整体意义上发掘当下的内涵；三是采纳现象学对于当下日常生活的分析方法，在客体 / 过去、历史学家 / 现在之间确立一种不同的时间关系[1]。

这个新层次的基本特点是具有不受控制的流动性、分散性、不稳定性和不可预测性，所以是一个现代档案生成制度之外的层次。其中有短时段的、微小的人物与事件，也有宏大的、长时段的物质、技术和空间状况。这个层次现在已经进入社会学、政治学和文学（尤其是非虚构写作）的研究视野，同时也是现代性批判的领地。20 世纪后期，历史学家从日常生活史的角度小心谨慎地进入这个领地，并由于历史

- 1 François Bédarida, "Le temps présent et l'historiographie contemporaine", *Vingtième Siècle*, 2001/1 no.69, p.155.

研究时间意识的封闭性而局限在过去的状态，也由此面临着档案不足的难题。如果想解决这个难题，历史学家有必要打破传统历史研究的时间性，将分析视野扩及当下，进而转向当下日常生活中的物质、技术和空间领域。

当下日常生活中的一切，除了那些会进入第一层次或第二层次历史的之外，其余的都会在人的即时性感觉中短暂存在，但很快又会消失，其中有一些会进入人的长时记忆，最终也会消失。这些情节往往不具备附着在人类中心主义叙事结构的条件。这种情况就像是汽车行车记录仪的处理程序一样。面向前方的镜头不间断地记录汽车行驶中的状况，这些不断变动的场景进入存储系统，但这个存储系统只能保存当下15分钟的连续性场景，之前的不断被覆盖，新的场景又不断变成旧的，然后在15分钟处被挤出存储空间。只有当车身发生颠簸或碰撞等情况，行车记录仪才开启紧急记忆模式，将颠簸或碰撞之前15秒的情况留存下来，将之保存在可追溯的储存模式下。人类中心主义的记忆模式与这个技术记忆模式基本相似，其主要特点是对场景的剪切，然后用逻辑学和修辞学技巧构建脱离日常生活的分析思路。这是一种制造历史叙事，并以之代替历史的语言技术。

不间断出现在世界各地道路上的汽车属于物质与技术构成的日常生活领域。汽车不具备语言能力和自主思考能力，在功能正常的状态下，它允许任何人驾驶，可以在各种气候、道路状态下移动。这个特点是物质的中立性所决定的，汽车能在各种意识形态里穿行，也可以跨越不同的意识形态，不会遇到异域观念的排斥。这些功能性的汽车只有一小部分会进入现代博物馆或展览馆，作为时代技术状况的标志物，但绝大多数会进入废物处理机制，以垃圾的身份彻底消失。日常生活中的物质对于人类历史而言是一个隐蔽性的基础，在一个时代、一个空间中，这些物质往往是语言—记忆系统的主角，但在另一个时代或空间中，它们会被排挤出这个语言—记忆系统，并不可避免地陷入一个不能言的、无情感的遗忘进程。

汽车在物质存在意义上的结局同样发生在与汽车相关的行为领域。汽车驾驶规则涉及人的手、脚、眼睛、耳朵等多个运动与感觉器官。这些规则被限定在车厢内。这是一个移动的、有限度或封闭的个体化空间，它将一个人或几个人转移到另一个地方，将一个即时性的语言空间转移到另一个地方，不断实践着改变或创造历史的愿望。这些驾驶规则被限定在这个微小的驾驶空间内，被忽视、被遗忘、无法言说。不是因为这些规则没有意义，它们是现代日常生活、公共交往、政治实践和经济行为的基础，尽管可以被人忽视，但其功能是无可取代的。这是一种现代知识内部的分裂，在未来意义上是由于物质不能言而制造出来的一片沉默的历史。如果在人类中心主义的范畴内思考这些问题，那么我们可以将之看作是物质存在的普遍状态。如果将之放在物质主义的范畴内，这是一种具有悲剧性的存在。但这种悲剧性很微弱，也无法改变，因为自古以来物质与语言就处在分裂的状态。

在现代学术研究中，尤其对于那些以追溯视野分析历史的学科而言，这是一种很难应对的状况。追溯性研究是在历史文本基础上构建二次或多次叙事，由于时代精神或意识形态的变化，新叙事对于旧叙事具有覆盖性。如果这些覆盖具有同质性，那么其中的人物与事件是可追溯的，如果这些覆盖具有异质性，而且相互矛盾，那么其中的人物与事件就会变模糊。但异质性的情况出现的可能性更大，所以叙事覆盖往往不会发掘出日常生活意义的真实，甚至不会发掘出本初的人物或事件进程。最终，这类研究变成了在不同的时代精神或意识形态的主导下，不同解释者之间关于逻辑与修辞学的竞争。谁的逻辑更流畅，谁的修辞学技艺更灵巧，并符合某一种时代精神或意识形态的愿望，那么谁就获得了解释过去或制造过去的资格。

　　我们能从这个过程中发现"不在场"的问题。没有经历过革命的人在研究革命，没有经历过战争的人在研究战争，没有政治履历的人在评论政治。不在场会引起语言的飘浮与道德判断的随意性。根据一个不在场的语境，我们不能确定动词所具有的力度与冲击性，不能在视觉意义或感觉意义上理解形容词的程度，也不知道名词所指代的物质的形状与大小。总之，真实的感受是模糊的。为了弥补这种状况，逻辑的重要性不断被刻意强调。而那些不能言的物质根本不会进入这个文本—解释—再解释的过程，或者说元叙事—一次叙事—二次叙事—多次叙事的过程，所以物质的"不在场"会制造出更加彻底的历史空白领域。

　　对于表述这种状况而言，"不在场的叙事"是一个否定性的说法，另外一个相似的说法是"解释"。这是一个关于文本学的问题，其意图是理解文本，"从文本的意向出发，在文本想要言说的一切的基础上试图去理解文本"[1]。但在实质意义上，这是一个源于文本，又抛弃文本的问题，因其创造了一个脱离文本的无限循环，即一次解释—二次解释—三次解释……这个过程最终会从抽象和形而上的意义上构建一个逻辑和修辞体系，但由于缺少物质、空间与实践背景作为参考，关于真伪的考据学会应运而生，从而制造新的解释方向。这个方向如果仍

―1 ［法］保罗·利科：《解释的冲突》，莫伟民译，商务印书馆，2017年，第1页。

旧处在不在场的语境中，那么考据学会重复解释学的思路，即一次考据—二次考据—三次考据……这个过程会锻炼研究者的思辨力，但并不意味着能通向真相。

尽管坚持追求历史客观性的人愿意后退一步，承认自己的研究可能是一种对于过去的单向度的理解，但不接受将他们的研究看作是"解释"。因为"解释"是一个掺杂了主观性和个体意图的非客观的研究方法，一方面颠倒了叙事的时间结构，即从当下去理解过去，另一方面在这个过程中，个体的解释能力可能会篡改历史的存在状态。尽管如此，他们仍旧无法回避"叙事"与"解释"之间的相似性，即制造事实，忽略基础性的日常生活状况，尤其是那些承担了重要功能的物质状况，"改造、交错和管制社会空间，这是一种拥有无限权力的声音，而且不受任何控制，因为在表面上看来，它们是对现实或往事的真实再现"[1]。

在不在场的语境里，对于已经消失的历史进行一次又一次的语言覆盖、逻辑塑造，这种趋向已经引起很多质疑，包括"一切历史都是当代史"或"一切历史都是思想史"等。一个最新的质疑是雷蒙·阿隆提出的"实用主义历史"，即历史学家为过去赋予了现实性[2]。在这一层意义上，对于过去的研究是一种不在场的、间接的、多次叙事与多次解释的机制。日常生活中的物质领域尽管维持了一个时代、一个地区的多数人的感觉与认知，但不在场的研究机制对之没有复原和追溯的能力。人类社会中那些重要的东西在不知不觉中消失了，一个沉默

- 1 ［法］米歇尔·德·塞尔托：《历史与心理分析：科学与虚构之间》，邵炜译，中国人民大学出版社，2010年，第8页。
- 2 ［法］雷蒙·阿隆：《历史讲演录》，张琳敏译，上海译文出版社，2016年，第110页。

的历史空间就此形成。如果要避免这种状况，追溯性的研究方法是无效的，因为"历史不会为学得慢的人重新开始"[1]。相反，我们要采纳一种新的时间概念，即重视当下。这里的"当下"不是一个独立的时间概念，一方面它是"未来"的序章，而且一定会通向未来，另一方面它是一个由日常生活所支撑的时间概念。

当下正在发挥着正常功能的物质、技术就属于不在场语境中那个会消失的日常实践领域。长期以来，这个领域与现代知识领域在人类中心主义的叙事中是平行的，偶尔有碰撞的时刻，也会留下一些碰撞时产生的文字碎片。这些碎片对于突破不在场的状态具有不可取代的价值，但由于其本身的稀缺性，所以往往不足以弥补普遍存在的不在场状态。

四、汽车的引申内涵

汽车处在上述的不在场机制中。从汽车进入人类行为机制的早期历史判断，这种具有特殊功能的机械—政治综合体会被这个不在场的机制所隐藏，然后自行消失，但不是因为它没有意义，而是因其不能言，以及人类中心主义叙事的排斥而制造了汽车不在场的状况。如果汽车是石头、土壤、空气等一类的自然物质，那么不在场机制所引起的忽视是可以理解的，毕竟这些东西不会消失，孔子、苏格拉底等古人呼吸过的空气至今存在，我们也在日复一日地呼吸着。但汽车不是，它是在人类现代历史中作为一种奇异者出现的，在一定程度上是时代

- 1 ［加］厄休拉·M. 富兰克林:《技术的真相》，第 163 页。

变化的标志，一方面从日常实践的意义上改变了人类生产和生存的动机机制，另一方面在抽象和精神领域改变了人类的自我认识。不在场机制对于这类物质的忽视是不可理解的。

在现代历史上，汽车在提供动力机制之外最重要的是它所具有的引申性的内涵。这种内涵有别于本身的状态，并超越本身的状态，成为一种具有象征意义的符号。在特定的时间和空间中，汽车会超越本身的形态，进入象征领域，此时它不再是一个单纯的机械功能体，而是一个与时代精神密切相关的物质符号。这个物质符号直接关系到未来的人对于这个时代的理解，所以那些意识到日常物质重要性的人，以及那些在"过去—现在"的时间结构之外构建"现在—未来"的时间结构的人应该不愿意看到汽车及其对人类的影响被档案生成机制过滤掉，也不愿意看到汽车在未来的叙事进入一个不在场的沉默领域。

在日常生活中，汽车在四个方面有引申的内涵，这些内涵使其以一种潜在的状态改变了人类中心主义所主导的现代叙事的基本风格，也就是说，如果忽略汽车的因素，这些现代叙事将是难以理解的，包括叙事中所包含的时间性、空间性，以及现代历史的整体节奏感。

关于第一个方面，汽车超越了物质—机械形态，进入工业审美或技术美学领域，甚至在一定程度上成为一个与机械性能无关的、美学意义的存在。车身设计与古典雕塑技艺密切相关。汽车设计师根据设想绘制外观造型的平面图，并据此完成一个立体的油泥模型。这是一个理性与审美的综合过程，设计师一方面要确保车身曲线、曲线曲率和线条曲率变化的连续性，使车身造型符合空气动力学的要求，另一方面要符合现代人对于这种移动功能综合体的视觉期待。这是一个比设计理性更复杂的美学领域，所以设计师要具备古典雕塑的技艺，尤其是对线条艺术性的理解。

　　在本质意义上，汽车车身设计是古典雕塑的现代工业化模式，属于工业审美或技术美学的范畴。工业审美或技术美学不是一个完全现代意义的概念，而是一个源自古典美学的概念。在汽车制造领域，用于表现这种美的不是石头、青铜或画纸，而是用铁、塑料、玻璃、油漆等构建一个关于速度、安全与美感的线条结构。所以，车身是一种具有古典审美的工业艺术景观，我们甚至可以将之看作视觉艺术的新形式，街边的停车位是展示这类艺术的合法空间。汽车改变了现代城市的街道景观，古典艺术家对于线条和造型的审美意图从石头和画布转移到了钢铁和塑料上。但这种新艺术不同于古典雕塑。汽车的首要功能是负重状态下的运动性，其次要具有视觉意义的诱惑性。当这种诱惑性消失后，汽车的艺术性会随之消解。鉴于此，汽车造型设计师要采纳一种引导性的审美思维，不断用新的设计模式取代旧模式，然后以一种新奇感来推动这种具有临时性功能的物质的更新换代。这是古典雕塑与现代汽车的本质差别：一种是附属于历史时间的艺术品，但不具备复制的可能；一种是被历史时间排斥的工业品，除了实用功能之外还传递无与伦比的审美力，借此在人类中心主义的日常生活中不间断地存在。

　　关于第二个方面，汽车作为一种功能性的物质，延伸了人类社会中自古以来就存在的区分机制。汽车可以不分差别地接纳任何驾驶者，这是一种源自物质中立性的平等状态，但在社会制度意义上，汽车本身体现了区分制度，并成为这种新式区分的象征物。汽车所创造的区分首先是空间意义的。在购买汽车之后，城市对于我而言出现了空间的分层：一层是步行覆盖的空间，这个空间很小，方圆3公里之内；

另一层是步行空间之外汽车驾驶所覆盖的范围，这个范围是步行所难以达到的，而驾驶汽车既可以突破脚力与空间的关系，又可以突破时间的限制，我可以在深夜出行，进入陌生空间，承担起一个城市景观观察者的思想功能。此前，我可以乘坐公交车或出租车到达这个空间，但这种方式不是独立或自主的，我要受到社会时间制度和道德观念的限制。这是一种符合现代城市状态的状态。在这种状态中，作为一个陌生城市空间观察者的角色并不是正常的行为。

此外，汽车制造了一种个体身份意义的区分。汽车购买行为本身是由个体经济能力主导的区分机制。一个人有足够的财富，才有购买汽车的能力，并承担起维护汽车的后续费用。根据现代经济分析，一辆车使用十年左右的费用要达到汽车价值本身的两到三倍，包括油费、保险、轮胎、维修等，所以一个人占有的财富越多，才越有可能用高档汽车阐释个体的社会地位。我购买了一辆便宜的汽车，在本意上有打破这种区分的愿望，却不能回避在普遍意义上汽车类别对于个体身份的区分。尽管这种区分更多的是一种经济和社会机制，而不是道德机制。一辆车从外部看很高端，但驾驶者可以用来实践负面的愿望，甚至是违法行为，或者说他购买这辆汽车用的是非法所得，但这不妨碍他能够利用这种区分制度，并获得心理意义的满足。在这一层意义上，汽车的表象具有迷惑性。它仅仅是一种功能性的、无意识的物质，在正向价值与反向价值之间变换。疾驰的汽车可以变成一种撞碎法律、消耗生命的物质，也可以成为保卫法律和个体生命的物质。

关于第三个方面，驾驶汽车在一定的时间和空间中是在行使绝对的权力，尤其是对于那些徒步的行人。这个过程与政治意义或种族之间具有支配性的权力的行使过程有相似之处。对于个人而言，在日常生活中没有其他物质具有汽车那样的功能，这是一个独立的、可移动的私人空间，超越自然意义的速度，能够引起个体身份的变化，车身防护功能在多数时间内单向度地维护驾驶者的个体安全感。在交通事故发生之后，现代法律可以质疑并审判这种技术所塑造的个体安全感，但毁灭性的后果仍旧会引起行人的恐惧。这是一种机器—技术和人的身份的倒置："汽车变为城里真正的居民，结果就造成人性标准的损失，包括人享受的权力和空间距离两方面的损失；对于这个变化和损失的程度，人们的忧虑日益加重。"[1] 火车和飞机不具备个人操作的可能，这是集体性的、根据预先设定的轨道和程序运动的机械功能。汽车是一种由个人完全控制的机械功能，驾驶者可以选择道路、速度、车内温度、通风状况，他决定了车内乘坐什么人。

如果没有法律体系的注视，汽车驾驶者完全可以成为一个道路上的独裁者，具有绝对的权力。即使有法律体系的注视，这种权力的绝对程度会受到限制，但不是完全的限制。因为法律的注视是追溯性的，不是同时性的。只有当一辆车造成破坏性的后果，法律才会介入，否则它就会处在绝对权力状态。如果驾驶者的心理不稳定，那么这种权力更加不受限制。所以，汽车不只是一个无意识的机械—技术综合体，也是现代制度与规则的创造者、破坏者。由于灵活的移动性，20世纪初汽车在日常生活中制造了很多负面事件。它为普通人带来的新奇感由此消失，随之而来的问题是必须为之赋予社会意义和法律意义的身份，尽管这种身份是间接性的。随后，一系列新法律最终塑造了汽车的现代存在状态。

- 1 ［加］马歇尔·麦克卢汉：《理解媒介》，何道宽译，译林出版社，2019年，第268页。

　　绝对权力会引起一种普遍的紧张感。汽车时代的街道景观相比于古代或非机械化时代更加整洁，有完善的排水设施，不再有牛马的排泄物，但这种变化无法缓解现代街道的紧张感。相反，由于汽车数量的增多以及速度的加快，街道、汽车与行人之间具有越来越明显的矛盾，而且这种矛盾无从缓解，因为行驶中的汽车始终具有绝对的权力，而人类社会机制能够缓解这种绝对权力的影响，比如保险制度以及越来越严格的交通法规，但无法取缔这种权力。

　　关于第四个方面，汽车在其物质形态之外是一种关于速度—时间—空间的新状态。汽车速度是一种人在自然状态下无法体验的感觉，包括速度创造的时间变化与空间变化，以及人的行为模式的多种可能。一个身材看起来矮小的人进入一辆重型卡车的驾驶室，用轻微的力气就能让 20 吨重的车身以每小时 100 公里的速度长时间行驶。

　　当其静止时，汽车展示的是一种技术美学；当其运动时，汽车改变了人体感觉的时间—空间性。这种感觉不同于火车、轮船或飞机，而是个体化的感觉。我们乘坐火车、轮船或飞机时也具有古代人未曾经历的身体行为与反应机制，但这是集体化的、被打碎的感觉。火车、轮船或飞机的驾驶舱与乘客舱是分开的，乘坐与驾驶体验也是分开的，驾驶者的感觉与乘坐者的感觉不一样。这种控制与分化措施是出于公共安全的目的。与之相关的是驾驶者和乘客都会有一种可以克服、可以忍受的无聊感。这种无聊感源自个体乘坐空间的有限性，既包括身体活动范围的有限性，也包括私人空间的有限性。火车舱或飞机舱是一个在乘坐过程中出现的纯粹的公共空间，这个公共空间消灭了本来所具有的内涵，而且过度压缩私人空间，并使之公共空间化。最终，身处这种公共空间的个体在特定时刻所出现的无聊感削弱了对于目的地的想象力。这种想象力不会消失，在结束行程的一刻又会复活，但在行程期间是微弱的。

　　汽车为现代人所提供的感觉与那种身处统一化移动空间的感觉不一样。对于个人而言，这是一种可自主支配的体验。一个人可以决定去哪里，在哪里改变路线，在哪里中断行程，可以选择独自驾驶，也可以与人共处。总之，这是一个纯粹的私人空间，排除各类观念对个体生活的异质性介入。一个坐在车里的驾驶者最会表现出本来的样子，因为这是一个自我决定的状态。封闭的车厢可以保证个体生存状态的隐私性，而封闭与自主移动性又极大增加了个体的安全感。一个人，哪怕是一个身体柔弱的女性，都可以驾驶着汽车在深夜无人的小路上行驶。这个快速移动的安全空间具备应对那些源自个体又针对个体的暴力与侵害行为。

　　当一个人在街上行走时，他的身体所占据的空间具有独属性，但这个空间仅仅与他的身体的形态相符，同样，汽车在静止或运动状态下也获得了一个与其形态相符的空间。只要没有违背法律或进入受监视的状态，这个空间就具有合法性。每一个车厢空间都是封闭的，尽管在炎热的状态下，车窗会打开，却不会改变这种封闭性。这是一个个体化的日常生活领域，能够确保个体感觉和私人空间的独立性。

　　这个空间有两种内涵。首先，这是一种私人空间的新形式。汽车可以到处移动，它在哪里，无论静止还是处在行驶状态下，都能构建一个私人意义的空间。在法律和习俗的意义上，金属、玻璃、橡胶、油漆构成的车厢将道路或停车位上方的空间在一个特定时间里变成私人意义的领地。但这个空间的大小和形状并非是随意的，一方面受到机械设计原理的限制，符合移动性的要求，包括风阻系数和安全性，另一方面受到审美力的限制，除了安全性之外要作为一种具有美学价值的工业景观，所以不能为了追求大空间而设计一个臃肿的车体。

其次，这是一个去意识形态化的个体行为领域，尽管在特定时刻或对于一些人而言，这个空间仍旧是一个消费意识形态所主导的个体行为领域。一般而言，经济、政治或宗教等各类意识形态是现代公共空间的主导因素，但汽车空间可以将之隔绝。一个人坐在驾驶室里，闭上车门，这个空间就此出现。他在车内完成各种预设好的驾驶动作，在这个时刻他已经进入了汽车的机械结构，变成一个技术化的因素。他的心理变化（悲伤、兴奋、忧愁）都可以忽略不计，重要的是他的手、脚和神经系统符合汽车驾驶的技术要求。技术问题具备中立于意识形态的能力，同样技术化的人也具备中立于意识形态的能力。他可以驾驶汽车穿过不同的政治领域，他可以透过车窗向外看，可以自由地思考。但在现代学术界，我们很少看到以车厢作为场景的思考与写作，很少看到对于这个空间的思考，所以这既是一个私人化的、去意识形态化的空间，也是一个受到忽视的空间。

我们据此可以得出一个结论：汽车是一种新式个人主义的隐喻。只要一个人在驾驶状态中，无论性别如何、身体如何，都能获得一种个体意义的满足感。这个过程有利于体力弱势的一方，颠覆了古典时代以来的体力秩序。强健的身体和灵活的动作是非机械化时代的人成为英雄，并进入历史的重要条件。但在机械化时代，一个人的体力及其所能引起的后果之间出现了分裂，个体进入历史记忆的方式也变得抽象，而且越来越具有修辞化的特点。强健的身体不再具有古典时代的意义，甚至在一些事件或场景中会因为与众不同而受到排斥。商业化的体育竞技场转而成为强健身体的现代领地，他们在这里表演，为那些有钱、有闲的人提供娱乐化的景观。相比于古典意义的身体境遇，这是一个具有讽刺性的场景。一个人身材普通、没有过人的体力，却能借助于汽车的移动性而作恶。这是对强健体魄的歧视，或者说是机械化对于古典身体功能的歧视。就此而言，汽车改变了现代平等的内涵，但没有创造一种更理想的平等状态。

汽车所具有的引申性的内涵改变了现代日常生活的状态，进而创造了一种有别于之前的非机械化状态和之后的人工智能状态的现代感觉。这类现代感觉在本质上是一种工业品与人的视觉、听觉、触觉之间的互动关系，是一种可以制造、不断更新的身体体验，既是一种个体意义的感觉，也是一种群体意义或世界性的感觉。

这是一种关于汽车状态的跨民族、跨地域的整体性分析，如果将地理空间与技术时间纳入汽车与日常生活的关系中，那么汽车还有另一种衍生性的感觉。它在特定时间和空间里成为一种以工业品为基础的民族性或地域性的心理状态，就像一个民族的文学风格能够影响另一个民族的阅读习惯一样，汽车也能改变非生产地的消费习惯。这种改变的力量如果足够巨大，就会制造出一种非实践性的、虚拟化的消费心理，从而塑造这些人的行为模式，并在一些方面改变他们的话语习惯和审美风格。在现代历史上，一个国家对于另一个国家的影响并不局限于政治领域，消费领域所起的作用更大，尤其是在两个国家由于意识形态或文化习俗的不同而出现政治交流断裂的时刻，消费领域仍旧以一种稳定的状态产生影响。汽车属于这个消费领域。

现代汽车市场主要有美系、日系或欧系之分，与之相关的是车身结构、油耗、操控和底盘调教等方面具有各自的特点。一个品牌的汽车可能有很多种类型，每个类型在时间意义上有各个版本，每一个版本又有不同的材料供应体系，但在复杂的表象之下，每个品牌的汽车能够维持一种相似的感觉，购买不同品牌汽车的人认同这些品牌所制造出来的感觉。所以，汽车不同于小型的、消耗性的日用品，而是一种阐释不同民族对于设计、审美和力量感的物质—功能系统。汽车对于异域文化产生影响的过程不同于文学、哲学或思想观念，这是一种民族意识的工业化表现形式。

汽车在现代消费领域中一方面创造了一种关于民族性的衍生感觉，另一方面也创造了一种与物质状态分裂的抽象感觉。这种感觉有可能变成一种稳固的生产与消费心理，近似于一种消费意识形态，在一定时间内影响人的消费行为，控制人的心理状态，并以隐秘的方式改变现代人的身份塑造。在极端的情况中，车标具有了象征功能，我们甚至可以称之为"车标象征主义"。一个人购买一个品牌的汽车，他可能考虑到这种汽车的问题，包括变速箱异响、发动机耗费机油，甚至换挡逻辑奇怪等，但他最终忽略了这些问题，然后在一种车标社会心理学的控制下购买了这辆车。在驾驶过程中，他不停地忍受着这些问题，但车标带给他无可取代的存在感。这种存在感让他克服了那些本来是不可忍受的问题。

"车标象征主义"是汽车控制现代日常生活景观与行为的意识形态，进而构建了一种不可见的消费心理。对于那些 20 世纪后期新成立的汽车品牌，尤其是发展中国家的汽车品牌而言，他们要耗费极大的力量才能进入这个消费心理领域，其间要面对各种类型的质疑、讽刺。这些汽车品牌也会制造出功能稳定、具有地域特色的技术感觉，或者在同等配件状况下制造出更优越的技术感觉，但仍旧被这种外来的消费意识形态所排斥。实用主义或功利主义维持着这种消费意识形态的稳定性，但从长远来看，现代消费领域或物质领域中民族认同感的欠缺才是使其稳定的原因。

汽车是一种现代生活中的机械—技术综合体，创造了一系列现代意义的个体感觉。它延伸了身体的属性，改变了人的时间感和空间感，增加了法律的机械类条款，进而影响到人与人的关系以及人的日常生活状态。这是一种技术对于"现代真实的重构"[1]。这种重构在一定程度上扩大了现代私人空间的分布范围。只要驾驶者在法律意义上没有受到嫌疑，只要驾驶行为没有违反交通法规，只要汽车处在正常运行状态，油料充足，机械性能良好，那么这辆汽车就处在自由行使的状态，这个技术所创造的私人空间也相应地自由移动。驾驶者在车内完成各种预设好的驾驶动作，在这个过程中，他不会在意汽车的外观、发动机的运行数据等外在问题，他关注的是这个不具备公共表演性的私人移动空间。

作为日常生活的动力机制，汽车的影响又突破了个人领域，成为宏观制度结构中的基础问题。物质流动效率大幅度提高，战争模式不同于以往。汽车让现代城市中的密集人群有了不受气候限制的物质供应体系。现代城市的郊区化也是在汽车的影响下出现的，"汽车使每一座城市爆裂而成十来个郊区，接着它又使许多城市生活形态延伸到公路两侧，直到通畅无阻的公路似乎成为没有间隔的城市。它造成了城市的沥青丛林，致使四万平方公里绿色的、使人愉快的土地被水泥覆盖"[2]。

鉴于此，西蒙栋呼吁创造一种新型知识，即技术学或机械学，"它并不理所当然地属于工程师的知识范围，因为工程师所关心的是技术

-1 ［加］厄休拉·M. 富兰克林：《技术的真相》，第73页。
-2 ［加］马歇尔·麦克卢汉：《理解媒介》，第275页。

的整体，它也不属于工人的知识范围，因为工人关心的是技术的部件。这个专业需要的专家既要懂得技术的单个分子，又要能够把技术作为具体化过程来把握"[1]。技术学或机械学不是一个封闭的个体行为领域，而是一个向现代政治和文化开放的、具有向现代性的深层内涵延伸的领域。

这个领域中有一个具体的类别，即技术—政治学，也就是强调技术的政治化或技术对于传统政治观念的影响："技术的合理性展示出它的政治特性，因为它变成更有效统治的得力工具。"[2]传统政治学关注的是个体与群体的政治观念与行为的复杂联系，属于人类主义的范畴，技术—政治学扩充了这个范畴，为传统政治学在分析现代社会时提供了一个物质主义背景。

技术—政治学的出现需要一个前提性的条件："机器在物质上的威力超过个人的以及任何特定群体的体力这一无情的事实，使得机器成为任何以机器生产程序为基本结构的社会的最有效的政治工具。"[3]但这个前提条件容易引起歧义，一旦机器在力量上超越了人类，这种状况就会引起不安，从而改变人类中心主义叙事对于机器的一贯漠视。马尔库塞在这个语境中提出了一个观点，即"技术制造极权主义"[4]。但这个观点并不具有完全的合理性。现代技术引起了一系列的而且是根本性的社会变革，变革的方向有可能是现代极权主义，也有可能是现代生活的新形式，与日常生活相关的道德秩序、法律规范、政治理念、现代道路景观、身体功能的感觉与表达方式、公共空间与私人空间的

- 1 ［法］贝尔纳·斯蒂格勒：《技术与时间：爱比米修斯的过失》，第 24 页。
- 2 ［美］赫伯特·马尔库塞：《单向度的人：发达工业社会意识形态研究》，第 16 页。
- 3 同上，第 5 页。
- 4 同上，第 16 页。

界限等都会出现与以往不同的状况。

五、中断与写作史

20世纪后期，文学和电影越来越多地将汽车当作是日常生活的重要构成部分，文学和电影也由此成为阐释这种现代物质的公共影像与叙事空间。在这类虚拟化的日常生活场景里，汽车在重要的时刻往往会推动故事情节的进展，例如一个英雄人物在极端困境中借助汽车逃离，然后重新开启正义之路，或者犯罪分子借助汽车对于人体能力的放大效果实施恶行，其虚拟化程度由于远远超过日常逻辑而成为一种娱乐性的景观。

在这类状况下，汽车仍旧是一种辅助的因素，更多的是人的想象力的补充。尽管如此，这仍旧是汽车进入公共阐释领域的主要途径。我想在这个途径之外发掘新的方式，重新界定汽车的物质—技术身份，不再单纯地将之作为人类行为模式的附属品，而是将之看作是改变人类行为模式的物质基础，并在实践性和日常生活意义上说明汽车对于现代个体与群体行为模式的重要性。

在写作的过程中，我的思路经常被打断，不得不停止写作，应对日常生活的新状况，之后再回到这个思路中。之前我忽视这种状态，隐藏这种状态，但现在我以之为写作的正常状态，并希望说明这部作品从构思到完稿期间的进程，不再刻意回避那些干扰性的因素，甚至不再将之看作是干扰性的因素，而是一种正常状态。这种状态在柏拉图写作《理想国》时遇到过，柏拉图将之隐藏起来，然后塑造一个完整的思路。卢梭在写作《社会契约论》时也一定遇到过。其间，身体健康问题时时困扰着他，包括发烧、头疼、耳鸣、失眠、心悸、胸闷、腹疼、胃胀、呕吐、肾绞痛等。虽然生活困苦，身体功能失衡，但他在这部作品中都将之隐匿起来。在现代学术界，他被看作是一个现代政治原理和现代情感机制的奠基者，即使有人发现了他的逻辑推理与日常生活之间的断裂性，但也有人利用修辞学技巧为之辩解。

　　这种辩解是一种非日常性的、掩盖中断的方法。同样，各类学科的伟大作品都在回避那些异常状态，塑造统一性的逻辑。这是一种不同于日常生活的逻辑，是一种将日常生活排除在外的写作策略。我将记录写作这部作品的真实状态，说明那些异常情况是何时出现的，在多大程度上打乱了正常的思路，之后如何恢复正常的思路，这些异常情况对于正常的思路有哪些影响等等。

　　事实上，不可预期的、不受控制的中断是写作的正常状态。记录这些状态应该是写作史的一个主题。在人类知识的进程里，几乎所有的作品在写作进程中都会一次次陷入中断，然后又一次次被写作者从中断里复原。他们会用统一化的修辞逻辑与虚拟化的情感一致性来隐藏这些中断，使之看起来像是一个没有丝毫破损痕迹的天然艺术品。这些中断可以在逻辑意义上得到修复，但我们无法否认它们的存在。但在现代学术研究中，这些中断是被忽略的。一方面，这是理性话语的要求，而中断、异常与无意义违背了这种要求；另一方面，写作史是一个尚未成形的学科，没有明确的研究目的，又因其断裂的逻辑性而无法抗衡非日常生活化的虚拟写作状态，所以不具备处理这些中断的能力。

　　中断对于写作史而言有两重意义：一是在传统的思想或观念分析之外，从日常生活的意义上说明一部作品的产生过程，二是在更广阔的背景中说明这些中断的原因，是由于日常性的、不可避免的因素，还是由于被迫性的、具有深刻道德或生命意义的因素。在现代写作史上，我们能找到一些处理中断的例子，但并不是很多。《国富论》是一部具有中断性的作品，亚当·斯密下了很多修改的功夫，试图塑造一贯的分析逻辑，但由于事件的时间性以及叙事中所包含的差异巨大的道德类型，我们能据此发现这些中断，并将之放在经济伦理学的思想体系中，放在苏格兰现代早期的整体历史中去发掘新问题。

总体而言，《国富论》中有两种语境，一种是假设的、乐观的语境，一种是现实的、悲观的语境。最初，亚当·斯密在假设的状态下讨论经济自由主义的乐观结果，并且在这种思路的主导下完成了初稿。在修改过程中，他经历了苏格兰现代早期一次严重的经济危机。苏格兰地区的银行遇到挤兑风波，投资者损失惨重。他的资助人布克勒公爵蒙受了重大损失，亚当·斯密想施以援助，但一筹莫展。经事后调查，相关人员的投机和违法行为引发了这次危机。亚当·斯密得知后陷入悲观状态，他之前相信市场的力量，鼓励自由交易，但这次危机证明他的观点并不正确。之后，他大幅修改了《国富论》的草稿，从而留下了一个难以弥补的中断。

现代经济思想界一般将亚当·斯密的《道德情操论》和《国富论》看作是一个伦理问题的两个方面，即《道德情操论》的主要思想是倡导利他，而《国富论》倡导利己。如果不考虑《国富论》写作状态的中断性，那就很容易将这两个方面看作是一个难以解释的逻辑矛盾。逻辑矛盾通常是对正常写作能力的质疑，而很少有人能够克服这种质疑。如果复原《国富论》的写作史，我们会发现这个逻辑矛盾是存在的，但不是存在于《道德情操论》和《国富论》之间，而是存在于两个亚当·斯密之间，即苏格兰经济危机之前的亚当·斯密和危机之后的亚当·斯密。他对于《国富论》草稿的修改实际上以间接的方式记录了一次写作的中断进程。这次中断是一个人在应对突发情况时的正常反应。亚当·斯密回应了这些突发状态，并在写作史上留下了一个经典案例。

　　在写作本书时，我遇到了一系列日常性的中断。一般意义上，这些中断都会被排除在写作状态之外，尽管我要一次次逃离它们对我的时间、空间和身体机能的支配，然后在传统写作目的的引导下一次次地回归，但每一次中断—回归对于这部作品的进程都有影响，包括写作节奏、思想—叙事的交错等。法国哲学家梅洛-庞蒂在写作《可见的与不可见的》时简短地分析过这种中断—回归的现象，他不但淡化了中断的负面影响，而且巧妙地用这种中断所造成的视角转换将话题从可见世界转向不可见世界："目前确定无疑的是，我看见了我的桌子，我的视线止于这张桌子，它以其不可克服的密度固定和停住了我的目光，同样，坐在这张桌子前的我心里在想着协和大桥，于是我就不是在我的思考中，而是在协和大桥中，最后，在所有这些视像或准视像（quasi-vision）的视域中的是我所居住的世界本身，是自然的世界，是历史的世界，是带着构成这个世界的一切人类痕迹的世界。"[1] 这是一种处理中断的技巧，但一个确定的事实是他在写作这部作品时有过中断，只是这种中断不是异质性的、消耗性的，而是同质性的、开拓性的。

　　第一类中断是一种绵延不断的状态，在写作过程中反复出现，并

－1　［法］梅洛-庞蒂：《可见的与不可见的》，罗国祥译，商务印书馆，2016 年，第 14 页。

改变了写作的风格。这类中断源于一个问题：在一个段落中，甚至在一句话中，如果不引用西方人的观点，不提及西方思想家的作品，并对之进行个体化的阐释，我还能不能构建完整的叙事？一贯用西方的理论解释当下中国的状态，这是异域思想对于本土文化的过度影响，有可能会剥夺中国学者关于现在与未来的想象力。如果在逆全球化的浪潮中，西方的观点也像美国的技术一样被限制、被垄断，中国学者未经许可不能引用西方的观点，我们该如何应对？以一种实践的态度关注此时此地，从复杂的、琐碎的、日常性的生活场景中提取理论，从阐释性的角度转向实践性的角度，从纯粹的文本学领域转向我们身边的日常生活，这是一种兼具同时性和本土化的研究策略。

我是一个历史研究者，通常要依靠历史资料来构建叙事的结构，从无限量的档案中发掘有用的资料，对之评论或阐释，以修辞学技巧构建其与下一段资料的逻辑联系。这个逻辑并不是确定无疑的，它可以根据时代精神、出版制度与个体趣味而变化。这就意味着在历史档案已确定的情况下，我只具备阐释的能力，但这种阐释与几何学的论证不一样，我可以选择这段资料，也可以选择另一段，然后据此调整叙事逻辑。如果时代精神变了，这些资料都会有不同甚至相反的阐释角度。这种叙事风格存在很多问题，并在 20 世纪中期在西方学术界引发了"历史研究的危机"。鉴于此，本书不再是历史研究的传统风格，我要离开对于历史档案的过度依赖，转向个体化的感觉，从"过去—现在"的时间意识中转向"现在—未来"的时间意识。

在重新确立写作风格时，这个中断反复出现。我是否要按照这个时代的惯例，将自己塑造成西方思想的阐释者？寻找一个来自西方学术界的新奇观点，强调它的重要性，并从多重角度予以解释？在每次写作中断时，我都会做一些调整，或者说妥协，从既有的西方思想中寻找可资利用的观点，然后点击电脑屏幕文档系统上方的"引用"编辑框，加入脚注，使本书的观点看起来有理有据，并以这种方法来证明我的分析逻辑的有效性。

另一方面，我又不想妥协，为什么我要借助于西方人的观点来证明我的思考的价值？我要对之有所突破，也就是重视自己的日常感觉，构建相应的叙事方式。这类感觉是个体化的，在一些方面不具有普遍性，但在"现在—未来"的时间意识中具有不可复制的时代性，因为这是这个时代的人所具有的感觉，之前的人和之后的人不会有。我要以一种独立的姿态进入这个领域，以个体化的叙事方式将这些个体化的感觉拉进档案生成机制，不再依赖西方人的观点。

写到这里的时候，我多次想引用法国思想家蒙田提到的一个典故，即一个人向邻人借火，却待在邻人家的火炉边忘记回家的故事。蒙田借此批评在他的时代盛行的博学家鹦鹉学舌的状况。考虑再三，我放弃了这个想法。如果将那些来自异域的、异时性的观点加入其中，可能会塑造一种尊重前贤、塑造博学的迹象，但同时也遮蔽了个体化感觉的时代性和地域性。我要离开阐释学的领域以及对于一种阐释再阐释的领域，进入一个与日常生活最相近的个体实践与感觉领域。

第二类中断是突发性的、不可预测的。2020 年 1 月初，这篇稿子的字数在达到 138952 字时，写作进程中断了十天。我感冒了，并进入一次大范围流感的疾病史之中。最初，我的脑袋陷入停滞，嗓子发毛，喝一点水会缓解，第二天开始有一点咳嗽，很快有发热的感觉。我取出温度计，用力将水银柱甩到 35 度处，拉开毛衣拉锁，解开衬衫的两个扣子，将之放在腋窝下，然后拿了一本《践行汽车强国梦》。这是我刚买到的书，准备从中发现中国汽车工业的进程以及相关反思：
"过去的低质低价给我们的品牌塑造带来了很多后遗症，我们为此也付
出了沉重的代价，痛定思痛后决心进行转型。我们也希望广大消费者
能够再次接纳我们，感受到我们品质的变化……"[1] 我在这个地方折了
一个角，准备将之作为一个例证纳入正常的写作思路中。

我将温度计拿出来，37.8 度。我的家人也几乎在同一时间进入
这次流感浪潮，没有回避的可能。我穿上长款羽绒服，戴上帽子，拿
上医保卡，推开棕色的乙级防盗门（表面材质 2 毫米，锁闭点 10 个，
防破坏开启时间大于 10 分钟），从七楼走到一楼。这个时刻，我的身
体比平时要重，身体结构不再严密，有松散的感觉。在一楼，我向右
扭动金属按钮，"吱"，推开公用的丁级单元防盗门，踏入雪地。路的
左侧停了一排车，我看到一个新装置，家庭电动汽车充电桩，显示仪
上亮着蓝色的灯。这意味着汽车电动化时代开始了。

我一路向北，放慢脚步，并小心每一步都使整个脚掌着地，以维
持身体的平衡，"沙……沙……沙……"。到达药店前，我要穿过一条沥
青路，一辆车减速，让我先过。在药店门前，我走上水泥台阶，向右推
开塑钢玻璃门，进入一个带有全方位监控的药物空间，开启了一个关
于疾病、感觉与治疗的话语体系："买点什么药……什么症状……""感
冒了，发烧，头痛、咳嗽……""对乙酰氨基酚缓释片，克拉霉素，还
需要止咳的吗？"她在收费单上写明药物名称，在计算器上核实了两
遍，"79 元"。收银员将我的医保卡插入读卡器，在电脑屏幕的表格里
输入药物信息，"拍照，看着摄像头"，然后是打印机的声音，"吱吱

－1 赵福全、苏瑞琦、刘宗巍编著：《践行汽车强国梦》，机械工业出版社，2017 年，第
10页。

吱吱……吱吱……吱吱吱……"。接过药，我看着盒子上面那些历经多次试验而获取的无比重要却又总被人忽视的信息。克拉霉素的药盒上面印着使用说明："口服，成人常用的推荐量为每日两次，每次一片（250 mg），严重感染时，剂量增加为每次两片（500 mg），每日两次。疗程5—14天，获得性肺炎和鼻窦炎疗程为6—14天。"另一盒是对乙酰氨基酚缓释片，"用于普通感冒和流行性感冒引起的发热，也用于缓解轻至中度疼痛如头痛、关节痛、偏头痛、牙痛、肌肉痛、神经痛、痛经"。

这是日常生活中经常出现的异常状况。在病程周期内，一个人正常的生活—工作节奏被打断了，并且进入一个完全受身体感觉控制的状态。正常状态下的时间—空间感、工作节奏、对于生活的思考等都让位于生病时的身体感觉。这种状态既不是唯心的，也不是唯物的，而是一种非正常状态。对有些人而言，他们可能会进入一个不可预期的思想过程，但也要去忍受其中的痛苦。对于之前的我而言，这也是一个需要在忍受中度过的异常阶段，但现在我改变了对于这种异常的认识。无论对于我的生活还是写作而言，这都是一种正常状态。

本书初稿字数到达147990时，又一次突发性的中断出现了。一场全国范围的新型冠状病毒引发的肺炎中断了我回家的路，并更改了这部作品的写作过程。学校、商场、图书馆一律封闭，本来预计一个月内完稿，但此时我无法预测写作进程。经历这次事件之后，我的写作思路一定与之前的不一样，虽然我不能确定有哪些不一样。

一个月前，我通过网络订购了回家的机票，2020年1月22日下午1点起飞，当天下午3点半到达，再换乘汽车，大约一个半小时后到家。确定行程后，我在订票平台上提交订单，然后进入付款程序，共计 610 元，其中票价为 530 元，机建和燃油费 50 元，航空意外险 30 元（最高赔付 200 万）。我输入支付密码，系统显示付款成功。我的手机接收到三条短信："订单号 ×××× 已出票……请提前 2 小时到机场值机，查看航班动态，办理值机及更多服务，请点击网址 ×××，改期请联系航务司 ×××"；"如遇陌生号码发送航变及要求支付等信息请及时联系客服核实，谨防诈骗"；"您的航意险已投保成功，保单号 ×××，仅提供个人电子发票，抬头为被保险人，请前往电脑端机票订单详情页下载"。

出行前一天，新型冠状病毒引起的肺炎感染人数持续增加，《人民日报》微博发布告示：

> 请其他地区市民无特殊事项不要去武汉；请武汉市民尽量留在武汉；请疑似症状患者及时到医院门诊检测；感谢医护人员坚守岗位，请千万为自己做好保护；呼吁售卖口罩等防护用品的相关商家、平台不要坐地起价；呼吁铁路民航旅游平台取消涉武汉退票费用；呼吁每个人加强防范，戴上口罩，减少接触密集人群；坚持公开透明，第一时间回应公众关切；请广大网民不造谣、不传谣、不信谣。

我拨通了父母的电话，告诉他们当下的状况。之后，我打开购票平台，点击"申请退票"，系统即刻开启退票流程。我的手机接收到相关提示，微信账户发送退款入账的通知。一次预设好的出行计划以一种虚拟的状态结束了。在这个过程中，我没有接触任何与飞行相关的人员，包括机票售卖者、机场安全人员、技术人员，我仅仅是在电子化信息程序中完成了这个从预设到变化再到取消的过程。

　　至少在五年前，如果要坐火车回家，我的身体要出现在火车站的购票厅，并且带着身份证件。在通行资源紧缺的情况下，我要提前三个小时或更久，在那里排队。我以身体作为整个程序有效性的证据，售票员要查验我的身份证据与本人的关系，然后以技术化的语言、表情和动作完成售出程序。如果我要改签或取消行程，还要来到固定售票地点，排队、查验身份。但在电子技术化的时代，一切都不同了。这是一个无人化的高效率的过程，而且这个过程正在加速，动作日益简化，时间越来越短。

　　根据原来的出行计划，我要带着马尔库塞的《单向度的人》和海德格尔的《存在与时间》，回家阅读，补充本书中关于工业社会与当下状态的分析。新型肺炎改变了我的计划。我从办公室里找到了《马克思恩格斯文集》（十卷），转而补充经典马克思主义理论关于机器与技术的论述。这是马克思主义理论涉及的一个问题，马克思和恩格斯意识到技术的重要性，但没有将之看作是一个独立学科，他们关注的是工具、机器、生产力和资本的关系，以及技术的社会功能和历史作用[1]。所以，这个中断让我深化了关于机器问题的理解。我在电子文档中录入这段话，再次回归正常的写作状态。在打字时，我的手机响了，社区工作人员发来新年贺词，既有祝福，也有告诫：

　　　2020 年，我们将不忘初心，砥砺前行，创城不打烊，文明不打
折……高见不高声，有理不在声高，细语更能打动心灵；宠物不扰
民，你的快乐，同样可以让别人幸福；行车让行人，文明的礼让，

－1 ［德］阿明·格伦瓦尔德：《技术伦理手册》，第 152 页。

收获的是更好的彼此；树上不乱挂，生命孕育的颜色，别让它有太多的负担；酒后不开车，路上清醒的自己，对彼此最好的负责；垃圾不混放，点滴的践行，让文明更近一步；马路不乱穿，你的安全不仅关系到自己，还关系着别人；排队不插队，每个人的守序，汇成城市的靓丽风景。

　　我认真看完这段话，默默地体会社区工作人员的烦劳。他们是活跃在街角巷尾和楼道里的政治家，虽然不具备全国性或世界性的管理思维，但对于这个社区的管理却有最丰富的经验。与此同时，我的微信不断接收到关于新冠肺炎疫情的最新信息。一个朋友发布了关于一个野味店的信息，他的专长是西方政治哲学，他的思考属于现代学院派风格，但对于这个野味店引起的病毒传播问题没有恰当的分析方法。他始终身处学术研究的虚拟化状态，无法应对现实生活中的问题。对于这个野味店的分析应该属于日常生活的叙事领域，而不是宏观的、抽象的现代学术领域。日常生活叙事关注这个野味店的经营活动，记录其中各种在现代理性话语体系中缺乏因果关系，却不间断发生又即刻消失的生活场景，在此基础上，现代理性分析才能发挥功能。

　　上述中断是可修复、可掩盖的，但有一类中断是不可修复的，是永久性的。在写作期间，我的母亲给我打来电话。她说这些天头痛，胃也不舒服，睡不好觉，她问我是不是不好治。这是近三年里她的身体第三次出现的不良状况，我感觉这一次难以应对。这是关于生命的终极问题，是一个无法克服的"开始—结束"的问题。这三年里，我查阅了很多资料，问了很多医生，我成了一个药学专家，也准备了足够的治疗经费，但对于最终的结果仍旧无能为力。这是一个人所具有的能力的域外之地。

关于疫情分布的状况实时更新，病毒来源追踪进程不断加快，中国科学家迅速进入这个突发事件领域，寻找病毒来源，确定有效的药物，以现代知识塑造群体的认同感。在这样的时刻，我每天都在等待着我母亲的好消息。与此同时，关于往事的回忆占据了我的记忆，没有什么东西能阻挡。一个女人看着眼前一个刚出生的小生命，他在哇哇哭；她抱着他喂奶，听着他的声音，满足地笑着；深夜这个小孩尿床了，她为他更换被褥，安慰他说，"没事，明天晒晒就好了"；冬天早上 5 点，她将这个小孩抱到爷爷奶奶的房间，然后骑着自行车去工作；工作结束后，她为这个小孩缝缝洗洗；这个小孩成年后独自在外为生活努力，她在远方惦记着，在台灯下为他缝了上千只鞋垫，她让他送给帮助自己的人。她的眼睛、她的手掌、她的面颊、她的步态、她喜欢的衣服、她擦汗的样子，这一切都将变成我的记忆。

她是一个心灵手巧的普通人。年少时因家庭子女多，她没有获得上学的机会，只能在夜校学习基本课程。青年时代，由于在民兵营工作努力，她被举荐上医学院，却因为自己觉得条件不够而放弃了这个机会。后来，她又被举荐进入电影放映班学习，结业后的二十年里一直为公社和附近乡村放映电影。白天骑自行车到电影管理处调换影片，傍晚拉起幕布，连接电源，调试设备。她坐在放映机前，看着胶片以每秒 24 帧的速度在放映机的轮子上蜿蜒流动，确保影音还原机制运行正常，一旦出现卡顿或吃片现象，立刻人工干预……每当"剧终"出现在幕布上，观众四散而去，她要收起幕布、整理设备……这个影像机制（发动机、放映机、音箱、幕布、电线等）为她赋予了社会意义的身份。一直到 20 世纪 90 年代中期，电影被电视驱逐，这个身份也随之消失。她又回归没有区别性的日常生活领域，然后再次用个体化的力量为自己赋予身份……

与她相关的每一个东西、每一个事件都在我的私人记忆里出现。对于我而言，这是一个纯粹个体化的私密领域，一个关于生命体验的领域，一个绝对自足的思维空间，不受物质、政治观念和宗教信仰的影响。它们有时会变淡，却是自足自立的，我可以在任何时候进入其中。其他人无法看到这些记忆，无法体会到其中的感觉遗存，我也不能为其他人说明它们的具体状况。这是一个无限重复的记忆空间，一个消失了时间性的人文主义领域。那些情节最终会随着我的个体记忆机制的消失而消失，在存在的过程中往往处在历史时间和日常时间之外，也处在宏观叙事和现代理性话语之外，没有人对之有改变的能力，不能回转其中的时间秩序，也不能改变其中的空间秩序。

2020 年 5 月 4 日，我向现代分工机制请假，再次通过网络购买机票，坐出租车去机场，在入口处测量体温，在自助机器前提交身份证，系统自动识别我的信息，打印机票，通过检票口，摘下眼镜和口罩，照相识别身份，然后经过电子安检门，站在一个铁板上，伸开手臂，经过人工安全检查，进入候机厅，一个小时后再次核验身份和机票后登机。飞机在机场跑道上滑行，然后加速，飞机时速达到两百多公里的时候以 15 度仰角向上爬升，轮胎离开地面。在 8000 米的高空遇到过两次气流，空乘人员播放提示："各位乘客，我们遇到了气流，飞机会有颠簸，请系好安全带。"这个声音很像她的声音，包括语气、语调，但说话的不是她。

结束飞行后，我在机场选择专车服务，到家后又一次见到了她，她的记忆力在变弱，语言能力在退化，慢慢地变回婴儿状态。我们相

互陪伴了半个月后，她最终成为我的记忆中一个沉默的符号。但这个
符号并非处在绝对沉默的状态，它会在不可预期的状态下复活。三个
月后，它在我的梦里复活了。在一棵大树下，她出现了，蹲在我的面
前，问我最近怎么样。我没有回答，安静地看着她。她的脸上有温暖
的笑容，就像我曾经看到的一样。她的声音还是一样的柔和，我模糊
记得她又问了我一些问题，而我依旧没有回答，还是安静地看着她。
最后，她笑眯眯地看着我，向我告别："下次我再来看你啊。"

　　这是本书写作进程中一个不能弥补的中断，永久改变了我的日常
生活处境。这个中断在我的记忆中无限回环，那些沉默的声音、飘浮
的印象、抽象的感觉一次次出现。我只能接纳这个中断，将之看作是
一个人最后留给后代的一次成长机会。在个体情感意义上，我总想着
用什么方法去标记这个符号，一棵树、一块石头或一本书。在现实中
寻找象征物的过程中，我的个体心理有了一种偏移或移情的现象：我
在日常交往中会刻意观察我面前的人与我母亲是否相似。在装修房子
时，负责卫生间布局的工人将洗衣机的进水管设置在一个隐蔽的角落，
导致无法安装水龙头，所以我要去附近的装修市场寻求解决方案。在
一个五金专柜前，我遇到了一个比我年轻的女人，看到她容貌的那一
刻，我心中充满了震惊，听到她的声音后，这种震惊中瞬间又增加了
一种无法拒绝的熟悉。我说明了要解决的问题，她在一堆铜制管件里
翻找，同时用一种温和的声音与我交谈："是不是要将那个接口挪一下
位置……要不你自己找一找，毕竟我不知道具体情况……要不你多拿
几个回去试试，不行再回来退，这都没问题的。"她扭过头，安静地看
着我，等待我的回应。这是一种没有被利益所控制的日常实证主义目
光，温暖、坚定、实事求是。我站在那里，隐秘地将这种日常实证主

义转变成一种关于亲密关系的情感。这是一种奇特的感觉，但我又清晰地意识到她与我之间除了买卖关系之外不会再有其他的联系，我们的语言机制也不会突破这种联系。我希望多购买一些东西，以此拖延对话的时间：

——有没有洗澡间下水口的止逆阀？

——口径多大？

——我没量过。

——你拿这个回去试试吧，这是能改变口径的，如果实在不行就给
　　你退。装修很费工夫的。

半年后，这个装修市场要改变业务，我想再去看一看这个与我有一种隐秘的、单向度情感映射的女人，但装修市场的门已经关闭，这种单向度的情感映射也就此消失。

在本书不断完善的过程中，我处在一种难以连接的分裂中：一方面看着自己的孩子慢慢成长，从混沌变得开明，另一方面看着母亲慢慢衰老，从开明变得混沌。这是个体感觉的分裂，不但无法弥补，反而愈加扩大。本书从这个感觉的裂缝中衍生而来，一次次陷入中断，既是写作进程的中断，也是人类中心主义与物质主义之间的中断。

中断是自古以来就存在的写作机制，没有一部作品能逃离中断，严密持续的逻辑性也是在缝合中断的基础上塑造出来的。所以，写作过程中出现的那些不可预期、无法避免的中断状态一方面打乱了理性逻辑的一贯性，但另一方面也是理性逻辑的日常性基础。本书的写作过程处在一次次的中断中，日常生活中的事件一次次打断稳定的写作

思路。以前，我在逻辑意义上忽略这些中断，厌恶这些中断，以之为异常状态或时间的浪费。现在，我要正视这些中断，而且将之看作是写作的正常状态。

尽管如此，我无法记录每一次中断，实际上在每次中断的过程中还有新的中断。这是个体化的日常生活中难以避免的状态，而写作正是在这种状态中凝固思想的方式。如果有一个写作史的类别，那么这个类别的重要问题是如何处理写作期间的中断与连续性，以及如何发掘连续性秩序的中断。

购买程序与现代物质感觉

2016 年 6 月 18 日，这辆车进入了我的日常生活秩序。我开始熟悉它的声音、它的形状、车辆运动时所改变的空间感，以及刹车所带来的身体顿挫感。这是汽车制造的现代感觉。每一个身体动作都有一个符合目的的车辆状态，每一个车辆状态又在人的神经系统中衍生出这样的感觉。这是人类对于物质的绝对权力，无论身体动作及其结果是否符合现代正义或道德原则，都不会遇到这些物质与技术体系的反抗。

　　为了进入被汽车改变的现代感觉领域，我选择了一种缓慢、递进和实践性的策略，首先从一个汽车技术体制的旁观者变成一个部分意义的实践者。2015 年春天，我到一所汽修学校报名，学习汽车维修技术。在一个钢梁、保温板、塑钢门窗搭建的办公室里，招生负责人坐在我对面，微笑地看着我，反复核实我的身份和目的之后，开具了入学许可，半年缴纳 4500 元学费。之后，我每天上午来这里学习汽车理论，下午在维修车间拆解汽车各部分，观察动力系统、电路系统的设计理念、各类零件的磨损状况与常见故障处理。授课技师打开了一个已运行十年并已报废的变速箱，那是一种强烈、绵长的酸锈味道。这种味道已经渗入钢铁，打开缸体后又从钢铁中流出来，四处弥散，密度大，附着力极强，让人无法呼吸。

　　与此同时，我购买书籍以备自学，包括汽车设计手册、发动机工作原理、电路维修、底盘结构、汽车历史等，详细了解关于汽车的各种设计理念、各类部件的性能。这是一个技术性的知识领域，为日常生活提供了强大、稳定的动力基础，改变了人力与机械力在现代日常生活中的比重，在生产领域消减了阶级之间的对抗，甚至改变了 19 世纪以来无产阶级与资产阶级的二元社会结构。另外，日常动力的机械化塑造了现代消费社会，从而在政治经济学的意义上改变了"生产—消费"的传统关系。生产领域对于整个社会的意义没有减弱，但消费领域具有空前的重要性。

　　第一次世界大战后，美国福特公司以标准化流程大规模生产的 T 型车将汽车变成一种日常消费品，一方面从生产角度扩展了消费领域的物质范畴，另一方面从个人主义角度激活了这个领域的汽车化内涵，个体不受限制的流动性成为现代性的一个全新领域。19 世纪的重要特点是"城市化、人口流动和社交场所多样化，原本固定的生活阶层界限变得模糊"[1]。这是一个在当时看来具有消极意义的社会现象，因为流动性带来的是难以缓解的陌生化和孤独感，这种感觉很快成为 19 世纪现代化或工业化进程中的独特精神。但汽车成为日常消费类别之后，这种流动性具有了明确的行为主体，即驾驶者。一个群体所具有的流动性状态所导致的负面情绪减少，这些行为主体开始享用这种流动性。陌生化和孤独感依然存在，但被流动性所制造的快感所冲淡。

2016 年春，在基本了解汽车结构、故障处理、车型特点及其重要的社会影响之后，我决定购买一辆汽车，以一个实践者的角色进入这个技术—功能—历史领域。关于国产车还是合资车（外国车企在国内投资运营的品牌），这是一个需要衡量的问题。购买现代城市道路上出现频率高的合资车，这是一种具有充分合理性的个体消费心理，也是一个普遍的经济学现象。虽然国产车在价格上比同类型的合资车低 30% 或更多，但由于个体的经济学判断，所以不是一个受到普遍认可的选择。

在信息碎片化和个体化同时出现的时代，我通过网络查阅各类汽车的技术与性能数据、专业机构测试以及用户评价。这是一种在公共信息模式下自我学习的过程，我不需要与技术人员交流，仍旧能发现一个新领域的基本状况。这种方式是现代陌生人社会出现的原因之一，人与人之间的直接交流变少，但信息流动的效率更高。在具备初步的认识之后，我多次进入城市路边的汽车零售店。这些零售店在自发聚集效应的机制

－1 ［法］多米尼克·戴泽:《消费》，刘芸译，杨晓敏校，商务印书馆，2015 年，第 8 页。

下塑造了一种独特的城市景观：外面是高大的玻璃幕墙，里面是双层或三层大厅，大厅里是处于在售状态的各种车型，漆面光亮，内饰干净。销售人员统一着装，干练整洁，在大厅里来来回回，不断重复着关于各种车型的参数（车辆售价、发动机功率、油耗与性能、保养费用等）。他们对每个来访者都要说一遍或两遍，甚至更多。这套话语在这个大厅外会失去功能，因其是在现代分工状况下一个被赋予了时间性和空间性的话语体系。在消费意义上，这是一种平静的、公正的景观诱惑。

展示大厅旁边是负责车辆保养维修的仓库型建筑，以水泥、玻璃、塑料、钢材和铁皮泡沫板塑造现代实用主义风格，灰色水泥地面的大厅里放置了一些具有特定功能的器械：提升车辆需要的大功率电机和结实的不锈钢支架，拆卸轮胎需要的扳手，充气需要的气压泵，更换机油需要容纳废油的大铁桶。这是人的话语沉默，但机械声音不间断出现的技术领域。汽车以低速状态进入这个空间，完成特定的技术更新、故障维修之后，又以低速状态离开。这里的工作人员同样是统一着装，但干净整洁不是最重要的标准，个体的话语能力与表情机制看起来可有可无，重要的是他们对于汽车技术体系的理解能力和故障修复的能力。这种能力一方面为他们赋予了在现代分工社会里的身份状态，另一方面在赋予他们身份的同时也将之简化为一个功能性的符号，他们的语言、思维和行为习惯都要服从这个符号对于个体生命的要求。在资本与生产的角度，这是具有积极意义的身份塑造，但在自由意志的角度却是对于个体生命与独立意志的统一化管理。

我去了多家汽车零售店，来回乘坐出租车。每次我都坐在前排右侧的副驾驶位置，这是一个能最大程度参与对话的空间。出租车起步后，司机明确了目的地，在思维中规划了路程，之后我会开启一场关于汽车质量与驾驶感觉的对话。多数司机不愿意进入其中，因为他们处在现代分工制度所规定的另一个生活方案中，而这种对话与他们的生活方案无关。我要想办法将之拉入，如果他仍旧不愿意，可能会采用一种语言策略来避免深入交谈的可能。

我坐上了一辆出租车，司机用沉默的状态拒绝进入我所主导的话语空间。他看着前方，左手握方向盘，右手放在手动挡杆上，发动机维持在每分钟 2500 转或 3000 转时升挡，驾驶空间始终处在发动机高转速引起的轰鸣中。这是一种声音过度的状态，让人有一种压迫感。在另一辆出租车上，司机一直处在这种对话的边缘，"哼哼……啊啊"，但当听到我要买国产车的时候，他完全进入这个话语空间，并且主导了对话的方向："买国产车是爱国，但买回来小毛病多，你看这辆合资车，40 万公里，基本没问题。"

在这个城市的街道上，德国品牌、日本品牌和美国品牌汽车在数量上远远多于国产品牌，尽管在很多方面国产车的性能已与之平行，甚至有所超越，但市场保有量以及与之相关的保值率仍旧是决定品牌选择的重要因素。某一个类型的合资车即使在品质方面落后于国产车，售价也要高，但庞大的市场保有量决定了再次出售时会具有一定的价格优势。这是一个现代消费心理的复杂结构。实用主义、个体的感觉与想象力在这个结构中既是并存的，又是矛盾的，相互制衡的结果有时候符合日常理性目的，有时候又会制造集体无理性的状况。

我决定购买一款国产汽车，主要原因不是出于道德因素的考虑。个体对于自己的行为可以有内在的道德判断，但不能将之外化为一个具有强制性的行为模式，或使之成为一个具有反向评判的意图，即不买国产车就是不爱国。这种趋向在现代消费主义时代和全球化时代一般不会受到认同。购买什么品牌的汽车，这是现代消费社会中的个体权利。我认同那些根据日常理性判断做出的消费决定，也赞赏那些由于支持中国制造而做出的消费决定，因其在物质、技术与民族意识之间确立了一种内在的联系。如果我们强调物质与技术的中立性，后一种分析可能会受到质疑；如果我们注意到物质与技术在现代竞争中所表现出的非中立性特点，那么这种分析又具有合理性。

购买国产车对于我而言有两个目的。其一是反思汽车消费公共话语空间中各种意见的真实性。很多国产车上市后，消费公共话语空间里很快出现了两种声音，一是支持的，一是否定的，而且否定得极为彻底，包括油耗、驾驶操控、行车品质等，都被无限度贬低。这是一种被消极的对抗情绪所控制的状态，仿佛有一个无形的力量在引导这种状态。而购买国产车之后，我会以一个直接实践者的身份进入这个消费公共领域，有能力判断各种声音的合理性，进而思考物质消费与群体意识的联系。其二是体验中国制造与现代感觉的关系。在进入日常消费领域后，汽车被赋予了一些"寄生性的功能"，包括威望、舒适等[1]。这些功能与汽车自身的技术无关，而是一种个体意识的物质阐释方式，即这个人的存在感不再通过语言、表情，以及衣饰来表达，它被转移到了他所驾驶的汽车上。我不需要汽车品牌为我赋予身份，相反，无论这辆汽车是否会降低我在日常生活中的存在感，这个研究在阐释汽车社会功能的同时会为它赋予一种思想意义的身份，而我也有可能逃避消费主义和车标象征主义的控制，并在一个纯粹的物质—技术—功能领域中进行客观分析。

- 1　[法]让·鲍德里亚：《物体系》，林志明译，上海人民出版社，2019年，第140页。

汽车正面

在这个领域里，我需要的仅仅是机械技术所提供的稳定可控的身体移动性，而这辆汽车能实现我的愿望。这是一个去象征性的日常生活行为，但我并不否认汽车或者其他工业品自身所具有的象征意义的合理性，因为这是现代人自我价值的一种物质表达。事实上，不同种类的工业品在一定时期都会承担个体生存状态的象征性功能。一个人向外界显示自己的身份或地位时一般不会用语言（口语或书面语）的形式，例如"你看我的地位怎么这么高""你看我多么有钱"，或者将这类意思变成可视的文字方式，挂在自己身上。这种表达方式违背了日常生活的行为逻辑，这个人也会被归入日常生活的不正常类别。而工业品承担了这种表达的愿望，尽管是一种间接的方式，却能传递明确的象征意义。20世纪70年代的自行车、80年代的电视机、90年代的台式电脑以及21世纪初的手机和现在的汽车，这些工业品在日常生活领域中都承担了个体身份的象征功能。在未来的一个时刻，汽车的象征功能也会消失，就像之前的那些象征物一样，然后回归到纯粹的本体化功能，即交通运输，但在当下这个时刻，它的象征性内涵在中国的日常生活中还是存在的，尤其是在打开车门，驾驶者的双脚踏在地面上的那个时刻。

这辆汽车将我带入一个本土化和同时性的思想体系之中。它的生产企业自90年代成立后一直致力于底盘、变速箱和发动机等技术的自主研发，过程艰难，并在消费话语空间里受到很多指责。尽管如此，它仍旧重视构建独立的技术体系和驾驶感受，并在现代市场上与强大的跨国企业竞争。这种努力实际上塑造了一种与中国制造状况相符的同时性，以及一种与国产汽车所塑造的现代感觉相符的同时性。总之，这是一个在日常生活与宏观思想之间确立准确联系的愿望，它能让我与这个时代的物质状况与消费心理之间建立同时性的联系。

什么是同时性？它是不是一个纯粹的时间概念？意大利哲学家阿甘本认为同时性是一个"与自己的时代的奇特关系，这种关系既依附于这个时代，同时又与它保持距离……过于契合这个时代的人，在所有方面与这个时代完全联系在一起的人，并非同时代人。"[1]在相关分析中，他又从普遍的人类中心主义转向精英的人类中心主义，强调那些具有同时代感受的人所起到的先知角色，"他们紧紧凝视自己的时代，以便感知时代的黑暗而不是其光芒"，所以要成为这样的人，首先要有"勇气"[2]。这种解释实质上属于波德莱尔、本雅明和福柯等所擅长的人类中心主义范畴，不符合物质主义范畴。我要抛开这个角度，从日常生活及其物质状况的角度说明同时性的含义。

关于日常生活的分析需要两个基础：一是处理"当下"的问题，如何将之理解为"现在"的一个片段，并将之看作是一个与"过去""未来"之间有明确关系的概念；二是如何处理那些具有特定功能却最终无法进入历史档案生成机制的物质。同时性包含了上述两个问题，是一个融合了时间—空间—物质—感受的概念。我们不能刻意强调它的时间标准，即一个短暂的时刻，而是强调在一个时刻、一个空间里一种观念或物质在日常生活领域所引起的内在联系。这种联系以一种隐秘却明确的方式影响到一群人的感觉与认知习惯，并改变了日常生活的物质状况和事件进程。确切地说，日常生活意义的"同时性"不如现代性批判领域的"同时性"那样有完整的分析谱系，相反，这是

－1 ［意］吉奥乔·阿甘本：《何谓同时代人？》，吉奥乔·阿甘本：《裸体》，黄晓武译，北京大学出版社，2017年，第20页。
－2 同上，第24、27页。

一个缺乏层次与谱系的概念。实际上，我们称之为"概念"并不恰当，因其在日常生活中表现为一种隐秘的、非文本的存在形式，我们甚至不能确定最终它会不会进入现代思想领域。

2016 年 6 月 7 日，我进入了一家出售一款国产汽车的零售店，开启了体验这种同时性的进程。我站在一个 60 平方米的展厅里，透过落地玻璃看到外面有一个铁制的陡坡，陡坡上停着一辆展示用车，车头向上，呈 30 度倾斜。一个年轻的女销售员向我走来，她穿深蓝色工作装，配黑色高跟鞋，面容和悦，言语得体："请问要购车吗？想看哪款车型？"这个声音在封闭的空间里传播，碰到玻璃墙后又返回来。我指向那辆停在展厅中央的新车，她瞬间开启了一个话语机制："这是新车型，质量很好，配有主动安全系统，在这个价位几乎没有这种配置，发动机享受 10 年或 10 万公里质量保证，我们卖得也很好，现在购买能享受三年六次保养……您可以试乘试驾。"

一个 30 岁左右的男销售员向我走来，深蓝色裤子、白色衬衣、黑皮鞋，鞋跟碰到大理石地面上，"哒……哒……哒"。他示意我跟他出去，然后进入试驾车。他系上安全带，发动汽车，在出口前打开左转向灯，然后进入主路，挂一挡，加速，发动机每分钟 2000 转速，换二挡，加速，换三挡……他全程看着前方，一句话没有说。我试着问了几个问题，包括油耗怎么样、行驶过程中有没有异响，他都在沉默。发动机急加速时，车厢里有"突突……突突"的声音，就像一串相互碰撞的钥匙。我问这是不是正常的声音，他仍旧在沉默。我问汽车收音机的效果怎么样，他依旧在沉默。这种沉默对我而言有一种神秘感。我问他能不能试驾其他类型的车，他最终开口说话："不能。"他的电话响了，他拿出黑色智能宽屏手机，锁车离去。我返回大厅，对导购员说明了试驾的情况："一路上都不和我说话，你们的服务有待提高。"她看起来有些难过，脸有些红，职业性的语言习惯变成一种日常性的风格："我们的服务是有些不规范，有些店管理严格，因为他们在意。"这个声音在大厅里回荡，作为一种微弱的、局域性的反馈。

6月9日，我去了另一家汽车零售店。在入门处登记手机号码，然后进入营业员构建的话语空间。在试驾过程中，汽车绕过一个转盘，向前行驶3公里后原路返回。这是一个有声音反馈机制的销售人员，对所有问题几乎都提供模糊性的答案："差不多""应该能""都这样"……我对这里的服务也不是非常满意，但我决定在这里买车。随后，我正式进入现代消费领域。在营销办公室里，房间一侧有3台电脑，都处在工作状态，一个女业务员在电脑表格中录入信息，女经理坐在中间的位置上，微笑看着我。我问她是不是有三年六次保养的优惠，"没有，厂家没有提供"。我确定前一家零售店有这项优惠，她的眼神看起来很复杂，有一点惊奇，有一点不满，有一点轻视，还有一些说不清楚的东西。"如果有录音，我们拿着录音去厂家举报这家店，就能获得一笔补偿金。"我安静地看着她，掩住内心的惊讶。她的状态很快恢复正常，又在向我微笑，像我刚进来的时候一样。3台电脑依旧在工作，机箱里的小型散热风扇匀速旋转。她坐在铁质的椅子上，等待着我的回答。那把椅子的铁质支撑结构处于承重状态。这是一种中立性的物质，不区分地接受各种人的重量，不区分他们的观念与道德状态，无论如何它都不会抱怨，也不会兴高采烈。它一定不知道各种内幕与策略，也不会说话。

在沉默中，我转向接待我的试驾员。他构建了对话的持续性："要不你打个电话，如果他们还那样说，我们帮你录下来，这样也行。"这

是一个行业的内部竞争，我不想进入这场竞争。我指着他说："我这样
搞你，你愿意？"一切再次变得安静，那个填写表格的业务员停下工
作，抬起头看着我，眼睛里有复杂的东西。

　　我想离开，但我不想就此放弃国产汽车所制造出来的现代感觉和
同时性的状态。我拿出银行卡，试驾员取来电子资金自动转账的 POS
机（Point of sales，销售点情报管理系统）。这是一个具有支持消
费、预授权、余额查询和转账等功能的电子终端系统。他取过银行卡，
将黑色磁条插入 POS 机凹槽中，向下划过，然后还给我。他左手拿
住 POS 机，右手输入购车款。我输入密码，点击彩色屏幕上的"确
认"，一张付款收据从 POS 机上方出口滑出来，"吱吱……吱吱……"。
他从桌子上拿了一支笔，"签字"。我们一同去收款处，业务员开具发
票，共计 63900 元，其中包含增值税 17%，合计 9284.62 元，上缴
国家财政，所以车辆实际价格为 54615.38 元。在办理汽车落户手续
时，我还要缴纳车辆购置税，数额为购车款的 5%，合计 2730.77 元。
这是近期执行的优惠税率，目的是刺激汽车消费，而在平时该税率为
10%。这笔钱同样也会进入国家财政，应付各项公共开支，包括公共
基础设施的建设和维护，以及支付办理落户业务人员的工资、福利与
退休待遇。

　　现代消费过程所创造的公共财政收入不仅仅是消费个体的法定义
务，同时也是一种委托或约定，即消费个体用自己的一部分收入换取
多方位的公共服务，公共机构的运行机制获得了经济支持，同时也有
责任提供这类服务。如果只强调纳税行为是个人的法定义务，忽视这
个过程中的委托因素，那么公共机构就是一种单向度管理或控制的角
色。如果意识到个体纳税的双重性，那么公共机构就要相应地转变理

念。所以，单纯的消费行为实际上具有现代政治内涵，纳税变成一个具有现代治理内涵的双向行为。

之后，我进入汽车零售店南侧的交通管理局，在接待前台填写相关材料，包括姓名、性别、身份证信息、驾驶证信息，准备缴费。前台工作人员在有条不紊地工作，台式电脑稳定地提供数据输入、运算与保存功能，扫码器的红色光线照在条形码上，"吱"。我获得了一个车辆情况的报告单，将之交给一个坐在柜台后的工作人员，他快速地扫了一眼，用别针固定好，然后传给第二个人。他扫了一眼，盖章后转给第三个人。他扫了一眼，盖章后转给第四个人。他扫了一眼，最后放在文件篮里。

四个工作人员年龄有别，模样各异，但表情相似，沉静、熟练，还有一点固定流程所塑造的冷漠或淡然，以及一点点的不耐烦。在这个程序中，我是一个临时性的符号，他们是其中的固定符号。这些符号共同构成了现代消费模式。这个模式是现代制度里的一个微小场景，日常生活意义的个体感受被排除在外。

如果这些工作人员具有卡夫卡的思维方式，那么他们会发觉自己身处一个进不去又离不开的制度城堡的附近。如果他们不具有这种奇异与深刻的思维，只是满足于日常生活的程序与感觉，那么他们觉得自己是幸福的，不会很富裕但也不会很狼狈。他们在工作期间有编制，有五险一金，退休后仍旧有足够的收入。如果他们了解现代政治观念，并意识到纳税行为的双重性，他们会将这个固定程序看作是现代制度建设的重要部分。如果不是这样，那么他们可能会将自己看作是为这些临时性的符号提供单向度服务的管理人员。在现代消费社会出现后，政治观念与实践不再局限于议会等传统领域，而是延伸到与日常消费品相关的购买程序和使用过程。

　　这个程序结束之后，我获得了国家税务总局监制的蓝色证书《车辆购置税完税证明（正本）》，内容包括纳税号、纳税人姓名、发动机号、车架号、经办人、征收机关，以及征收机关的红色印章。证书最后一页是注意事项：

　　　　1. 每车一证，正副本内容必须一致。

　　　　2. 注册登记地公安车辆管理部门凭此证副本发给车辆牌照，并将副本留存。

　　　　3. 未加盖"征税专用章"的完税证明无效。

　　　　4. 此证不准转借、涂改、买卖或者伪造。

　　我又交了 125 元钱，获取汽车通行牌照，其中登记证 10 元、行驶证 15 元、牌照费 100 元。之后，我回到汽车零售店办理车辆保险。保险业务员给我一本《中国保险行业协会机动车综合商业保险示范条款》，"你先看一看"。这是一个程序性的要求，属于现代消费过程中的知情权。但这是一个受到时间限制的、不完整的知情权，因为我不能在那个时刻逐条读完，所以只看了一些字体加粗的部分：

　　　　保险期间内，或其允许的合法驾驶人在使用被保险机动车过程中，因下列原因造成被保险机动车的损失，依照本保险合同的约定负责赔偿：（一）碰撞、倾覆、坠落；（二）火灾、爆炸；（三）外界物体坠落、倒塌；（四）暴风、龙卷风；（五）雷击、雹灾、暴雨、洪水、海啸；（六）地陷、冰陷、崖崩、雪崩、泥石流、滑坡；

（七）载运被保险机动车的渡船遭受自然灾害（只限于驾驶人随船的
情形）。
…………

在写作的这个时刻，我处在对于当时场景的回忆状态。我用键盘
录入了《示范条款》上的这段话，这是我当时读过的，但没有逐字读，
而是选择性地阅读，在选择性阅读的时候也有粗略阅读的地方。我没
有读完，却同意签字付款，完全是出于对现代消费程序的信任。

我又往后翻《示范条款》，看到一系列关键词："免赔率""赔款计
算""玻璃单独破碎险""新增设备损失险""车身划痕损失险""精神损
害抚慰金责任险""指定修理厂险"……这本《示范条款》的基本规则
在世界范围内通用，几乎包括了汽车所有部分的受损与处理情况、汽
车与汽车碰撞的责任与赔偿问题、汽车撞人之后的处理方法、出现事
故时如何激活保险机制、这个机制在什么情况下会失效等等。这是一
套具有复杂与多元因果关系的规则，在一些方面将人的行为复杂化，
在另一些方面将人的行为简单化。同时，这也是一个预设性的、多方
对话的行为与责任领域，其中包含了很多限定责任的语言策略。

《示范条款》的编写需要极为丰富的日常生活常识，并根据法律区
分日常驾驶的正常状态和异常状态，逐一列举异常状况，用范围指向
更大的模糊语言逻辑涵盖更多的可能出现的异常状况，包括饮酒、吸
毒、服用国家管制的精神药品或麻醉药品、无证驾驶，以及地震、战
争、自然灾害等。其中的附加险又将日常生活的正常合法部分区分为
一般部分和特殊部分，从而使保险程序具有最大限度的利润率。除此
之外，《示范条款》确定了正常人在道路公共空间里的行为规范，以

及道路正常人格的内涵，所以是一个现代道路行为规范的约定。总之，区分是编写保险协议的基本逻辑。

上面两段话是正常写作思路的一次中断，与之前的文字有不同的时间性，即回忆的时间与现场的时间。单纯的场景写作不足以说明购车过程的深层内涵，所以我加入了回忆性的分析。这两段话耗费了我一天的功夫。在查阅《示范条款》后，我很快完成了第一段话。但在现代理性分析的意义上，这段话看起来仍然浅薄。当天下午 4 点半，我去幼儿园将孩子接到办公室，将她安放在办公桌前的椅子上，给她一袋蛋黄牛奶味饼干，饼干包装袋上有广告：为中国乒乓球队加油。在她大口吃的时候，我打开电脑，搜索动画片《汪汪队立大功》，选择了她最喜欢看的一集，然后坐在旁边的沙发上，仔细分析《条款》中的文字策略，同时打开智能手机的文本输入功能，继续构思第二段，不时用拼音输入法将突然出现的想法记录下来。

我的沙发右侧是 2020 年新年挂历。第一页是一个镀金色的"福"字。我从中国图书进出口公司订购了很多外文图书，办事员前一天送来了这本挂历。左侧是通过网络购买的图书，包括《谢林文集》和《卡夫卡文集》。在这个有限的写作时间和空间里，新的思考不断出现，手机成了我捕捉即时性思考的工具，替代了纸和笔。在电子化时代，日常生活所产生的文字有很大一部分已经绕开书面生成模式，变成一种临时性的光电模式。

写到这里，我要转换写作思路，结束这个中断，重新回归现场叙事模式。为新车缴纳各种费用两天后，我来到交通管理处获取铝制的汽车牌照，长方形、荧光蓝底、白色号码。那个试驾员为我找到一把螺丝刀，用螺丝将车牌固定在车头和车尾的预留空间。在法律意义上，

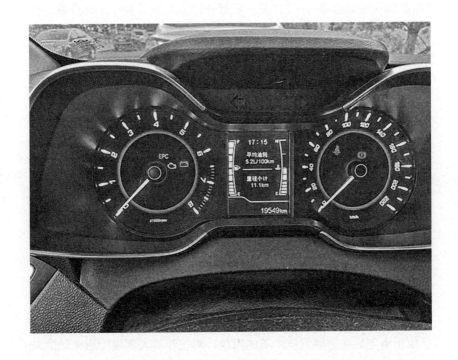

汽车驾驶位电子显示仪

这辆车有了合法身份，我正式成为它的所有人。

我打开车门，在方向盘右下方插入钥匙，向前转动 45 度，汽车系统处于待机状态，方向盘前方的仪表显示各类数据。这些数据来自各种传感器，包括油量、电量、机油、行驶速度、发动机转速、安全气囊状态、刹车状态等。我将钥匙再向前转动 45 度，启动发动机，"嚓嚓嚓……嗡嗡嗡……"，发动机每分钟 800 转。我踩下离合器，挂一挡，抬离合，轻微踩油门，汽车缓缓前行。

这个简单的动作属于一个汽车行业经过百余年的技术积累而形成的机械知识体系，在电动车时代的开端，这个知识体系几乎不再更新，并在可预期的将来进入技术考古领域。尽管我已经进入汽车所主导的那个历史感受领域，但在这个时刻，我仅会这些动作，对于这些动作所引起的道路空间状况缺乏认知。一种与汽车驾驶密切相关的现代心理出现了，即道路恐惧症。我在车里练习各种动作，挂挡、加油、换挡、刹车。这是一种虚拟驾驶状态，当汽车真要上路时，道路恐惧症没有消减，反而在增加。我的手在握住方向盘时轻微发抖，踩在离合器上的脚也在轻微发抖。

对此，我没有相应的解决办法。那个时刻，我还在用传统的 2G手机，充满电可以待机半个月。这部手机是在 2009 年购买的，至此已使用七年。在智能宽屏手机的时代，它已经进入现代物质领域的考古学层次，不能应对日常生活中的新状况。每次我举在耳边打电话，都会有一种穿越时间的奇异感。我去清华大学参加讨论会时将这部手机放在桌子上，左侧的许章润教授极为惊奇，他说我是另一个时代的人。同样，那个销售员也看到了我的异时性，他打开自己的宽屏智能手机，不断地用手指滑："为你找了一个代驾，估计很快就有人跟你联系。"

我站在落地玻璃前，看着眼前被汽车占领的道路。我很快就会成为城市道路合法的、局部的使用者。我的心脏在怦怦跳，激动、慌张，还有一点不知所措。3分钟后，一个陌生号码打来电话："你在哪里？我5分钟后赶到，到时电话联系。"他穿着荧光的安全外套，上面有荧光字体："嘀嘀代驾。"我陪他进入车内空间，"车牌上了，保险也买了，放心开"，"我从没有开过这么新的车，油量不够了，先去加油吧"。

汽车向右转，进入加油站。这是汽车所造就的、辅助性的现代景观。一块方正的水泥地面，上面罩着一个相似面积的铁板防雨棚，下面是两排电子化的加油机，"汽油93号、97号"。一个加油员走过来，手里拿着一个黄色小瓶子，燃油添加剂："新车要加两瓶，100块，因为汽油里有铅，这种东西能保护发动机。"我不知道是否有必要，但价格不便宜。我采纳了一个折中的策略，加一瓶，50元钱，另外又加了200元钱的93号汽油。

汽车重新启动，进入城市道路。这个时候，代驾员告诉我："其实没必要加，一样跑。"车速到达每小时80公里，他扭头对我说："这车不错啊，高速跑到130或140，一点问题没有。"一路开到我所在的小区，他的手机系统显示代驾费26元，可以微信支付，也可以现金支付。我选择现金支付。在那个时刻，26元所具有的购买力远远超过了货币本身的价值。我给了他30元，以感恩戴德的语气告诉他不需要找零了。

在现代政治领域，国家是最高的权力机构，而在全球化时代的物质生产领域，公司是最重要的组织形式，从根本上主导了现代日用品的形式和功能。20 世纪中期以来，现代公司造就了全球性的物质、信息和人员流动的加速模式，在一些方面所具有的力量甚至比主权国家还要大，并能穿越民族意识和宗教意识的界限。因为商品，包括商品化的服务具有中立性，可以突破政治观念的差异，在不同意识形态控制下的地区自由穿行。现代汽车属于这个自由穿行的物质领域，并以其独特的存在状态阐释物质中立的本质。

在这个过程中，汽车制造对于世界性的技术特质做了一次选择，从而在另一个维度，即生产制造维度塑造了一种物质全球化的状态。意大利人自古以来对于线条和造型具有卓越的审美力，所以在工业设计领域，意大利人有引领性的作用。德国人对于机械精度有极高的敏感性，在汽车发动机制造和底盘结构方面制定了权威的标准。日本人对于不同的技术有超乎寻常的集成能力，所以尽管汽车不是日本人发明的，但日本汽车业成为一个具有世界影响力的产业。美国人开创了现代实用主义理论体系，这个体系最早被亨利·福特用来设计第一条汽车生产流水线，并促成世界汽车工业的模式化生产，进而使之成为一种日常性的物质。

我要从物质全球化的角度说明这辆车的存在状态，经过多次联系也无法获得汽车生产商的帮助。最后一个办法是联系本地的经销商，我拨通了电话，说明了我的目的：

——你可以从汽车说明书上找。

——上面的信息太简单了，远远不够。

——那也没办法。

——你们有没有维修资料和数据？

——有，但是我们保密。

——什么时候开放？

——什么时候也不开放。

迫于无奈，我在网络上查阅了与这辆车相似的另一型号汽车的全球性物质供应体系。其中，车身稳定系统（ESP）、刹车系统、组合仪表源自德国博世公司，车身悬挂系统源自德国本特勒公司，空调系统源自法国法雷奥公司，音响系统源自美国伟世通公司，发动机管理系统源自中德合资电子公司，车身雷达源自中德合资德赛西威公司，轮毂源自中国戴卡公司，轮胎源自新加坡佳通公司，安全带源自瑞典奥托立夫公司，蓄电池采用中国风帆品牌，玻璃升降器源自加拿大磐吉奥公司，车身玻璃源自中国福耀公司，轴承系统源自中国万向集团。

这辆车的发动机尽管在配件上不是完全自主制造，但生产商从设计、检验到制造的整个过程都处在主导地位。这是全球化时代物质与技术制造的一个普遍现象。研发过程中首先是交变负荷试验，发动机转速从每分钟 700 转到 5500 转之间变换，每 40 分钟循环一次，连续运行 40 天；其次是冷热冲击试验，发动机冷却水温在 30—105 度之间变换 2000 次，连续试验 15 天；复次是额定功率试验，发动机每分钟转速维持在 5500 转，并在 400 个小时内不间断运行。这是一个试验周期，一台发动机试验阶段要经历四个周期，如果任何一个环节出现问题，工程师在改进之后要重新开始上述试验。

整车设计完成后，试验车辆在零下 40 度到零上 50 度、0—4000 米的不同海拔地区（冬天的满洲里，夏天的吐鲁番、三亚、西藏）经历耐久性考验，包括在高速公路、砂石路、农村道路上连续行驶，共计 100 万公里。车窗玻璃经过 6 万次升降实验；车门在不同温度下经过 10 万次关闭实验；发动机经过 20 万次启停耐久实验。除此之外，设计师要优化车身外观设计和固定器件连接工艺，最大程度降低行驶状态时的噪音。这是一个在汽车与感觉之间构建可预期的、可把握的技术实验主义理念。人的感觉总是处在不稳定的状态，这种状态又因为个体差异、地区差异、温度差异、路况差异、汽车零件磨损差异而更加不可把握。技术实验主义一方面是制造一种稳定、可控的机械功能状态，另一方面是用这种功能状态去塑造个体化的感觉。

这是中国汽车制造的第二个阶段，在全球化进程中参与世界性的物质与技术分配，并在这个过程中塑造现代感觉的地域性特点。相比而言，之前中国汽车制造的主流方式是模仿。买一辆外国车，拆解并测量各类零件的数据，在不完全掌握设计原理的情况下制造相似类型的汽车，虽然在外观上有所不同，但不是一个从无到有的过程。这种方式在现代汽车界被称为"逆向研发"，一个具有讽刺性的委婉表述。而第二个阶段的主要特点是"正向研发"。虽然中国的汽车制造业在很多方面还是挂着棍子前行，不能放开手脚向前跑，但已经筹建了原创性的设计中心、检测中心，具备了从概念、草图、模型到产品的实践能力，从而以一个主动角色进入全球化进程，改变之前在这个历史进程中的被动角色。

汽车制造是一个以技术为中心的经济问题，同时也是一个塑造普世性的日常感觉与技术理性的问题。汽车制造进入全球化进程需有一个前提，即具备独立的现代（民族或国家）经济共同体和感觉共同体，在此基础上制造一系列具有地域特色和全球流通能力的日常用品、工业用品、艺术用品、卫生健康用品等，在此基础上构建一个关于汽车制造的物质与技术环境。"逆向研发"处在全球化生产体系的边缘地带，是一种受支配和被动生产的状态，而"正向研发"是在具备独立物质和技术基础的条件下应对全球化的姿态。"正向研发"的过程会创造出一系列超越民族、超越国家的现代感觉，与此同时，一些具有民族性和地域性的现代感觉在全球化的生产与消费过程中变成普世性的日常现象。表面上，这是一种现代感觉的外溢，实质上是一种生活理念的外溢。

　　我的消费策略在部分意义上拒绝了外国品牌的汽车所具有的感觉外溢的功能，可以在最大程度上体验中国制造所衍生出来的感觉。这不是为一种封闭的消费心理辩护，而是一种在消费领域构建独立感觉的实践。在购买之前，我预设了一个前提：如果这辆车质量好，我能体验中国制造的感觉；如果这辆车的质量有缺陷，我也能体验到这种感觉，因为这是驾驶外国品牌的汽车所感受不到的。在驾驶过程中，我想在机器—技术体系中寻找一种物质与时代精神之间的共时性。

　　2016年6月18日，这辆车进入了我的日常生活秩序。我开始熟悉它的声音、它的形状、车辆运动时所改变的空间感，以及刹车所带来的身体顿挫感。这是汽车制造的现代感觉。每一个身体动作都有一个符合目的的车辆状态，每一个车辆状态又在人的神经系统中衍生出这样的感觉。这是人类对于物质的绝对权力，无论身体动作及其结果是否符合现代正义或道德原则，都不会遇到这些物质与技术体系的反抗。人类历史上的奴隶制思维具有类似的特点，人对动物（牛、马、狗）的控制也有类似的特点，但考虑到奴隶或牲畜的反抗与突发事件，这些特点仍旧无法比拟汽车驾驶所创造的感觉。

　　另一方面，汽车在消费领域创造了一个新的公共交往类别。只要

汽车有问题，或者我认为汽车或与之相关的服务有问题，我能在任何
时间通过电话获得一种反馈。我从来不认识电话另一端的人，但他们
会给我最详细、最及时的解答。在怠速状态下，这辆汽车的车底不间
断地发出电流声，"滋滋……滋滋……"。这种声音几乎会出现在各种
车型中，但这是我的第一辆车，我最初以之为异常状态，所以向该汽
车公司打电话咨询是否影响驾驶："一般而言不影响驾驶，本地的汽车
零售店会跟你联系，并确认这种情况是否影响驾驶。"电话结束后，一
个自动声音提示我对这次服务做出评价：满意请按 1，不满意请按 2。
10 分钟后，汽车零售店打来电话，询问是什么问题。电话的信号不
好，通话断断续续，我在屋里尽量靠近窗边，但信号仍旧模糊。我跑
到外面，向对方说明问题所在。零售店认为这种情况是普遍的，不影
响驾驶，可以观察一段时间，也可以立即过去进行检修。我选择了前
一种方案，如果一段时间后这类问题仍旧存在，我再去进一步检查。

　　汽车创造了一个物质生产与消费领域，同时也创造了一种新的公
共交往领域。两个领域同时存在，共同塑造现代人的感觉。购买后的
一个月里，良好的汽车售后服务将我引入了一种现代物质感觉中。这
种感觉不同于政治意义的满足感，也不同于个体身份的提升而带来的
满足感，这是一种物质所创造的、个体化的感觉。6 月 28 日，汽车零
售店维修处再次来电询问滋滋声是否还在：

　　——我们要在月末向公司汇报当月有问题车辆的情况。

　　——声音小一些了，但还是存在，闭上车门在车内听不到，在车外

　　　　听得到，晚上明显一些。

　　——是否需要来店里看一看？

　　我的驾驶技术无法准确控制汽车在开放街道上的状态，在车流量大的路上没有信心，所以不能确定这个问题是否严重。我又得知多位车主也有类似问题，但不影响驾驶，所以要求再次观察一段时间。半个小时后，公司总部售后服务打来电话，询问本地零售店是否打来电话解决问题，我如实说明情况。售后服务人员感谢我选择他们的产品，希望为我解决问题，并向他们提出建议。电话结束后，自动语音系统提示对服务做出评价：满意请按 1，不满意请按 2。

　　这种车型对于很多人而言是人生购买的第一辆车，这意味着他们对于汽车的普遍问题并不了解，当这些问题出现时，他们就认为仅仅是这辆车存在的质量问题，进而认为其他类型的车质量一定要更好。几年之后，他们拥有了更多的财富，希望用更多的钱购买进口汽车。这些车同样会出现问题，包括车辆异响、低频共振、方向跑偏、减震偏硬或偏软、机油乳化或烧机油、换挡顿挫、车内异味严重等等，但他们对于汽车的机械特点已经习以为常，不再大惊小怪。他们逐渐认识到汽车由于复杂的结构和流动、颠簸的行驶环境，一定会在某个时刻出现一些意想不到的问题，所以不再将之归咎于制造工厂或汽车品牌。

　　国产汽车进入的是一个不稳定的感觉领域，一个在与西方工业、技术与审美风格的对比中受到审视甚至歧视的感觉领域。这个领域里有时间与空间的错位，也有技术与感受的错位。这是这个时代中国汽车制造所面临的困境。在设计和制造的过程中，这些人尽了最大的努力，用到了尽可能好的材料，但销售量总是不符合预期。由于利润率不足以支撑生产和服务进程，他们被迫更改车型，用全新的策略再次进入这个不稳定的感觉领域，反复不已，然后一次次面对机器—感觉的错位。他们的内心中一定会有一种悲剧性的因素。

　　半年后，到了汽车首次免费保养的时间，我来到汽车零售店，向工作人员报告了一个问题：汽车挂入一挡、不踩油门向前滑行时车辆有顿挫感。接待人员让我坐在办公桌前的凳子上，他拿出一张《汽车维修保养接车单》，编号为 0042628，依次填写进站时间、车牌号、行驶里程（591 公里）、客户描述（注：以上为该客户描述原话记录，实际维修项目以最终确认的故障维修记录为准）。填完表格后，他将之递给维修人员。他穿上塑料薄膜脚套，在副驾驶座上铺一层塑料膜："走，到那条路上试试看，那里车少。"他挂入一挡，汽车处在滑行状态："这是正常现象，工程师在调转速的时候主要考虑省油，所以怠速时发动机转得很慢，动力就会不足，起车时必须加油，挂一挡，踩油门，发动机每分钟 1200 转，如果还有耸车的现象就不正常了，我踩油门试试……你看没问题吧。"

　　一年后，这辆车在行驶过程中又出现一个问题，挂四挡或五挡、车速达到每小时 50—70 公里、发动机每分钟 1500—2000 转时，发动机会出现哒哒哒的声音，频率很快，像两把钥匙碰在一起。这个问题对于这款车而言同样有普遍性，有人说是正时链条的问题，有人说是变速箱的问题，因为前三挡无论怎么加油都没有问题，只有挂四挡和五挡并且在加油时才会出现这种声音，不加油一切正常。这一次，我没有向汽车制造厂的售后部门反映，我开始接受这些微小的异常，目的是感受中国制造在这个时刻的特点。出乎意料的是，这种异常的声音在半年后彻底消失。发动机机油量为 4 升，但在发动机维护时，我多加了半升机油，结果这种声音消失了。所以，我的判断是机油量不足所导致的齿轮摩擦。

　　经过两年多的驾驶体验，我逐渐认可了这辆车的品质，包括油耗水平（城市道路百公里夏季 6 升左右，冬季 7 升左右）、静音水平、动力体验、方向控制等。2018 年，一家汽车质量评测公司对这辆车和一辆同类型合资车进行碰撞试验，检测类别包括瞬间保护、事后救援和生存空间。两车以时速 60 公里的速度正面碰撞。这辆车在 0.006 秒时保险杠断裂，0.016 秒引擎盖断裂，0.034 秒安全气囊弹出，碰撞发生时车身紧贴地面，后轮没有翘起，最终车身位置偏离碰撞中心点20 厘米。那辆合资车在 0.008 秒保险杠断裂，0.02 秒引擎盖断裂，0.026 秒安全气囊弹出，由于车身重量轻 200 公斤，后轮翘起半米高后落地，车身出现弹跳，最终车身位置偏离碰撞中心点 1 米。碰撞结束后，这辆车的驾驶室门能打开三分之一，副驾驶门能打开四分之一，两个后门正常开启，但车门安全锁没有自动开启，这可能影响到外部救援。前翼子板变形大，从而影响到车门开启。合资车驾驶室门打开三分之二，副驾驶门打开四分之一，两个后门正常开启，安全锁同样没有自动开启。

　　关于车内安全空间，这辆车在碰撞前驾驶者胸部安全距离为 57 厘米，碰撞后变为 58 厘米；腿部安全距离为 43 厘米，碰撞后为 44 厘米；椅背夹角为 95 度，碰撞后为 98.4 度；发动机下垂明显，避免车内人员受到挤压。碰撞前，合资车驾驶者的胸部安全距离为 55 厘米，碰撞后变为 64 厘米；腿部安全距离碰撞前为 40 厘米，碰撞后为39 厘米；椅背夹角碰撞前为 95 度，碰撞后为 95.5 度。合资车身钢结构良好，翼子板没有过度影响车门的开启，车内生存空间保持很好。

　　两车在碰撞时表现出的质量差别不大，这辆车在一些方面有优势，售价便宜两万元左右。但在中国的道路上，合资品牌汽车已经创造了一个具有想象力和安抚力的信任空间，即使驾驶过程中出现了质量问题，驾驶者也会认为具有不可避免性。所以，尽管这类合资车在质量和安全配置上不如我的汽车，但每月仍旧能在中国市场销售两万到三万辆。而我的汽车所提供的驾驶感受与同类型的外国品牌差不多，甚至要好，但因其是国产品牌，所以销量状况每月最多一万辆左右。这是在消费领域中出现的一种不公正的技术歧视现象。

在我所住的小区里，这种类型的车在上市后的两年里只出现过一辆，第三年又出现一辆，是外地车牌，一个月后离开了。购车后第一年，我在这个城市的道路上只见过一辆，最近一年几乎一个月看到一辆，但相比于同一种类型的合资车在道路上应接不暇的状况而言，这辆车的普及率太低。这家公司的领导在接受采访时对于此类状况有清晰的认识：

> 自主品牌越做越好，家电领域突破了，手机也差不多了，自主品牌的汽车离这种状况还有多远？我路过家乡的一个村子，那里的路很窄，两车错车要停下来慢行才能过去。村子里停的车有奥迪、福特，很少看到自主品牌。我们知道城里人对自主品牌不认，农村也是。自主品牌不时推出新车，但这些车离老百姓的需求还有多远？自主品牌要做的是让产品质量不再不可控、不可信，不然老百姓不买你的车，没钱不买，有钱也不买，他们不信任你……大家认为合资品牌的品质都好，这是错的，合资品牌中相当一部分车是烂车，质量很不好。中国人也许形成了一个概念，即使合资品牌的烂车也比自主品牌的好。过去是这样，现在不是这样了。我们的车，我可以拍着胸脯说，比很多烂车要好得多。我们去一家合资公司，

他们年产 40 万辆，最后的程序是成车后开一圈，这家公司省略了这
一步，我们的领导开了一辆，他说这辆车在我的公司是不能下线的，
是有质量问题的。

这种关于机器进入日常生活的叙事在现代文字机制中通常是受到
忽视的。我们能在影像中看到汽车的出现，但它们是如何进入日常生
活的，从生产工厂到日常消费领域要经历哪些程序？对于人类中心主
义的叙事而言，这是可有可无的问题，现代理性话语会否定这类日常
性叙事的价值。因为购买汽车是一个个体经济行为，与宏观意义的政
治观念、宗教意识关系不大，而且在完成汽车的法律确权之后，购买
行为与汽车本身的技术与功能也不再有任何联系。这就意味着日常生
活中几乎所有的购买行为本身不会进入人类中心主义叙事的层次。

鉴于此，我完整地记录了这辆车进入我的日常生活的第一阶段。
表面上，这是对于个体消费行为的描述，实际上是从汽车进入日常生
活的时刻开始构建一个关于机器的物质主义叙事风格。这种风格在语
法结构、名词类别和动词意义上有别于人类中心主义对于物质存在状
态的描述。在这种叙事风格中，机器是主要角色，它们会连续性地出
现，不断推进这个日常消费事件的进程，并在文本意义上构建一种独
特的类别。机器将会成为这个叙事结构的主语或宾语，人的身体与意
识却处于被动或附属状态，它们不再是动词的主体，而是机械行为的
承受者。

驾
驶
感
觉

在驾驶过程中，我的手和脚突破了日常生活意义的、非机械化的行为状态。在一个机械主导的运动模式中，手脚动作在燃油发动机的辅助下间接改变了身体的移动速度，我的眼睛超越了奔跑所能获得的视觉图景。这是一个逐渐完善的过程……

　　汽车在人类主义的视野中被赋予了很多内涵，涉及审美、功能、身份象征等，几乎都是在单向度地符合人的需求。但在物质主义的视野中，汽车是一个可移动的、能负重的物质—技术体系。对于这个体系的描述在很多方面突破了人类主义对于汽车存在状态的解读方式，并在反向意义上塑造了人的行为模式，并制造出一系列机械化的现代感觉。

　　在驾驶过程中，我的手和脚突破了日常生活意义的、非机械化的行为状态。在一个机械主导的运动模式中，手脚动作在燃油发动机的辅助下间接改变了身体的移动速度，我的眼睛超越了奔跑所能获得的视觉图景。这是一个逐渐完善的过程，因为在最初的驾驶中，身体的机械化移动状态和非自然化的视觉图景会制造出一种紧张感，每次驾驶结束后都会感觉疲惫异常，因为感觉系统对于汽车与道路的关系并不适应。

　　行驶 1 万公里之后，我完全习惯了这种机械化的运动状态，最初的紧张与慌张感消失了，取而代之的是沉闷与精力不集中状态。汽车以时速 80 公里的速度向前行驶，左边的车辆被迅速超过，右边的车辆超过了我，前方的车在减速，后面有车追上来，而我的眼睛对于道路景观却变得麻木。根据日常生活常识判断，交通事故往往是在这种麻木状态下出现的，所以我时刻提醒自己要集中精力，不要分神，希望躲开那些本来是不可避免的事故。这是另一种形式的紧张感。

　　人的神经系统与汽车技术体系完美融合，进而创造出一种全新的现代感觉，一般需要三个阶段。第一个阶段是在驾校学习时以获得驾照为目的的有限感觉类型。之所以称之为有限感觉类型，是因为这种学习处在一种受保护、受指导和受监视的封闭状态，我不会获得真实驾驶状态下的空间感和速度感。考核目标同样是在封闭状态中，在交通管理部门划定的特定路段完成相关的驾驶动作。这套动作是习得性和模仿性的，基本不具备应对现实驾驶状况的能力。所以，我获得了驾照，在法律意义上具有了驾驶的资格，但这仅仅是被假定具有驾驶能力，我依旧不敢进入日常性的道路通行模式。

在科目三的练习中，对于速度与空间关系的不适应状态在我的心理中制造了极度的紧张感。我的手心在出汗，我的身体也在出汗。本来天气不热，而我的上衣背部已经湿透。我想逃离，逃离这种机械化的身体移动状态，也逃离驾校教练的话语专制。那是一个比我年轻的教练，他坐在我的旁边，不断地纠正我的方式，催促我，甚至嘲笑我，他的手粗鲁地打在我的胳膊上，"加油啊，加油啊……抬离合，快抬离合啊……紧张什么，有什么好紧张的……一个老爷们，还学不会了?"我不知道他对于驾驶汽车的指导是否正确，然而由于他熟悉应对汽车驾驶的程序，所以我只能接受。这是一个让人压抑的空间。

我不是第一次经历这种机械化的感觉状态。1998 年春天，我的父亲与一行人喝酒，几乎都酩酊大醉。其中一个醉酒相对轻微的人陪我一起去接一个人。然而发动汽车后，他同样醉了。他无法回避酒精与意识的关联性，只是比其他人醉得慢一些。他的眼睛睁得圆圆的，身体动作不协调，舌头不能自然弯曲，然后他转向我，僵硬地说:"我有些看不清了……你……你帮我看路。"在空挡状态下，汽车发动机转速每分钟 4000 转或更高，"嗡嗡嗡……"。他忘记挂挡了。我开始变得紧张，我之前坐过很多种车辆，包括公交车、拖拉机、长途客车，只有这一次我始终处在紧张状态。这种紧张感很快到达了顶峰，并且一直处在这个顶峰。我想逃避，但没有逃避的理由，因为那时酒驾入刑的法律还没有实行。我的手心开始出汗，上衣背部也被汗水浸湿。我的注意力高度集中，用坚定的声音传递着路面信息："前面那个路口向左，向左……前面有人，减速，减速，减速……右边有车，别转弯……方向盘偏了，直着走……"他的头悬在方向盘上方，睁大眼睛往前看，他的视觉和听觉已经减弱，甚至在一些时刻完全失去功能。道路状况从他的耳朵或眼睛不间断地进入思维机制，但做出反应的时间明显变长。

这辆车始终处在即将失控的边缘。完成任务后，在他拉起手刹的一瞬，这种紧张感即刻消失。而在学习驾驶期间，当教练坐在我的旁边时，这种紧张感又一次出现。这是一种过程性的感觉，几乎每个学习驾驶的人都会经历。对于多数人而言，这种感觉持续一段时间后会消失，从而开启一个全新的机械感觉机制。少数人会被这种感觉震慑，尽管获得了驾驶资格，但不会开启这个机械感觉机制。

第二个阶段是适应感觉类型。这是一个从虚拟驾驶能力向真实驾驶能力的过渡阶段。我从驾校毕业后，一直不敢直接进入日常性的道路通行模式，因为我知道自己所具有的能力仅仅是一种虚拟状态。我要在有经验的驾驶者的陪伴下进行适用性训练，熟悉车辆的空间结构，方向盘转动与车身方向的关系，熟悉油门、挡位与速度的关系，刹车与制动距离的关系，了解道路状况与驾驶状态的调整（实际停车技巧、虚线与实线规则、拥挤状态下的车辆控制）等。在这个过程中，我也要学会驾驶辅助功能的操作，包括车窗开闭、空调使用、雨刮器的速度设定、车灯（转向灯、雾灯、大灯）调节等。等到充分了解汽车的各种功能及其行驶状态，并且能在这些功能和状态之间实现自由、任意切换之后，这个过渡阶段就结束了。

第三个阶段是真实感觉类型。我要独自进入道路通行系统，在两个目的地之间完成无事故驾驶。在这个过程中，汽车功能与人体功能的关系发生了本质性的变化。我的视觉、触觉、神经系统开始适用这个机械化的时间感和空间感，车的形状、大小、速度增减完全进入了我的感觉系统，我的身体由此真正实现了一种功能性的延伸。神经系统将控制脚步、行走姿势、身体空间的方式传递到身体与汽车的关系中。这是汽车创造的现代感觉，也是汽车在人类历史中发挥其功能的状态。

上述三个阶段依次出现在我身上，逐渐改变了我的行为模式、思考模式和视觉景观，也改变了身体的移动效率。2016 年 6 月，我购买了这辆汽车。在法律意义上，我是合法拥有者和使用者，但在行动逻辑上，我不具备操作能力。驾照考试有路考科目和操作技巧检测，但仅仅是非实践性的考试。中小学里的应试教育方法同样成为驾照考试的应对策略，而且卓有成效。在一家驾驶培训机构缴纳 3500 元学习费用后，我获得了相关的书籍，在约定的时间与教练见面，他给我一张考试要领，帮助我以最快的速度通过驾驶考试，但这是虚拟化的驾驶技术，只有在练车场地上才有效：

S 弯口诀：右小镜与车头中标中间对准右侧曲线进入 S 线里；汽车左楞筋驶出右侧线，方向盘左打一圈，左小镜座前端出线，方向盘左立；左小镜座碰左侧线，方向盘右打一圈，中标座出线再右打一圈；当左侧线到车头右 1/4 出，即车头中标语右小镜中间位置，方向盘右打 45 度。

　　右侧倒车入库：鼻尖对准白线，将车摆正，黄线倒车前门把手
处停车；挂倒车挡，左倒车镜完全遮盖黄线，方向盘右打死；看右
倒车镜，第二段黄线完全遮盖后回半圈，右侧后窄前宽，方向盘回
正；左后视镜完全遮盖黄线停车。

　　左侧倒车入库：挂挡前行，左侧车锁未到黄线，方向盘左打一
圈加一立；车身大于平行停车；挂倒车挡，看左倒车镜，黄色直角
消失，方向盘左打死；看左倒车镜，第二段黄线消失回半圈，到车
身与线将要平行，方向盘回正；左倒车镜完全遮盖黄线停车。

　　这个考试策略的有效性需要学习者具有一种临时性的空间记忆能
力。教练车的很多结构被赋予了空间定位的功能，包括前挡风玻璃中
间处、车头车标处、后视镜等，练习场地的路面也有各类标识，应考
者要记住车体标识与路面标识的对应关系，并在这种对应关系出现的
时刻立即按照既定行为模式操作，车辆的运动状态就会符合考试准则。
我记住了口诀，然后在场地上练习了四个小时，驾驶考试第二项顺利
通过。在这个过程中，汽车开到了哪里，我并不知道，因为我自始至
终是在实践一种空间的记忆策略。

　　驾驶考试的第三项是路面规则考核，包括加减挡、直线行驶、超
车并线、路边停车、掉头等技术。负责这个项目的教练可能会脾气不
好，我遇到的教练属于这种类型。他坐在副驾驶上，脸色阴沉，厉声
大喊："向左向左……向右向右……加挡加挡加挡……松油门，松呀，
你赶紧松呀……"这同样是一种策略，即要用坏脾气逼着我赶紧考完，
否则一次次补考耽误时间，影响培训效率。很多学员只练了四五次就

上考场，勉强通过，但对于行车注意事项以及车与路的关系一知半解，驾校学习与道路驾驶处在分裂状态。

这是一种非日常化的风格，在很多方面违背了日常生活的真实性，进而走向日常生活的反面。2015年6月，我极为顺利地通过了驾校考试，并在理论意义上清楚地知道如何通过十字路口和人行横道、如何避免与行人相撞，如何加速、减速、换挡，但在实践意义上，我不知道如何应对汽车在道路上的各种状况。鉴于此，在购买汽车之后，我通过网络平台联系了一家汽车陪练公司："您要预约什么车型、手动挡还是自动挡、时间、地点……好的，司机会提前一小时跟您联系。"

陪练是驾校学习模式与日常道路驾驶模式之间的分裂状态所造就的一个新职业，也就是针对那些在法律意义上已经成为明确的驾驶主体却无法承担这种功能的人。在约定的时间和地点，一辆白色的汽车在我旁边停下，右前侧车窗玻璃降下来，一个五十岁左右的男人问我是不是预约了陪驾。我将右手伸入车门把手，轻轻向外拉，电子一机械锁开启，我坐进这辆手动挡汽车的副驾驶位置。正前方的塑料饰板上贴着陪练服务规则，教练员需要遵守的"7个禁止"和"8个必须"：

禁止暗示学员请客吃饭送礼，禁止辱骂、讽刺学员，禁止玩忽职守，禁止无故迟到，禁止引导学员做不标准、违法的行为，禁止马虎、急躁、敷衍，禁止有损公司形象和名誉。

必须提前半小时与学员沟通，必须礼貌待人、耐心回答问题，必须因人施教、合理安排课程，必须仪表规范、着装统一，必须出车前检查、车内清洁，必须总结并告知学员的缺点，必须回访学员学习情况，必须服从学员的意见和建议。

汽车进入主路前，我与陪练员交换位置。他的行为和语言逻辑不同于驾校教练，始终在和颜悦色地解释，容忍挂挡时机把握不好而引起的耸车现象。在他的催促下，我进入城市主干道路。前后左右都是汽车，车速每小时 5 公里左右。我的手心在出汗，双腿在轻微发抖。我看起来局促不安，紧张地看着前方。他的右脚放在辅助刹车踏板上，不时参与刹车动作："不用紧张，控制好油门，只要不撞到前车，我们就不怕被后车追尾。"在一个复杂的转盘机制前，我想逃避，他要求我试一试："打左转向灯，挂二挡，控制好油门和离合。"左前方插入一辆车，我赶紧刹车，车辆再次熄火。我转动钥匙，重启发动机，后面的车在等待，然后鸣笛。时间变成了一个固体，里面像是有炙热的火。

这是一门生意，利润是头等事，尤其是在生存竞争激烈的时代。一个人约如果只练两个小时，这不是最佳的盈利状态，所以这家公司设计了一套系统的课程，共包含 17 项技巧，1000 元学费。陪驾员在这次练习结束之后给我一张彩色宣传单，希望我进入这个技术与利益机制：

　　了解仪盘及各种指示灯作用，熟悉挡位及换挡原理，油门、刹车、离合正确使用，掌握加速、减速时机，慢速跟车与起步停车跟车训练，左转弯、右转弯训练，进出主路、超车并线训练，通过复杂路口，过环岛，观察立交桥标识，夜间灯光使用，更换轮胎和行车前检查，正确加油，下车注意事项，车辆限号知识，高速公路行车要点，倒车入库和侧方停车。

　　我最终选择了单次服务。在初步了解汽车行驶的道路状况之后，我希望以一种探索的精神完成这个现代感觉的塑造过程。早上 3 点，我驾车进入我最熟悉的一条路。对于道路的恐惧一度控制了我的神经系统，恐惧、慌张、无所适从，驾驶证没有消解这些驾驶心理。我的脚踏在离合器上，还是在不停地发抖。我的手握着方向盘，心脏跳动加快，肌肉活动效率降低，手里不断有汗，每次练习之后都感觉到身心俱疲。我的视觉、触觉与动作模式从步行状态变成坐着前行的状态，机械移动机制进入我的神经系统。这是一个机械机制与自然生命机制融合的艰难过程。

　　经过一段适应性的练习，我的神经系统开始熟悉这种机械化的身体移动机制。在路上车很少的时候，我越来越清晰地感受到完美控制车辆状态的自信，我开始成为一个现代道路景观的真正创造者，我的身体就此进入了现代机械移动机制。10 分钟后，我离开这条路，首先左转，然后直行，目的地是社区服务中心。在一个红绿灯处，绿灯亮起，但在车辆起步时，左脚的离合器控制与右脚的油门控制失去秩序，发动机熄火。后面有一辆面包车，司机看到后窗玻璃上的两个字“新手”，所以没有鸣笛，安静地在后面等待。

　　我重新开启发动机，踩下离合器，挂一挡，缓慢抬起离合器，同时加油门，开往下一个目的地。汽车一路前行，右转，再直行，再右转，目的地是一家大型医院。白天工作时间，这个医院的停车场几乎没有空余位置，但早上 4 点到处是空置的停车位。我选定了一个停车位，练习侧方位停车，第一次练习时三分之一的车身在外面，第二次后轮碰在路边石头上，仍旧没有停好，第三次完全符合停车规则。我加速离开这个停车位，一路直行，右转，再左转，目的地是火车站北门。去火车站的道路状况复杂，彻夜工作的出租车不断超越我的车，然后急速并线。在火车站出口处，很多人在这里等待，路面交通规则的功能被稀释。我短暂停留后，一路向前，然后右转，进入一个转盘。

　　这个转盘有三个层次的车道，连接六条路，所以有六个入口和六个出口。对于任何驾驶者而言，在熟悉道路的过程中，转盘都是一个挑战。要控制住车速，但这里的车速不是一个固定不变的状态，而是对于快慢节奏的控制。快与慢只是相对的概念，有时候为了避让，所以要减速，有时候超车，所以要加速。这不是一个直线驾驶的空间，而是在持续性转弯。由于存在多个出入口，驾驶者很少能沿着一个层次的道路走下去。前面的车要离开转盘，停在间隔线上等待机会，或者有车要进入转盘，鸣笛提示其他车辆避让。在这个交通路线无限变化的局部空间里，几乎没有确定的行动方案，一切要依靠灵活的应对能力。加速、刹车、换挡、变道，这些动作都要根据驾驶者的即时性判断。他的身体和反应机制在这个过程中经历了现代驾驶技术的最完整考验，既包括视觉、听觉、触觉等身体的自然状态，也包括对于身体功能与汽车行驶状态具体关系的经验性和预见性判断。

　　我进入这个转盘，左转向灯在不停地闪烁，"哒……哒……哒……"。我从左后视镜判断一辆公交车要离开这个转盘，它在我的左后方减速、停车，右转向灯闪烁。我看向前方，一辆出租车同样刚刚进入转盘，在缓慢行驶。我的左脚踩下离合，右脚松开油门，左手握方向盘，右手将二挡换成一挡，减速跟在后面。从公交车左后方快速过来一辆车，它希望从我的前方切入，然后离开转盘，我决定不避让，紧跟出租车行驶。通过拥堵地段后，出租车加速向前，向左侧变道，我依旧在第二层次的车道上。右侧又是一个出入口，有的车离开，有的车进来。我的手脚在应机而动，换挡减速、观察等待。有的车遵守规则，有的车总想钻空子，希望在一个零和博弈的心理状态中获得空间性的优势。在第四个出入口，我要离开这个转盘。经过第三个路口时，我踩刹车、踩离合、降挡减速，然后打开右转向灯，"哒……哒……哒……"。刚进入转盘的车意识到我的目的，减速为我让开右侧的车道……这里的每一辆车都处在物质主义与人类主义的交界地带，而它们的行为状态是人的行为所赋予的。

经过一个月的训练，我基本了解了现代道路空间的行为原则，也开始成为道路景观的一个微小的创造者。在这个过程中，汽车的机械性能与我的神经系统逐渐融合，进而出现一种纯粹现代的感觉。这种感觉是双重的，一是机械功能的生命化，二是身体功能的机械化。这辆汽车只有在人的意图的控制下才会施展它的预设功能，无论其机械装置如何运动，在移动性上总是要符合人类社会的道德与法律体系，所以这个过程既是汽车在个体意义上的生命化，又是在整体意义上的生命化。另一方面，我的身体在自然状态下无法完成每小时 100 公里的移动速度，但汽车让我极为轻松地实现了这个目的。我的右脚踩下油门，只需一丁点的力气，车速平稳地提升。这个右脚向下的轻微动作被现代技术体制转换为一种快速向前的能力。我的左手握着方向盘，逆时针转动，在液压助力下我所耗费的力气同样微小，但方向盘能够向左旋转，接近 1 吨半的车身随之向左转向。在汽车功能体系中，我的手具备了转向的功能，而在自然意义上承担这个功能的本来是我的脚和腿。

双重意义的感觉越来越成为一种关于人体与机械的新感觉。这辆车具有了人类的反应模式，我的身体成为这个机械运动模式的生命化终端。我的神经系统超出了对于身体轮廓的概念，开始将车身纳入这个概念中。深冬雪后，道路与轮胎的摩擦力变小，我在路口处减速停车，等待绿灯。在汽车缓慢减速的过程中，我从后视镜看到一辆没有电子刹车系统的老式汽车向前滑过来。驾驶者显然已踩下刹车，但汽车没有立即停下，它在向前滑动，要撞向我的汽车。我立即踩下离合器，挂入一挡，然后抬起离合，踩下油门……只有人体与机械之间具有了生命意义的联系，我才能在短暂的时间里完成一系列的避险动作。汽车加速向前行驶 5 米左右，停在斑马线上。那辆车也慢慢停下，离我不足半米。一切就像没有发生一样，等绿灯亮起，我继续向前。

在正常使用状态下，汽车所塑造的机械感觉基本上是固定的，如果其中有变化的因素，那应该是在使用过程中机械性能衰减而引起的负面驾驶感觉。其中，一个可以部分或彻底改变汽车机械感觉的是轮胎。这个城市的汽车在冬天基本都需要更换雪地胎。我走进一个汽车维修店，里面是两个汽车升降架，旁边是轮胎装卸机（或扒胎机），一种以空气压缩机为主导的力学装置。附近是一个轮胎动平衡检测仪（Computer Balancer），采用意大利软件系统，但具有自主知识产权。这是这个时代汽车修理店常用的机器，能够确保轮胎功能的有效性，却不会进入普通人的家庭伦理或个体心理结构。因其是不能言、没有感觉系统的机器，对于人类中心主义的思想机制没有任何反应，也不会进入人类的叙事—记忆机制。

机器不能言，而人类的叙事—记忆机制又无法阐释这个纯粹功能性的领域，以及多种功能之间的交互状态。这是一种人类语言与机械功能的不对称，并在一定程度上削弱了现代理性话语的功能："这些进程之间的互相作用，以及它们复杂地相互关联这一事实，挑战了我们通常的关于互动和因果的比喻。"[1] 所以，斯蒂格勒就此提出了"技术化就是丧失记忆"的观点[2]。

我经过这些沉默的机器，进入接待室，开启了一个陌生人之间的交流机制。两个青年人坐在简易沙发上，表情中除了日复一日的劳作所沉积下来的疲惫感之外，并没有源自复杂生存状况的心理损伤和道德感偏离。他们安静地看着我，眼神明亮，并未被牟利之图所覆盖：

——雪地胎有什么品牌的？

——很多品牌，很多价位，我们推荐一个性价比高的，一家不大
　　的企业，但质量不错，我们一般都用这个……你要好的也行，
　　1000 左右一条，但每年也就用三四个月，没必要。

——我能不能看看样品？

——那一堆里有旧的，但旧轮胎摸起来的感觉跟新的可不一样。

他带我走到那堆轮胎中间，指着其中四条旧的。我看了看花纹，摸了摸胎面。我的触觉系统中在那个时刻并没有储备这类信息，包括雪地胎的表面感觉、一年胎与两年胎的软硬差异。在不具备相关感觉的情况下，我决定相信他们的判断：

——雪地胎价格每隔一段时间就会变化，但总体差不多，我给你打
　　电话问问仓库……轮胎，205-50-r17 多少钱一条……430……

- 1　［加］厄休拉·M. 富兰克林：《技术的真相》，第 14 页。
- 2　［法］贝尔纳·斯蒂格勒：《技术与时间：爱比米修斯的过失》，第 4 页。

　　有没有现货？

　　—— 一定要生产日期近的，不能是翻新胎。

　　——可以，有现货，但得明天来……你交点定金吧，300、400

都行。

　　我拿出手机，镜头对准柜台上的二维码，"嘀"，输入定金 400
元，确定支付后输入交易密码，点击确定。"收到，等明天轮胎到了，
我们给你电话。"第二天早上，天上落下小雪，地上积累了一层。我进
入城市的快速路系统，车速每小时 60 公里左右。地上的雪在沥青路面
上飞，像是一片不断流动的、立体状的浓烟被压缩为一个平面图。我
的感觉系统变得敏锐，时刻注意轮胎在雪地上滚过后形成的声音谱系。

　　在道路状况良好时，我不会持续、密切地关注这个声音谱系。偶
尔经过一个坑或减速带，我会被动地注意到轮胎的声音。但现在汽车
在雪地上行驶，我要关注这个声音谱系。轮胎经过铺满雪的地面时，
车内空间里会有一种让人沉醉的饱和感。轮胎压在油漆交通标志线上
时，这个声音的频率会变高，轮胎与油漆面的摩擦力会变小。轮胎经
过减速带后弹跳的幅度会减弱，声音变钝，因为积雪弥补了道路上的
间隙。由于轮胎不具有防滑功能，所以我会有一个假设性的感觉：在
下一刻，尤其是在刹车时它会失去控制。所以，我降低车速，与前车
保持 30 米左右的距离。在刹车辅助系统和车身稳定系统的支撑下，汽
车在雪地上以时速 50 公里行驶，速度和方向基本可控，但我的感觉在
不断地暗示这些状况的不可控。这是一种环境所制造的虚拟心理状态。

　　20 分钟后，我到达那家修车店，踩刹车减速，挂一挡，驶入升
降架位置。旁边是一个 200 升的机油桶，右侧是一个扒胎机和动平衡

仪。核实轮胎信息后，修理工握着红色的电动扳手（无刷电机系列、无级变速开关、正反两种转向、48 伏锂电池），卸下车轮侧面螺丝，"嗷嗷嗷……哧哧"，1 秒钟卸下，五个螺丝用时 10 秒钟，车轮与车身分离，相比于人工卸装要快速轻便。他将车轮挂在扒胎机的侧面，首先放掉车胎内气体，固定轮胎，然后按动红色按钮，在空气压缩机的推动下，一个光滑的叉子将轮胎与轮毂分离，然后将轮胎翻过来，用同样的程序撬开另一侧。他将旧轮胎滚向另一个维修工，他接到手里，迅速写了一个标签，包括车牌号和轮胎方位（左前、右前、左后、右后），用透明胶带贴在上面。第一个维修工拿起雪地胎，再次确认型号，然后将轮胎上的安全警示标签撕下来。我将之保存起来，作为关于日常生活中物质变化状态的具体阐释：

> 同一车轴上应该装配同一规格、结构、厂牌、花纹的轮胎。
>
> 只有接受过专业培训的人员，在专业的设备上才可以拆装轮胎，以及给轮胎和轮辋的组合做动平衡。
>
> 安装时注意轮胎和轮辋的清洁及润滑。
>
> 轮胎充气时人员必须保持安全距离。
>
> 轮胎必须保持正确的充气压力，避免偏载、超载及低压行驶。
>
> 轮胎和轮辋的组合必须做动平衡，才能安装于车辆上使用。
>
> 按期进行合理的轮胎位置调换，轮胎花纹磨耗至磨损标志应停止使用。

他将新轮胎放在扒胎机上，然后将这个机器的功能反向运转。四个处在同一平面的钩子向外扩展，固定住轮胎，按下另一个按钮，轮胎匀速缓慢顺时针转动。他又将铝制的轮毂放在轮胎中间，用同一个叉子将轮毂一侧装进轮胎。安装完成后，另一个维修工将之固定在动平衡仪器的侧面，扭紧螺丝，放下车轮防护罩，按下启动键，车轮快速转动。显示器上有两组快速变动的数据，他要据此判断车轮的不平衡量和不平衡位置。

　　这是一套极为熟练的动作，不会进入汽车技术手册之外的文字空间。人类中心主义主导的叙事风格几乎不会注意其中的细节，从这种叙事风格所衍生出来的底层视野可能会注意这个群体的生活状态，但仍旧会忽视这个群体与机器的关系，尤其是人的身体与现代机械功能的相互关系。然而，这是一套让日常生活节奏无限加速的动作，一群在历史记忆中不可见的技术工人在维持着这个动作类别的节奏。但由于这类工作的无限重复性，他们的价值被压缩，他们的生命意义被限定在家庭内部，他们对于父母、对于子女极为重要。而在这个空间中，他们在控制着机器，他们的身份也被机器的功能所重新定义，语言功能被压缩，行为机制也被压缩，他们具有了一种机械身份状态。这种身份状态不会进入历史记忆中，所以他们的生命意义在现代理性话语体系中处于被隐匿的状态。

　　现代思想家强调理性话语的重要性以及现代生活在抽象领域中的表达，但他们没有注意到理性话语体系本身的缺点。这是一个依靠理性的自我批判功能所无法发现也无法纠正的缺点，即忽略了维持日常生活的技术领域，尤其是那些具有重复性的技术领域。身处技术领域中的人在理性话语中往往会变成一个沉默的群体，被排斥在档案文本和历史意识之外。他们可能有很好的生活，对于生命存在的当下有充足的把握力，却没有历史解释权。

在我面前工作的两个工人面容清秀，动作协调，承担了现代技术的实践功能。他们的工作过程中有技术美学因素，他们也有丰富的内心世界，可能会在一些时刻关怀人类的总体命运，但他们不会进入这个时代的理性话语，也不会进入通向未来的记忆机制。现代思想家往往不重视这个群体的存在意义，更多的是用一种脱离实践的逻辑去推理，以此阐释关于人类境况或自然伦理的抽象状态。有些人喜欢采用戏剧化的或形而上学的方法，用一种漂浮的逻辑或一种空泛的整体视野解释这个群体的历史功能。这是一个具有讽刺性的研究类别，是文字能力与日常生活之间的错位。他们没有纠正这种错位，反而将人类中心主义的叙事机制简化为一种逻辑学或修辞学技巧。丰富的日常生活变成了一个现代理性话语之外的不重要领域。他们经常以一种虚拟的身份进入修辞学与逻辑学舞台，所以不愿意承认日常生活中的技术状况对于现代理性话语的重要性。

我在这个汽车辅助技术空间里仔细观察两个漂亮青年所施展的艺术性的技巧，我的耳朵里不断涌入各种声音，"啪……吱吱吱吱……当啷……哒哒哒哒……噜噜噜……"。他们的手在机器的辅助下有目的地移动，他们的神经系统、感觉系统稳定地控制着节奏，确定每一个环节的有效性。这是现代日常生活中一个微小的工业艺术空间。人类语言对于声音的处理方式从来都是简化的，并在宏观意义上粗浅地设定了几个类别，包括音频、音调、音质、音量，然后又定位了一些形容词，包括洪亮、清晰、微弱、甜美、难听等，但这些类别和词汇无法完整地阐释这个微小空间里的声音状况。水泥地面、金属（铝、铁、钢）、橡胶之间碰撞的声音对于语言学而言基本上是一个不可叙述的领域。

这个汽车化的艺术空间受到资本与利润的支配，所以工人及其技艺的审美性被贬低。如果将这个空间从资本与利润体系下提取出来，进入卓别林的电影世界，或进入另一类关于现代生活的艺术领域，它会具有注释现代日常生活状态的价值。未来的人能从中发掘我们这个时代的物质、空间与感觉的关系，包括无聊、紧张、时间的加速与顿挫、蔓延的无用感、能够控制心理状态的吃喝欲，并能追溯这些感受的日常技术背景。

轮胎动平衡调整之后，电动扳手也开启了反向旋转的机制，"嚓嚓嚓……嚓嚓嚓……嚓嚓嚓……嚓嚓嚓……嚓嚓嚓……"，五个螺丝回归固定的功能。汽车升降架落下，四个雪地胎着地，减震架在车身重量下压缩到合理区间。第一个维修工拿出手机，点开"计算器"，"430乘以4，1720，加100工时费，1820，优惠20，1800，给你打个折，优惠100，再减去定金400，你再交1300"，他的手机上显示了一个二维码，我启动手机，点击扫一扫，输入金额和密码，之后手机上显示支付凭证。这类电子凭证在中国范围内每天会出现上亿次，遍布物质交换与服务领域，日常性的使用场景使之没有进入文字系统的必要性。但对于未来的人而言，这类短暂存在的支付图景具有视觉考古学的意义。

我上车坐好，系安全带，启动发动机，踩离合、挂入倒车挡、抬离合，汽车离开升降架。离开前，我按动车窗控制处的按钮，电机转动，玻璃下降，冷风吹着雪进入车内空间，我向两个年轻的工业艺术家告别，看到他们脸上的真诚。这是一种短暂的感觉，他们很快要去处理一辆点火异常的车辆，而我要迅速让我的注意力转向道路空间，确保车辆行驶的安全。我们之前是陌生人，之后可能还是陌生人，但汽车维护机制在陌生人之间创造了一种源自物质功能的信任机会。这些机会的出现与政治理念或意识形态无关，也没有文学性或艺术性的诉求，在日常生活领域仅仅表现为一种功能的交换。

更换轮胎后，一种全新的驾驶感觉出现了。我再次驶入城市快速路，加厚的轮胎改变了沥青路与车身之间的声音传递方式。车轮经过道路接缝时产生的声音被大幅度降低。雪地胎在寒冷中保持柔软的纹路，使之在刹车时能维持车身状态的可控性，除此之外还不间断地向驾驶者传递关于稳定与可控的感觉，驱散个体心理的紧张感。所以，轮胎纹路既是一个对抗寒冷与坚硬的工业物理结构，也是一个传递信任感的驾驶心理结构。

四年前刚开始驾驶的时候，我的身体尚处在这个机械移动机制之外，我的视觉、触觉和动作反应方式在逐渐地进入这个机制。一方面，这是一个身体机械化或身体工具化的被动过程，因为我的身体要主动适应预设性的驾驶规则，我的活动模式和感觉模式也要被动地做出改变；另一方面，这是一个扩展身体功能、改变个体心理状态的过程，人的力量被这个机械移动机制所放大。我们可以将之视为个体意志的扩张，但考虑到驾驶行为所具有的危险性，这种扩张并非是一个在道德意义上完全积极的现象。在驾驶的初期，我的内心负担和极大的体力付出就与这个机械移动机制的不确定性密切相关。

驾驶四年，行程 1.7 万公里之后，我的神经系统完全适应了这个机械移动机制。我的右脚能够准确地把握油门踏板的状态与供油量的关系，并在必要的时刻迅速转移到刹车踏板上，在短时间内判断速度与障碍物的距离，用一个相应的力度减速。我的左脚踩在离合器上，与右手密切配合，实现无顿挫换挡。我的左手习惯了独立地控制方向盘，在液压力的辅助下根据道路状况大幅度或小幅度地调整方向。这辆汽车在城市快速路上以每小时60公里的速度行驶，我的眼睛习惯了移动景观的变化。我还想再快一些，前面一辆车挡住了路。我观察左后视镜，打开左转向灯，迅速变道，踩油门加速超车，时速达到80公里。前方出现一个限速80公里的圆形交通标识牌以及横在路上的监控摄像头，这意味着我不能超过80公里行驶。超过一辆卡车时，我听到柴油发动机压迫性的声音。两车交会的一刻相距半米，我一点都不慌张，我相信现代技术体系的稳定性。在这个时刻，我认识到我已经是一个老司机，这个机械移动机制改变了我的速度感、空间感和时间感，而我又在这个机制的辅助下不间断地改变着现代街道上的日常景观。

在这个过程中，我与这辆汽车之间出现了一种类人化的交往状态。由于汽车不能言，也没有心理反应能力，所以这种感受是单向的，仅仅是我对汽车的信任感。在高速行驶时，发动机稳定地转动，火花塞根据转速节奏稳定地激发火花，汽油雾化后进入燃烧室，然后在高压空气中爆燃，尾气经过钢制管道和三元催化器从后方排到大气中。在自然伦理的意义上，这是一个污染的过程，但在人类中心主义的范畴里，这是现代生活节奏的技术基础。轮胎在沥青地面上高速滚动，车身穿过空气，与发动机的声音构成了一种技术化的声音综合体。在转弯处，我踩下离合器，减低车速，由五挡换成三挡，方向盘在液压力的辅助下向左转90度，汽车改变了方向，然后再次加速。

我处在技术创造的移动机制之中。我信任这种机制，并且喜欢这种机制的独特声音。到达目的地后，我在路边停车、熄火，打开车门，我站在它的旁边，像看着老朋友一样看着它。它耗油很少，每百公里5—7升。我给它买了保险，但实际上是给我买的，甚至从没有给它洗过车身。我处处利己，但它仍然服从我的行为机制，不会背叛，更不会言不由衷。我对这个技术综合体产生了一种类人化的情感，尽管它感觉不到。只有现代技术机制以这样的方式对待人，而现代人也从技术机制中获得了从人身上得不到的感受。

由于是一辆售价便宜的汽车，我对于驾驶过程中可能会出现的技术问题一点都不会诧异，反而将之看作是理所当然的现象，甚至在期待着它们的到来。这种心理使我成功地免除了物质进入个体日常生活后所制造的心理矛盾，我了解它的机械原理，也愿意包容可能会出现的故障。每当天气变冷，挡位变换会出现问题。挂一挡时要极为用力，即使如此有时也需要重新踩下离合器，寻找机械契合点。挂倒挡同样如此，左脚踩下离合器，右手平行向右用力，将挡把推向最左侧，然后再向后拉入挡位，有时候一次并不成功，需要重新踩下离合器。

在技术逻辑的意义上，这是一种否定性的状态。驾驶的过程会被这种状态所打断，人的行为与后果之间增加了不确定性，驾驶心理会出现烦躁、抱怨等状况。相比于自动挡，这种状态也会被阐释为淘汰手动挡的合理性。但对于人的存在状态而言，这是对于驾驶者的主体性及其行为有效性的双重提示：一是驾驶者要依靠自己身体的力量而非自动挡技术的辅助去改变汽车的状态；二是这个过程并非是一个符合技术逻辑的通畅状态，而是一种复杂多变的实践状态。不要总以为技术就能代替人，相反在多数状态下人才是技术的主导者。这是手动驾驶模式在思想意义上对于现代人格及其实践能力的提示。

在思想意义上，理性与感觉有明确的边界，这个边界甚至将两个概念置于对立的状态。由于西方启蒙思想和学术机制的影响，20世纪后期中国思想界过于重视理性的功能，并以此构建了现代政治和文化分析的基本思路。与之相关的是，人的感觉受到忽视，感觉与理性的融合状态也被忽视。在日常生活领域，理性与感觉并不具备明确区分的条件，很多情况下它们是混合的。理性与感觉的对立性一方面为理解日常生活的真实状态制造了困难，而脱离日常状态，思想分析会陷入一种虚拟的乌托邦语境；另一方面在塑造现代人格的过程中构建了一个不具备实践基础的纯粹理性环境，所以，这种人格往往难以应付日常生活中的真实状态，继而在日常性的包围中出现烦躁、易怒和不稳定的特点。日常生活对于多数人而言是第一性的存在。在这个生存空间中，理性与感觉往往是以一种同时、交错、混合的状态出现。汽车驾驶是对这种状态的技术性阐释。

汽车技术谱系

我所购买的汽车在制造成本、燃油经济性与驾驶感觉之间找到了最佳结合点，但不会引领技术上的变革。它的机械结构是一种实用化的、模仿类技术的集成。它能在日常使用中提供汽车所具有的几乎全部功能，但不能为汽车技术手册补充新的类别，或在旧的类别中提出新问题。

03

购买汽车的同时，我得到了一本《使用说明书》，语法简单、语境均匀，没有序曲、中篇、结束的区别，也没有刻意营造修辞学与模糊表意的比喻空间。《说明书》的表达方式以单向度的告知为主，没有一个二次性或多次性的讨论空间，但并不是在命令或迫使，而是用文字阐释技术。其中有一系列的技术或物质名词，作为汽车驾驶程序的主体或客体。动词的作用最重要，形容词所具有的情感维度基本被删除，并被赋予类似于名词属性的、准确描述机械或技术状态的功能。这是一种技术性的知识类型，一种"无人称的知识，一种不署名的权威性"[1]。

一切信息都清晰地出现在我的面前，引导我进入一个关于机械与技术的功能性语言领域。这个功能性的语言领域有预设的阅读人群，不存在跨领域传播的可能，最终也不会以一种可追溯的状态进入现代公共空间。《说明书》的最后一页没有显示出版许可号、印刷地和印刷时间，但这不是违法印刷。由于缺少技术之外的其他内涵，它与政治意识、宗教信仰，以及情感伦理有明确的边界。作为一种技术类别，它没有跨越边界的任何愿望。

在思想意义上，《说明书》存在一个问题，即语言与物质、技术处在相互隔离的状态，广而言之，这是人类中心主义叙事与物质主义叙事之间的分裂。其中有足够多的名词和形容词，目的是说明汽车的物质状态，也有足够多的动词、副词、连词、介词，目的是描述汽

- 1 ［法］贝尔纳·斯蒂格勒：《技术与时间 2：迷失方向》，第 37 页。

车的运动状态，并辅助驾驶者恰当地控制这些状态。无论针对哪种状态，人类中心主义叙事所具有的表现力仍旧不够。如何说明方向盘与车轮转向的关系？如何说明空调运行原理与车内温度的关系？如何说明汽车轮胎经过柏油路面与水泥路面的区别？如何说明总体性的驾驶感受与驾驶者的心理变化的关系？如何说明人的身体感受与行驶速度的关系？为什么高速行驶中车内并不安静，但里面的人却觉得很舒适？……如果将汽车的物质结构、技术原理与人的各种感觉组合起来，这类问题将会无限多。

人类中心主义叙事通常无法表现物质的存在状态及其对人的影响，甚至无法构建浅层次的技术叙事类型。这些问题就此成为一个时代的非语言性的、临时性的感觉领域。自 19 世纪汽车出现以来，几乎没有语言能准确地描述一辆车的构成，也不能根据语言的描述去复原车辆的物质状态。那些对于汽车的片段化的语言描述要具备清晰的指代功能，必须有两个基础条件：一是车辆在当下处于一种完整存在的状态，二是现代人对于物质的各类形状和操作程序具备充分的共识，只要一个词语就能激活这些共识，例如当我们听到"ABS"时就知道这是防抱死刹车系统，无论是否了解它的设计原理、物质构成，我们对于这个技术体系都有相似的了解。相反，如果没有车辆的物质存在形式，没有这些共识的存在，我们就难以理解相关语言的指代功能，也就不清楚什么样的物质结构能够承担起一系列具有特定目的的驾驶动作。

在人类中心主义的叙事中，物质与语言之间的断裂是广泛存在的，福柯关于 15 世纪以来词与物的对应关系对于现代物质领域而言并不准确。这种对应关系更适合于描述 15—18 世纪的物质状况，而不适合于 19 世纪之后的物质功能及其变化。这些机械化、电子化、抽象化的物质状况极大地改变了现代日常生活的动作与力量机制，而语言又无法将之纳入历史记忆系统。现代语言学创造了大量的新词汇，用于指代这些机械化、电子化和抽象化的物质。这是一种部分意义的指代行为，因为现代语言中的名词类别远远不够，也就有大量的新物质或新功能没有获得命名。这些物质的特点之一是特殊的运动性，而能够描述这些运动性的是语言中的动词系统。相比而言，动词系统在人类历史上处于一个相对稳定的状态，但面对物质的运动性，这些动词在方向、力度和持续性上也只能提供模糊的指向，而且其程度难以计量。

在未来的一个时刻，以前的物质状况已基本消失，其中很少一部分会进入博物馆，作为一种历史记忆的物质形式，但因预设的功能已经消失，所以不会以一个完整的、实践性的状态进入人类知识谱系。它们即使被生硬地放在工业化时间谱系中的某个点，作为人类物质或技术史上的一个标志，也只是纯粹考古学意义的存在。它们也会进入各种《百科全书》中，但这只是一种图像学的存在状态。它们的功能与钢铁有关、与橡胶有关、与电有关，但到底是什么样的关联？它们的结构与人的手、脚、眼睛有关，但到底是什么样的关联？与这些结构和功能一同消失的还有一个时代日常生活的总体状况，以及人类在这个时代的生存与交往模式、家庭模式和个体心理状态。

在正式分析这套技术性知识之前，我反复阅读《说明书》，希望发掘出一种不同于文学语言、哲学语言和历史语言对待汽车的新方式。但一个突发事件将我的写作愿望无限期延后，我被带入了另一个空间。这是一个写作过程的中断，或一个思想意义上的岔路。这个岔路在几乎所有写作者的思考进程中都会出现，我们一般都忽视它的意义，避免它对正常思维的干涉，甚至在逻辑意义上贬低这种状态，以之为

"思路混乱""不连贯""不知所云"，等等。现在，我要描述这个思想之路上的异常状态。在普遍意义上，这是一种写作过程中无法回避的原始状态。

2019 年 11 月 22 日，在有所准备之后，我要将《说明书》纳入现代文本或理性话语，一个突发情节出现了。三天前，我从汽车后备厢里找到了它，将之拿回办公室，现在找不到了。对于这个过程，我只有一个片段化的记忆：当我从汽车后备厢里拿出来时，最后一页折了起来，我将之压平，在这个时刻我在筹划如何用现代理性话语分析。之后的记忆就消失了，我不知道它在哪里。我确信它仍旧在我的行动范围之内，但就是找不到它。

我处在一段破碎的记忆之中。这段记忆只有开端，没有结束。我想弥补它的完整性，但我的记忆在那个时刻出现了无意识的选择性，《说明书》去向成谜。我确定从汽车后备厢到办公室之间没有异常状态发生，因为我的感觉系统更加关注异常状况，包括上述的折页问题，这个微小的动作因其本身的异常性而进入我的长时段记忆系统。所以，我在办公室里到处找，找了半个小时也没有找到。在这个过程中，我的身体机能完全服从于视觉功能，而视觉功能又完全被写作的目的所控制。我站起来、蹲下、弯腰、移动手臂，眼前的场景不断变化，我希望看到它。

之后，我转换了方式，首先定位与这段消失的记忆有关的东西，并据此复原这段记忆。《说明书》也是一本书，我应该将之放在书堆中。我的办公室里有三处放书的地方，首先是书架，是我以前经常读的，但很久没有打开过。其次是书架下面的地板，我将很多看过的书放在那里，聚少成多。我挪开《德国的天才》(四卷)，看到了《在他们消失之前》，下面是"西洋镜系列"，我非常希望那本《说明书》就在这个空间里。最后是沙发，在一流学科建设规划下，我购买了大量最新的研究作品，其中有三分之一是通过图书进出口公司从法国购买，包括日常生活理论问题。我又看了这堆书下面的那个空间，那是关于日常生活写作或关于档案生成理论的重要依据：《征服现在》《永恒的现在》《日常知识》《研究者与日常生活》《生活的节奏》《沉默的话语》《17—18 世纪凡尔赛宫的日常生活》《巴黎地铁快线的乘客》《街道上的自由》《走路的感觉》《遗忘的形式》[1]。

　　我又转向沙发的右侧，那里也堆满了书。我查找每堆书上面的三五本，因为那本《说明书》不会进入这堆书的下层。我翻过《新异化的诞生》《电车难题之谜》《一个热爱艺术的修士的内心倾诉》《电车难题》，仍旧没有发现。我又换了一堆：《在逃：一个美国城市中的逃亡生活》《大象和我》《法兰克人史》《动物解放》《法国旧制度末期的税收、特权和政治》。我的目光看向两堆书之间的缝隙，怀着一点点希望，但没有发现。第三堆最上面是《读书》杂志（2019 年第 10 期），在这个时刻，我想到在上面发表了一篇文章《卢梭变形记》，心中有一点快乐，但转瞬即逝。下面是关于法国现代民族认同的外文书，也是

- 1 Michel Maffesoli, *La conquête du present*, Presses universitaires de France, 1979；Michel Maffesoli, *L'instant éternel*, La Table ronde, 2003；Michel Maffesoli, *La connaissance ordinaire*, Klincksieck, 2007；Alfred Schütz, *Le chercheur et le quotidian*, Klincksieck, 2008；Michel Maffesoli, *Le Rythme de la vie：variations sur les sensibilités postmodernes*, La Table Ronde, 2004；Michel Maffesoli, *La parole du silence*, Cerf, 2016；Jacques Levron, *La Vie quotidienne à la Cour de Versailles aux XVIIe et XVIIIe siècles*, Hachette, 1965；Maspero, *Les Passagers du Roissy-Express*, Seuil, 1990；Jacques Réda, *La Liberté des rues*, Gallimard, 1997；Jacques Réda, *Le Sens de la marche*, Gallimard, 1990；Marc Augé, *Les formes de l'oubli*, Rivages, 2019.

通过图书进出口公司从法国购买，包括《民族身份的构建》《法国民族身份调查》《中世纪到现代德国与法国地区意识与民族意识》[1]。这个问题我已经为之努力了近五年，在语言、诗歌、科学技术、日常生活中发现法国现代民族认同感的起源，接受了四次外审，最终没有通过编辑部的审核。每当想起这段经历，我都会感慨从事学术研究的艰难。

　　我停止了翻找，闭上眼睛，再次回归到那段断裂的记忆。为什么那段记忆的开端那么清晰，我仍旧记得压平被折叠的那一页的感受以及那本《说明书》的重量，为什么之后的情节都消失了？我放下那本《说明书》的时候在想什么？我试着复原那段记忆，但始终无法完成。我只能再次借助于现实中的微小提示。我又挪开一堆书，《卡夫卡全集》《后现代状态》和《马克思的异化理论》。这堆书后面有一个空隙，我踮起脚，向那里的阴暗处观察，没有发现。

　　这个时刻，我的手机响了。两年前我指导过一个本科生，现在他到中学教书，时常向我提问，都是一些零散的问题。我要求他写几篇系统的论文，不要沉迷于片段化的思维。他没有采纳我的建议，继续不定期地向我提问。现在，他通过微信向我提了一个问题：

　　　　哈耶克所说的英美的道路都是先构建一个自由主义（保护私有财产，尽量防止官商勾结）的秩序。在这个秩序的基础上，政府只需服从制定的秩序规则，不做多余的干预，让市场自己去演化和推

－ 1 Anne-Marie Thiesse, *La création des identités nationales*, Le Seuil, 2014; Myriam Yardeni, *Enquêtes sur l'identité de la nation France: De la Renaissance aux Lumières*, Editions Champ Vallon, 2013; Rainer Babel, Jean M. Moeglin, *Identité nationale et conscience régionale en France et en Allemagne du Moyen Age à l'époque moderne*, Jan Thorbecke Verlag Gmbh & Co., 1996.

动社会进步。这似乎是最完美代价最少也最彻底的路，但为什么这条路在启蒙的历史中很少讨论呢？

这是一个宏大的问题，我一时回答不了，同时也要求他自己去寻找答案，"相比于片段化的思考，系统的思考更能塑造自己的分析能力"。之后，我要去餐厅吃饭。一路上我都在反复追溯那段已经破碎的记忆。到了餐厅三楼，我取了盘子，用竹勺取了猪肉酸菜和雪菜豆腐，又取了一些油饼，倒了一杯豆浆。我端着盘子经过来来往往的人，找到一个空位置，一边吃一边想：那本《说明书》究竟去哪里了？我要将它拉入现代理性话语，拉入关于日常生活的文本生成机制中，看来这个计划要延后了。在回来的路上，一只手出现在我面前，握着一张宣传单：399 元不限课时，赠送一把吉他，弹吉他、学唱歌套餐特惠799 元，解决只会弹不会唱的烦恼，扫码加微信可免费试听一节课。宣传单背面是具体教学内容：钢琴一对一 1300 元 10 节，3000 元 30节，声乐视唱练耳小班课 500 元 10 节，古筝包过级小班课 399 元10 节，小提琴小班课 500 元 10 节，架子鼓一对一 1300 元 10 节，3000 元 30 节，非洲鼓小班课 500 元 10 节。最后是教学团队介绍：在职乐器教师 46 人，其中 37 人均系科班出身，其余 9 人也有五年以上教学经验，"让您体验真正的专业课堂，所有乐器课程均可考级"。

这是一次写作进程的中断。类似的中断也会存在于那些伟大的作品中，只是写作者在中断之后能完美地恢复之前的思路。没有断裂的、连续性的语境是写作的意识形态，所以写作者会刻意隐藏那些不连贯的状态。但在写作史的意义上，这种被刻意掩盖的中断有深入分析的意义。这些中断源自日常生活真实状态的介入，而我们之所以愿意掩盖这些中断是因为日常生活被排斥在写作或思想领域之外，因其琐碎无聊，没有统一的结构，并会影响分析过程的连贯性。

对于这些中断的分析既是写作史的重要问题，也可以直接导向日常生活叙事。日常生活往往是以一种不可预测、不可控制的状态介入写作进程，写作者不得不仓促地去面对这些侵入性的因素，并转换思维状态，开启全新的生活模式，等到日常性的事务结束后再恢复到之前的写作状态，或者是在日常生活介入的过程中将内心稳定下来，排除干扰，像什么都没有发生一样，以一种虚拟的连贯性维持正常的写作状态。针对这种情况，发掘正常叙事中的中断，然后用即时性的日常生活叙事补足这些中断，这是研究写作史的一个重要方向。

每个人都生活在一个庞大的、变化的、重叠的、日常性的事件领域中。每个事件都在向外蔓延，不同事件在某个时刻相互重叠、压迫，互相排斥或互相勾连，这些事件不再有清晰的边界。我们从一个事件空间跨越到另一个事件空间，拖着上一个事件留下的断裂的记忆。在新的事件空间中，这些断裂的记忆又在不受限制地蔓延。处在日常生活事件序列中的人很少会对这些事件有完整的认识。在这一层意义上，描述一个完整事件几乎是不可能的，因为我们不知道事件的边界在哪里，也无法把握这个事件的物质与技术的完整状况。

有人也许会认为自己对于这些事件有清晰的认识，那可能是因为他满足于一种有限度的完整性。被日常生活包围着的人能够意识到档案生成机制对这些事件进行选择之前的状况，但那是一个个别的、独特的、有限度的视野。如果我要记录在一个特定时刻一条两公里街道上的状况，我会从街道的一端走到另一端，但在记录这一端的时候却会忽视另一端的状况。我可以说这就是这条街道的日常生活叙事，但这也是一种视觉、听觉和触觉意义的裁剪，其中有时间与空间的轻微的错位。

这种状况同样出现在历史研究领域。历史学家能够根据档案构建一个事件，在现代理性意义上区分原因、进程、结果与影响，但必须在档案生成机制的范畴内，而这个范畴之外还有无限量的被忽略的语言、物质与空间。所以，我所研究的历史是一个被裁剪的事件空间，"要想记住就必须遗忘、删除，在原本可能有价值的事件中选择值得保留的东西，同时对不久定会发生的事件做积极或消极意义上的超越"[1]。

这次中断一直在延续着，在这个时刻我仍旧没有复原那段记忆。现在我能做的是等待着一个机会的出现：那本《说明书》在未来的一个时刻出现，从一个地方漏出来，或者被我在不经意间发现。第二天，我一早来到办公室继续写作。现在是深冬时节，天下着小雨，温暖如春。2015 年巴黎气候会议之后，世界各国对于全球变暖达成了共识，对于阻止这种状况也有相关对策，但执行难度大，没有国家愿意为环境伦理牺牲人的生存权益。这一点可以理解，因为气候伦理或环境伦理还没有进入人的伦理体系，人类历史的核心价值是人类中心主义（Humanism），而不是自然主义（Naturalism）或动物主义（Animalism）。

在现代历史上，人类中心主义之外又出现了民族主义（Nationalism）、女性主义（Feminism）等，这些都是人类主义叙事的分支问题，与环境伦理无关。这就意味着如果环境问题不能成为人类主义的内在部分，那么人类关注环境问题更多的是以一个观看者或

- 1 ［法］贝尔纳·斯蒂格勒：《技术与时间 2：迷失方向》，第 132 页。

评论者的角色。观看者或评论者会从视觉意义上关注一个问题，却不能从情感意义上理解它。伦理学实践的首要前提是客体与主体之间的感同身受，这是一个感觉意义的问题，而非理性意义的问题。但对于解决环境伦理问题而言，感觉与理性的意义同等重要。在这个学期，我为本科生讲授《世界近代史》课程，我特意强调了感觉与理性的关系。普通人在做决策的时候更多依靠的是感觉，而不是理性分析。感觉是一个比理性复杂、高于理性的判断系统。在东北的深冬时节，我走在雨中，雨滴落在我的衣服上。在理性意义上，这种天气不会影响到我的工作、通行等日常活动，但在感觉意义上，我会因此体会到自然秩序的异常。

在办公楼的走廊里，我走在室内切削如镜的岩浆岩地面上，从口袋里拿出钥匙，首先打开一个铁质防盗门，转一圈，听到锁头平行运动的声音，进入一个办公室的门廊，然后更换钥匙，转半圈，打开木门。这扇木门已经有七十年历史了，从建楼至今一直在使用。它的上面有裂缝，那是纯粹的自然状态。我又开始找那本《说明书》。这一次，我从那段破碎的记忆中提取了空间因素：我确定在沙发附近拿过那本《说明书》。我重点搜索在沙发上的书堆。第三堆最上面一本书是《发现日常生活》，下面是法国人的《孔夫子与机器人》(大开本) [1]。下面还有一本书，看到的时刻我体会到了一种愉悦感。这就是我要寻找的《说明书》。

表面上，这个中断是一个与写作主题无关的事件，它打乱了写作的思路。但这是日常生活的常态，或者说这就是日常生活，一个充斥

- 1 Bruce Begout, *La decouverte du quotidien*, Pluriel, 2005；[法] 常博逸：《孔夫子与机器人》，袁粮钢译，海天出版社，2017 年。

着无序的语言与物质的多重空间。我们有时会抱怨日常生活的杂乱，并希望摆脱它，进入纯粹的理性领域，但它总是围在我们身边，并以自身的庞大、坚硬、连贯、隐秘的逻辑存在着。法国思想家保罗·勒里奥对于日常生活有一个重要的阐释："它是每天都出现的一切，每天都围在我们身边，甚至压迫着我们的东西……每天早晨醒来时，我们要负担的责任，这是生活的重量，也是生存的困难，或者是在某种条件下的生存状况，既有疲劳也有欲望。日常生活是与我们的内心世界紧密联系的一切。这是一段关于我们自己的、正在进行中的历史。"[1] 无论是在封建主义时代、资本主义时代、集权主义时代，还是社会主义时代，日常生活都是个体生活的基础性因素，是一个更普遍的、与每个人都有关系的意识形态。

　　找到《说明书》后，我要回归正常的写作状态。19 世纪后期以来，关于汽车的技术在持续地积累，汽车技术手册是相关技术的语言学表现形式，并在文本意义上创造了一个技术语言类别，其中一个主要特点是"没有口语的特征"[2]。翻开第一页，我进入了一个关于技术、法律、伦理与个体神经—目的论的知识系统。当我按照操作说明踩下离合器、挂一挡的时候，实际上拨动了这个知识系统的一个环节。尽管发动机没有启动，但一个一百多年的知识系统在回应。在文本意义上，技术体系是受到忽略的，甚至受到歧视，因为技术依靠的是人的肌肉—骨骼和神经体系，多数情况下不需要文字的介入。所以，那些

－ 1 Paul Leuilliot, "Histoire et vie quotidienne", Guy Thuillier, *Pour une histoire du quotidien au XIXe siècle en Nivernais*, Paris: Ecole des Hautes Etudes en Sciences Sociales, 1977, p.XV.
－ 2 ［加］马歇尔·麦克卢汉：《神奇的广告业》，［加］理查德·卡维尔编：《指向未来的麦克卢汉：媒介论集》，何道宽译，机械工业出版社，2016 年，第 5 页。

庞大的技术体系，包括那些对于人的生存状态极为重要的体系都被排除在文字之外。这些技术体系中的一部分被压缩为理性术语，我们通常称之为"手册""指南"等，不属于现代思想的序列。

但我们无法否认，这是一种新的叙事类型。罗兰·巴特在《叙事作品结构分析导论》中概括了人类历史上的叙事类型，包括神话、传说、寓言、民间故事、小说、史诗、历史、悲剧、喜剧、哑剧、绘画、彩绘玻璃窗、电影、连环画等等传统和非传统的形式[1]。这个概括已经很全面，但仍旧没有注意到现代技术手册的价值。一个主要原因是罗兰·巴特的分析是以人类为中心的，关注那些与人相关的、由人创造的叙事形式。这是人类中心主义的叙事学，而不是物质—技术意义的叙事学。技术手册属于技术范畴的叙事学，它不是在描述人类的状态，而是在描述物质与技术的状态。它不是在构建整体意义的人类生存场景，而是在构建一种局部性的、单向度的、功能性的技术逻辑。

在这个技术话语体系中，语言主体没有出现。虽然我们知道这是一群技术的创造者在对使用者说话，但不能确定到底是谁，因为语言的主体是隐藏的。他们很重要，却不可见。这与人类中心主义的叙事方法对于主体性的要求完全不同。这种叙事是功能化的、单向度的指导语境，没有人类中心主义叙事方法中对于情感、心理与故事情节的修辞化的描述，行为主体和客体都不重要，所以文本中"没有第一人称、第二人称、第三人称"[2]。除了有效传递信息之外，它也不会考虑自身叙事的审美性，因为它基本上不会像报纸或文学类书籍那样进入公

－1 ［美］杰拉德·普林斯：《叙事学：叙事的形式与功能》，徐强译，中国人民大学出版社，2013年，第1页。
－2 同上，第7页。

共阅读空间。

这个技术话语体系自始至终都试图传达一种准确性，但在一些方面仅仅是一种修辞学的技巧。汽车功能的塑造与维持需要三种知识：生产知识、使用知识和维修知识。《说明书》并不包含生产知识和维修知识，而关于使用的知识具有很大的随意性。个体在力度、方向感和速度感上仍旧有施展个性的可能，他可以瞬间将油门踩到底，或将刹车踩到底，或在时速 60 公里的状态下超乎寻常地向左急转方向盘 90 度。这是一个符合现代主体性的意志与行为领域。即使经过同样的训练，每个人也不会具备同样的操作技巧。与此同时，这还是一个完全自主的领域，没有教科书，只有依靠个体的摸索，并最终形成一套与驾驶者个性和具体驾驶场景密切相关的行为逻辑。

购买这辆车之后，我首先要了解预设性同时也是限制性的机械原理，然后在实践中塑造个体化的驾驶逻辑。前一个过程有章可循，是对于机械规则的了解，后一个过程属于个体感觉领域，是一种在物质与机械状态下对于个体自由限度的把握。

关于新车上路是否需要磨车的问题，购车时技术人员认为在现代技术条件下基本不需要，但代驾人员告诉我需要："在 3000 公里以内，换挡时发动机转速最好要维持在 2000 转左右，这样以后省油。"但技术人员并不认同这个观点："2000 转换挡那得多费油。"鉴于此，我在网络信息中寻求合理的方案。网络为这个时代的人提供了获取知识的多重途径，进而可以弥补现代日常生活的专业化和职业化倾向。

我打开搜索网页，用拼音法输入"新车需要磨合吗"。搜索框下面显示了提示语："为您找到相关结果约 7980000 个"，右侧显示相关的搜索关键词：拉高速（提高发动机的性能）、CVT 变速箱（最理想的汽车变速器）、转速表（机械行业必备的仪器）、自动挡汽车（不需要在行驶时换挡位）、双离合变速箱（保障汽车平稳起步）、汽车坐垫（有车一族的主要消费品）、汽车水箱（汽车冷却系统散热机件）、汽车冷启动（发动机水温低情况启动）、倒车影像（泊车辅助系统）、燃油添加剂（汽车养护化学品）、车身电子稳定系统（可以控制驱动轮）。下方出现了一系列标题：

> 新车到底该怎么磨合？都需要注意些什么？
>
> 现在新车还需要磨合吗？
>
> 刚提的新车，需要磨合吗？
>
> 新车磨合十个技巧。
>
> 新车到底要不要磨合？最终答案在这里。
>
> …………

这些答案一方面强调现代汽车零件精密度高，装备技术能确保运行的流畅性，所以不需要过度磨合，另一方面又认为适当磨合也是必要的，在2000公里或3000公里以内"不要开得太快，不要猛踩油门和刹车，尽量保持车辆匀速行驶"。最终，我发现这是一个模糊的技术空间。

在驾驶初期，我坚持发动机转速达到2000转时换挡，但行驶300公里后感觉到这种方式不自然，所以提前结束了磨合期。四年后，我在写作这些文字时查阅了《说明书》，得到了一个答案，即"需要磨合"：

由于加工和转配误差，新车各运动部件之间的摩擦阻力，在使用初期相比正常情况下大得多。汽车使用初期的走合效果对汽车的使用寿命、工作可靠性和经济性都产生很多的影响，所以新车的使用必须严格执行走合规定，磨合期一般为 3000 公里。

1000 公里内走合规定：绝对不可以全速行驶；不得以超过时速 100 公里的速度行驶；在各挡均避免最高转速行驶。

1000 公里至 3000 公里走合规定：可逐渐提高到最高速度或以发动机允许的最高转速行驶。

由于汽车驾驶场景的多样性，这个答案也未必准确，所以我没有遵循汽车生产方的技术标准。四年后这辆车已经行驶了 1.6 万公里，发动机在城市道路上始终能提供充沛的动力，而且油耗不高，夏天百公里油耗维持在 5—6 升，冬天百公里油耗维持在 6—7 升。

《说明书》有一个不同于西方汽车技术手册的特点，而这个特点是工业化进程的时间性和地域化所决定的。西方汽车手册是一个从无到有的技术—叙事综合体的构建过程，在一百多年的时间里，汽车技术，包括动力系统、刹车系统、转向系统等每一次改动都需要一类故障、一个需要或一种感觉的推动。转动发动机启动钥匙，电瓶开始为火花塞供电，同时为电动机供电。电动机带动发动机凸轮轴，同时开启喷油模式。这是一个符合人类目的的完美技术程序。在西方汽车手册上，这类知识已经下沉为专业性的常识，因其已经非常成熟，在正常状态下几乎不会出现不可预期的故障，所以不是普通驾驶者所必须关注的。《说明书》上同样没有关于这个技术程序的内容，但它的消失与西方的消失类型不同。这是一种通用知识的消失，对于那些最早构想汽车原理并在长时间内生产的人而言，这种消失源于一种技术积累的层次感。这类知识进入了技术谱系学的领域，并且处在这个领域的最深层。

我所购买的汽车在制造成本、燃油经济性与驾驶感觉之间找到了最佳结合点，但不会引领技术上的变革。它的机械结构是一种实用化的、模仿类技术的集成。它能在日常使用中提供汽车所具有的几乎全部功能，但不能为汽车技术手册补充新的类别，或在旧的类别中提出新问题。

《说明书》的第一部分是《常用标示说明》，主要介绍汽车电子符号的含义，这些符号实际上是人对车辆状态的间接感知功能。之所以是间接感知，是因为电子系统检测到车辆异常状态后不会直接与人体神经系统连接，而是用这个符号系统表达。汽车工程师在设计时直接获得了很多不正常状况，然后将之分类，并与特定的线路连接，当一类不正常状况出现时，特定线路通过电流点亮相应的故障灯，以一种符号化的状态阐释这些状况。驾驶者看到这类信息后，借助于之前了解的符号内涵就能确定问题在哪里。这是工业时代（电子时代）人与机器之间的交流模式。

这些符号分为两类。第一类是警示性符号，包括制动、刹车防抱死、安全气囊、机油压力低、燃油低位、冷却液温度、发动机电控系统故障、安全带未系、发动机排放故障等方面。如果汽车状态没有异常，这类符号就不会出现。第二类是功能性符号，包括位置指示、车辆保养、雾灯、蓄电池充放电、车门未关闭、车身稳定系统、转向、闭锁键、开锁键灯光状态、后风挡加热、压缩机运行、风窗除霜除雾、危险警示、车窗玻璃升降等。这是一些传达提示性信息的符号，亮与不亮意味着不同的功能，而不是正常与不正常。

我要准备发动汽车，然后进入一个确定的、技术性的行为逻辑。上述两种符号自始至终介入这个过程，这辆车的运行处在间接性的实时监控之下。我首先在方向盘下方插入车钥匙，向右转45度，车辆进入自动检查模式。第一类警示灯同时亮起，没有故障后又快速熄灭，但功能性的指示灯（驻车制动）会一直亮，直到松开手刹才会熄灭。如果手刹没有松到底，这个灯仍旧亮。安全带指示灯承担相似的功能，如果在未系安全带的情况下挂挡前行或倒车，车辆会发出警报，"吱……吱……"。车钥匙再向右转45度，发动机启动，其间蓄电池充放电灯闪闪烁烁，电动机拉动发动机的凸轮轴，火花塞放电，喷油系统正常运行，发动机完全启动。发动机进入怠速模式后，蓄电池指示灯熄灭。在车辆正常行驶模式下，启动不同功能时会有相关指示灯亮起，包括转向灯、大灯（低光、高光）、雾灯、位置指示灯、定速巡航、刹车辅助、车身稳定系统等。这是一种行动—反应模式，与人的行为逻辑相似。

自19世纪后期汽车技术开端以来，驾驶者的身份从古典时代的英雄过渡到现代技术的控制者。最初，一个人驾驶汽车时不但要有强大、稳定的手臂力量，而且要有处理各种道路状况的灵敏感觉和出色的判断力。在液压辅助转向系统普及之后，驾驶过程对于手臂力量的要求降低，驾驶者半仰在座椅上，左手轻松控制方向盘，右手可以始终放在挡位上。

不断进步的技术改变了驾驶者在车辆行驶过程中的体力与脑力付出比例。这个比例在物联网与人工智能时代将会达到一个极端，驾驶者对于汽车的操作功能甚至会完全消失。汽车的运动状态被一套电子系统解释为一系列的信号，另一套电子系统负责监视这些信号，如果出现异常就会启动纠正程序。在一定程度上，这种模式是自主的，不需要人的干预。驾驶者将被推入纯粹的消费领域，成为一个具有物质消耗力的经济符号。与这种现象同时出现的，至少是在一些人的心理中出现的是一种无用感。这种感觉不仅出现在驾驶室里，还出现在银行柜台、客服电话中心、汽车生产线、牲畜加工厂。在这个过程中，人被推向消费—感官领域，味觉、视觉、听觉、皮肤等被塑造为单向度的被动接受机制。

在汽车的历史中，这个时代的技术处在手动模式与自动模式之间。汽车的一部分功能具备了自动管理的能力，例如变速箱。汽车电子系统中存储了大量的人的行为模式，自动变速箱根据脚部动作的力度判断他对速度的要求，然后自发地实践升挡与降挡逻辑。驾驶者要急加速，他将油门踩到底，电子系统识别了这种信号，然后发出发动机高转速的指令，并保证发动机转速每分钟 3000—4000 转时升挡，由于强大的动力输出，车辆从起步到时速 100 公里维持在 10 秒以内。如果驾驶者轻踩油门，电子系统确定这是一种安全经济模式，发动机维持低转速，每分钟 1200 转左右时升挡。汽车时速 60 公里，如果驾驶者想要超车，他要深踩油门。电子系统识别到这个目的，急速降挡，发动机转速提高到 3000—4000 转时升挡，汽车瞬间从时速 60 公里增加到 80—100 公里。自动变速箱为驾驶者提供了更多的自由，包括手脚自由、视觉自由，他会有更多的时间去沉思、走神、打电话，或者与车内人交谈。这个机制接管了人的神经系统的部分功能，而且在思想意义上变成了一种具有象征性意义的技术。在这个自动机制面前，人类的历史角色在改变，"后人类时代"正在来临。

我购买了一辆手动挡车型，这是对于当下人工智能技术潮流的一种反叛。自动技术潮流的本质是技术以其自身的逻辑取代人体的功能。自动挡是这种趋势的重要类别，与车道偏离预警、自动跟车功能、自动停车功能等一样承担了那些本来由人控制的程序。在纯粹技术意义上，这个潮流已经不可逆转，并在一点点地将驾驶者变成乘坐者。自动挡夺去了驾驶者对于发动机转速与汽车车速比例的控制；自动跟车功能夺去了驾驶者在道路车辆少的情况下对于速度的控制权；在现有的技术条件下，车道保持功能还有赖于人的主导，但这种主导性由于车道偏离预警系统的介入而在减弱。总之，人与汽车之间最初的关系在改变。这个改变会引发一系列社会后果，包括驾驶者性别的消失、对于年龄与体力状况的宽松、路标的非人化与技术可识别性的加强等。其中，最重要的影响在于人的消费属性的强化，他会变成一个不劳而获的享受者。这种状态冲击了人的存在和劳动之间的固有关系，但自动化技术的有效性又证明这个经济伦理和行为逻辑状态的合理性。

我拒绝了人工智能对于身体机制的篡夺，以一种逆向的消费意识进入这个越来越狭小的机械领域。在正常行驶状态下，这辆汽车里的一切设备都不具备自主感知、自主判断的功能，也没有配备车道偏离预警、自动跟车功能、自动停车功能等自动状态。在异常状况下，包括车身失控、地面摩擦力差别大等，刹车辅助（ABS）和车身稳定系统（EBD）会介入驾驶程序，保持紧急刹车时的方向控制和车轮抓地力不均衡时的车身稳定状态，除此之外车辆状态都要靠驾驶者的控制。前方光线暗，我需要自己开灯，大雨滂沱我要自己打开雨刮器，车内冷热难耐，我要自己打开空调或控制玻璃窗的通气性。四条轮胎也没有配备气压监测装置，所以隔一段时间我会用脚踩轮胎，靠感觉维持四个轮胎中的气压平衡。这辆车的后备厢里有一个充气筒，如果轮胎

气压不够，我会手动充气。这仍旧是一种可见的、具体化和可理解的
行为逻辑，也就是说我每时每刻都在控制着汽车的状态。

　　在这个过程中，我知道每个身体动作的结果，也知道汽车每种状
态的原因。如果汽车运动时的各类状态不间断地进入驾驶者的神经系
统，那么他的感受力与判断力会处在一个不断丰富的自然状态中，这
是人与物质的古典联系。自动系统弱化了人的感受与判断力，人成了
自动运动程序的旁观者，更加陷入物质及其功能所主导的现代消费领
域，这是人与物质的现代联系。但在这个难以改变的趋势中，在某一
个时刻、某一个空间中，仍然有人愿意维持人与物质的古典联系，为
不断蔓延的技术现代性提供一个人类完整知识谱系的、阶段性的历史
背景。这是一个具有实践性和考古学意义的思想愿望。

　　手动挡车型意味着驾驶者在车内有限空间中要完成无限的动作模
式，控制油门、离合器、刹车踏板与挡位之间的多重连接，以及车速
与车身状态无限多的对应关系。在实际驾驶中，这些连接或对应关系
都是独特的，几乎没有重合的可能。《说明书》为这类车型设定了一些
规则：

　　　　换挡时应将离合器完全踩下，使变速器与发动机动力完全脱开
　　后再操纵变速杆换挡。为了避免倒挡时产生异响，在车辆静止时完
　　全踩下离合器踏板并等约 3 秒方可挂入倒挡。
　　　　下坡和转弯时应采用低速挡，不允许离合器分离滑行。
　　　　…………

　　这是一些基本规则，不能涵盖驾驶过程中的诸多可能性。自动挡

车型对于换挡也有基本规则，但这些规则是一种电子化的机械自主反应的模式，不再是驾驶者所要学会的。手动挡时代的机械技术体系被回收了一部分，这部分技术并没有消失，而是改变了存在的方式，包括电子化、自动化等。在这个过程中，它们与驾驶者的距离进一步扩大。

在理论意义上，这是一个可逆的过程，因为人工控制方式不会消失，而且自动挡变速箱生产程序更复杂，相比而言有不稳定的状况。但对于个体行为模式而言，这几乎是一个不可逆的过程。习惯驾驶手动挡汽车的人能在短时间里学会自动挡驾驶技巧，但反之并不容易。所以，在日常生活中，手动挡汽车的比例越来越少，而且越来越低端。这种人工技术逻辑在历史趋势的意义上已经具备了机械考古学的内涵，而使之具备这种内涵的是日益普遍的自动化技术。更多的汽车配备了自动挡系统，对于驾驶者的技术要求降低。之前负责踩离合的那只脚解放了，之前负责换挡的那只手也解放了，驾驶者可以把手放在方向盘上，也可以放在他想放的地方。

这个不可逆的过程引起了一种技术性的怀旧情结。尼古拉斯·卡尔经历了这个从人工机械化的角度进入自动机械化领域的过程。年轻时，他学过手动挡驾驶技术，但在买车时选择了自动挡：

> 左脚从离合器上解放，闲下来没了用处。有时我驾着这辆车在镇上游荡，我的左脚还会欢快地打拍子……我感到焕然一新，感觉跟上了时代的步伐，更重要的是，我觉得我解放了。但这种感觉并没有持续多久。我确实体验到了卸下负担的快感，但它们渐渐消退，随之而来的是一种新的情绪：厌倦……我怀念变速杆和离合器，我

想念它们带给我的那种操控感和融入感——想把发动机调多快就多
快、松开离合和齿轮彼此咬合的感觉，还有降挡时的小刺激。自动
挡让我觉得自己不太像个司机，更像个乘客[1]。

　　我不能确定这种驾驶方式的变化会不会加速人的身体的进化，但
在实际生活中会影响到肌肉系统、神经系统的行为模式，以及整体意
义上身体功能的变化。人的身体功能与行为机制在 20 世纪中期，也
就是自动化刚出现的时代到达最优良、最复杂、最灵活的状态，此后
在自动化介入日常生活后，社会分工不但制造了知识意义上人与人之
间的理解障碍，人的身体功能与行为机制也被简化，日常生活变得更
加抽象。一个人按动一个白色按钮，40 分钟后，一大堆脏衣服就变得
干干净净。而在自动化之前的人力时代，这些衣服往往要洗半天。在
洗衣机运行原理的背后还有一系列复杂的现代化供应系统，包括电力
供应、洗衣液、洗衣机零件生产与售后服务等。这是一个具体可见的、
相互联系的物质—功能系统。但对个人而言，由于社会分工与知识领
域的专业化趋向，这是一个抽象的、部分不可见的领域。在洗衣机工
作的时刻，他可以在网上购物、看电影、通过网络聊天……人的生产
功能让位于消费功能和娱乐功能。在表面上，他似乎无所不能，在实
际上则变成了现代自动化系统中的一部分，一个被预设好的、局域性
的功能终端。

　　在自动化时代，人的身体—行为机制被一点点改变或取代。首先
是腿脚的功能，19 世纪中期，汽车与货车发明之前，根据人物画来判

─ 1 ［美］尼古拉斯·卡尔：《玻璃笼子：自动化时代和我们的未来》，杨柳译，中信出版社，
2015 年，第 6 页。

断，人的腿部肌肉发达，因为那个时代身体的移动基本上要靠腿脚协作。但长途运输工具出现后，腿脚所承受的负担大大减轻，一个人可以在静止状态下完成从巴黎到罗马的行程。与此同时，重型机器开始进入生产领域，解放了那些在人力时代忍受着最艰苦劳动的工人。越来越多的人获得了身体静止类型的室内工作，全身肌肉长时间处在松弛的状态，缺乏应对剧烈行为的身体反应机制。

在 20 世纪后期的自动化时代，人的身体功能进一步变化。对于那些借助于电脑工作的人，十个手指的功能被强化，腿部肌肉萎缩。智能手机再次改变了手的功能，在十个手指中，食指的功能最重要。假如一个人只剩下右手食指，或者任何一个指头，他在网络空间里的交流功能基本不会受影响。但在这个过程中，人的眼睛处在超负荷状态，身体的行动力进一步减弱。汽车驾驶领域也发生了同样的变化。最初的驾驶者同时也是维修员，会自己更换火花塞、机油，甚至能修理简单的发动机故障。但在机械自动化技术进步的过程中，两个身份不再是一体的。

汽车换挡的自动化是不是意味着驾驶者能获得更好的驾驶感觉？在普遍意义上，自动化的确简化了驾驶技术，解放了人体的功能。但在这个过程中，一个驾驶心理领域出现了，或者说，这个心理领域之前就是存在的，自动化在一些方面扩大了这个领域，增加了新的感觉类型。根据自动挡汽车驾驶体验的投诉状况，其中普遍存在的不满是"换挡顿挫"或"变速箱异响"。而在手动挡汽车所塑造的驾驶感觉类别中，这类不满很少出现，其原因不在于这类汽车在换挡时没有顿挫，而在于这些顿挫是一种可预期的状况。即使顿挫感很强烈而且出现频率更高，也不会被视为负面的驾驶心理，相反会被视为一种良好的驾

驶体验或驾驶乐趣。所以，自动挡汽车驾驶者和手动挡汽车驾驶者身
处不同的驾驶心理领域。前者有时会以一种紧张的或批判性的态度等
待着变速箱异响和顿挫感出现，因为他是这些问题的承受者。而后者
以一种可期待、可忽略或者享受性的态度对待这些问题，因为他是这
些问题的制造者，而且这些问题在技术意义上说明汽车的运行状态是
正常的。

汽车与当下

汽车与"现在"的关系并不稳定，在时间意义上它始终处在被删除的状态，不是完全的删除，而是发动机启动、车轮转动时刻之外的时间性被删除，只剩下一个"当下"的驾驶状态或"当下"的驾驶感觉，所以汽车不会在人的记忆系统中长久地保持稳定的状态，也就不会作为一个完整的现代技术功能体进入文字机制。

"现在"是一个不确定的时间概念。它是移动的，新的时间不断覆盖之前的时间，而且每个微小的时间序列在被各类事件标识之后又具有不可重复性，所以"现在"具有不间断移动的特点。这种移动性所造成的结果是"现在"的长度不确定，它能涵盖一个瞬间、一小时、一天，有时也能涵盖一年。"中国现在有 14 亿人口"，这个"现在"是一个五年到十年的长度；"现在我们正在吃饭"，这个"现在"往往是半小时或 1 小时的长度；"我现在想走了"，这个"现在"更可能是一瞬间的长度。

20 世纪末，西方思想界在构建日常生活叙事的过程中开始重视这个概念。为了说明"现在"的状态，他们使用了很多表述方式，包括"现在"(présent)、"当下"(immédiate) 等[1]。这些表述与日常生活的状态还有不符的地方。日常生活处在转瞬即逝的时间制度之中，它们确实存在过，但在结束的时刻都消失了。这种存在是即时性的，也是现在性的。所以，日常生活往往是一些时间意义的微小片段，不可预期地出现、确定性地存在着，又最终会消失不见。

日常生活中包含了无限多的"现在"，一个人要端起水杯喝水，这个过程里有无限多的时间序列，包括伸出手的时刻、握住杯子的时刻、举起杯子的时刻、喝水的时刻、放下杯子的时刻……在每一个时刻里、在两个连续性时刻之间也包含了无限多的"现在"。这种时间状态与日

- 1 Dominique Viart, "Ecrire le présent : une «littérature immédiate» ?", *Écrire le présent*, sous la direction de Gianfranco Rubino et Dominique Viart, Paris: Armand Colin, 2013, p.31.

常生活的事件状态是相似的，但这是一些极为短暂而且在文本意义上无法阐释的时间状态，即"当下"。我们从历史事件的角度很难捕捉这种时间状态，即使捕捉到了也没有分析的意义，但这种时间状态是日常生活的基础之一，与之相关的研究方法是将那些在一个时刻里出现的动作、感觉、物质或事件与那个时刻连接起来，从而构建一种有别于历史时间与宏观事件结构的日常生活的时间—事件状态。

汽车首先是一种处在"现在"时间序列中的功能性物质，这种状况使其具有进入历史的可能，其次是一种被无限多微小的"现在"所支撑起来的日常物质，这种状况使其具有被忽视的可能。汽车与"现在"的关系并不稳定，在时间意义上它始终处在被删除的状态，不是完全的删除，而是发动机启动、车轮转动时刻之外的时间性被删除，只剩下一个"当下"的驾驶状态或"当下"的驾驶感觉，所以汽车不会在人的记忆系统中长久地保持稳定的状态，也就不会作为一个完整的现代技术功能体进入文字机制。

对于一些人而言，曾经开过的汽车可能会引发一种类似于怀旧的心理，但这种心理所具有的时间性不同于宏观历史的时间性。汽车是一种临时性的物质，是现代日常生活领域的构成部分，所以理解汽车的方法与理解日常生活的方法是相似的。驾驶者打开车门，启动发动机，换挡进入道路，一路上他注视着其他车辆，加速、刹车、避让，到达目的地后关闭发动机，然后锁车离开。这个过程与一个人喝水一样，其中充满了无限多的"当下"。一般而言，这个过程不会进入现代文字系统，所以这些"当下"是一个不具备历史意义的时间范畴。它们曾经密集出现过，并且承担了特定的社会功能，但当这个社会功能完成时，这一系列的"当下"就成为一个封闭的时间范畴。

这是一种现代生活所塑造的时间概念，也是一种功能性物质所塑造的临时性的时间概念。一个人处在这个时间概念之中，他可能会忽视无限多的"当下"，他注意的是与之密切相关的感觉。他有了一个目的地，他走到汽车驾驶门前，打开车门，启动发动机……一系列的动作会制造出一系列的感觉，他密切注意这些感觉是否正常，而忽略了这些感觉的时间性。这些时间之间有断裂，但每个断裂之间有奇妙的联系，所以他几乎感觉不到异常。只有其中的一个动作遇到了阻碍，接下来的动作难以完成时，他才会忽然有一种时间意义的断裂感。他走到车门前的时刻，发觉钥匙丢了，他会迅速地回到离这个时刻不远的其他时刻，判断汽车钥匙在这个时间中的空间位置，从一个过去的时刻变换到另一个过去的时刻，甚至一直追溯到这个时间范畴的开端。如果仍旧不能定位钥匙的空间位置，他还会再反溯回来。这是一个时间化的记忆审查过程，那些本来会消失的"当下"被一个又一个复原，作为确定钥匙空间性的时间标志。但这个过程结束之后这些被复原的"当下"又会消失。

在日常生活里的一个时刻、一个空间里，我打开了汽车车门，坐在驾驶座椅上，插入钥匙，向前方转动 45 度，12 伏车载蓄电池即刻为发动机上端的四个火花塞供电，电子系统检测车辆状态，我系好安全带，查看仪表上的状态提示信息。在这个过程中，一系列"当下"连续出现。在没有进入事件领域之前，这是一个物质性的时间序列。

我又将钥匙向前方转动 45 度，电动机带动发动机，同时开启喷油系统，"嚓嚓嚓……嗡嗡嗡嗡嗡嗡……"，在一套精密程序的控制下，发动机启动。左侧的转速仪表盘和右侧时速仪表盘亮起淡蓝色光芒，冬天发动机每分钟 1000 转，发动机内部开始水循环，水箱前部的风扇启动，将水温持续控制在 50 度，油液压系统进入工作状态。汽油从油箱经过过滤器进入燃烧室，变成细微的弥漫的喷雾，然后在火花塞产生的火花中爆炸性燃烧，源源不断地产生着力量。在未挂挡的状态下，这是一种处于期待状态的力量。

在这个"当下"的时间序列中，车载电动机的功能有一次翻转，最初它借助于蓄电池的电力供应拉动了发动机，现在在发动机的带动下转而为蓄电池供电，同时开启车头下方两排日间行车灯，并让车内电动系统处于可控的工作状态。发动机处在稳定的怠速状态，"嗡嗡嗡嗡……"，转速从每分钟 1000 转降到 800 转。汽油燃烧后的废气经过底盘下方的钢制管道排出车外，中间经过三元催化器。废气中含有一氧化碳、碳氢化合物和氮氧化物等有害气体，通过三元催化器后可部分转变为无害的二氧化碳、水和氮气。排气管是一个被动的角色，一个被制造出来的结构，同样的材料完全可以做成轮毂或车体，但终究有一些材料被制成排气管，它的功能仍旧使之进入了气候伦理领域。由于物质的中立性和被动性，它并不需要承担法律或伦理意义的责任。

在人类活动的领域，现代精细分工制造出了一种复杂的伦理状态，贝克（Ulrich Beck）称之为"有组织的无责任感"[1]。但一类行为引起恶劣后果时，我们无法确定谁要为此负责，即使我们找到了责任方，但现代分工制度将这个行为分成很多部分，每一个部分都无法完成整体性的行为，所以当一个整体行为引起恶劣后果时，我们不知道该追究哪一部分的责任。如果对这个整体行为进行处罚，每个部分都没有作恶的动机和能力。

－ 1 ［德］阿明·格伦瓦尔德：《技术伦理手册》，第 14 页。

汽车结构中同样存在这种情况。排气管排放了对自然环境造成危害的废气，但我们不能让它承担责任，它是被动的，是发动机产生的废气。我们也不能让发动机承担这个责任，因为发动机不会自己启动，它是人类目的的附属品。那么，我们是否要让哪一个人或哪一类人承担环境污染的责任呢？最终，我们发现这个时代的人需要承担责任，但没有法律是针对一个时代的人类。这是人类伦理与自然伦理之间的冲突：驾驶者重视的是动力，而不关心废气问题。但在自然伦理意义上，废气是最需要关注的后果，但这种伦理没有实践力。汽车的动力结构处在两种伦理的边界上，并在人类伦理的控制下不断挑战自然伦理。

这辆汽车的发动机处在工作状态。这是一个不断生产"当下"的机械程序，但车身是静止的，没有参与人类社会的任何事件，所以这是一个工业物质领域中的机械时间序列，不是人类主义的时间序列，也不具有普遍的历史性。

这个机械时间序列的创造者是一台 1.5 升排量的自然吸气发动机，最大功率为 116 马力，85 千瓦 /6150 rpm（最高转速），最大扭矩 141 牛米 /3800 rpm（最高转速），即发动机每分钟转速 6150 时能提供 116 马力的动力，发动机每分钟转速 3800 时从曲轴端输出的最大力矩为 141 牛米。汽车系统进入正常工作或待工作状态，行车记录仪（16G 内存）启动，摄录前方一辆静止的汽车。液压刹车系统、车内空气循环系统、汽车水箱温度感知与散热控制系统、油箱液面感知系统、转向系统进入工作状态。车门自动锁系统、车门玻璃升降系统、玻璃雨刮器、照明和转向灯系统、空调系统进入可启动状态。汽车是一个严密的逻辑结构，有一部分结构不定时处在空闲状态，但没有东西是多余的。汽车四轮平衡运行时差速器的行星齿轮、后排经常空置的座椅、白天时处于熄灭状态的大灯、正常行驶时的刹车灯、收音机关闭时车顶上方的接收天线等，这些装置即使处于经常性的功能悬置状态，但仍旧是这个复杂的运动机械的必要逻辑结构。

　　当发动机正常运转时，汽车的物质领域分为四个类别：一是正在运动着的类别，包括发动机、发电机、车内仪表、日间行车灯、机油循环和发动机水温散热系统等；二是可期待的功能类别，包括各类功能电机（雨刮器、车窗玻璃系统、车灯远近光变换系统、空调系统）；三是稳定的形状功能类别，包括车身架构、座椅和内饰；四是手动功能类别，包括方向盘、安全带、后视镜、车内控制按钮等。

　　其中，方向盘是一个动作传递的媒介。它能围着一个轴做有限度的转动，这种运动不是终极性的，而是一个传递力量的过程。它有自己的目的，但不具备独自实现这个目的的能力，只能在液压器辅助下控制前轮角度。发动机启动后，转向油泵进入工作状态。在这个时刻，方向盘向左旋转 15 度，这个力度在向轮胎传递的过程中被转向油泵形成的油压放大，驾驶者用轻微的力量就能控制汽车前轮的角度变化。但对于整体性的驾驶状态而言，前轮的方向变化仍旧不是终极性的结果，车身运动的方向控制才是转动方向盘的最终意义所在。这是一个在人类感觉的影响下出现的行动逻辑，确切地说是一个无法避免的矛盾逻辑。转向油泵在运行过程中消耗了发动机的力量，对于液压助力系统而言，这种消耗是持续性的，只要发动机开启就不会停止。对于驾驶者而言，他必须接受汽车动力的衰减，甚至有必要完全忽略这种情况。因为在这个过程中，他往往看重的是作为一系列运动结果的车身状态，而不是这个结果出现的前提和过程。

　　安全带是一种个体安全机制，它在限制人的同时也在保护人。在汽车行驶过程中，它在束缚人体，使之处在受到保护的状态，但这也是一种受到控制的状态。一个不懂事的小孩由于没有绵长的逻辑分析能力，他会将这种状态看作是单纯的控制，所以他要反抗，摆脱这种状态。这种控制有两种形式：一种是内在的形式，是身体与合成纤维的密切关系；一种是外在的形式，道路上方的监视器在注视着驾驶员是否处在安全带的束缚下，如果没有，这个驾驶场景将会进入交通法的处罚程序。《道路交通安全法实施条例》第五十一条规定："机动车行驶时，驾驶人、乘坐人员应当按规定使用安全带，摩托车驾驶人及乘坐人员应当按规定戴安全头盔"；第九十条规定："机动车驾驶人违反道路交通安全法律、法规关于道路通行规定的，处警告或者二十元以上二百元以下罚款"。这两条规定在执行的过程中已经出现了非人化的现象。"非人化"不是对人（驾驶者或执法者）的贬低，而是电子化功能进入执行程序，成为汽车驾驶过程的观看者。

　　安全带是一种物理性的全时保护模式。与之相似的还有安全气囊，分布在方向盘的中央位置，前车窗玻璃下方装饰板的两侧，高配车型还分布在四个车窗的上侧，以及膝部前方的装饰板处。各处均标有英文字母：AIRBAG。这是一种化学性的、被动性的瞬间保护模式，在高速碰撞时（一般设置为时速高于 30 公里）弹出，弥补安全带的缺陷，以前置性的思维改变碰撞的形式，即在汽车高速碰撞时出现的人与车内物质的碰撞转化为人与充气气囊的碰撞。这种状况一般发生在 0.03 秒的时间范围内，已完全超出了人的神经与感觉系统的反应速度。

　　汽车发动后，这个瞬间保护模式启动，首先经过车载电脑的功能异常检测，包括传感器、电控装置、气体发生器、气囊是否正常，之后这些装置将一直处在待触发的工作状态。它们共同组成了一个危险化解机制，每一个都不可或缺。在汽车运行状态下，它们在等待着。传感器等待碰撞时的剧烈减速度，电控装置在这个信号到来后会急速供电，点燃点火介质（电雷管），气体发生器中有化学类物质，包括叠氮酸钠或硝酸铵等。这些化学物质在极短的时间内转化为对人无害的气体，其中多数是氮气。安全气体系统在多数时间里、对于多数人而言是一个隐藏式的存在，多数人一生都不会遇到气囊弹出的时刻，有时甚至会怀疑这个系统的有效性。这是一种现代技术怀疑主义，是对一种稳定的、沉默的物质系统有效性的怀疑。

人类中心主义的阐释方式中有一个技术性的范畴，确切地说是一种间接的技术人文主义或技术人类中心主义。这是一种跨国家、跨政治、跨文化的生命保护机制，它们的功能在特殊的时刻甚至要超过民主、自由的价值。现代早期的人文主义或人类中心主义被限定在政治领域与宗教领域，是对古代政治和宗教理念的改革，也就是要求这类古老的理念重视个体化的生命。现代技术状况扩展了它的范畴，也超越了传统政治理念和宗教理念的范畴。一个人在高速驾驶中发生了事故，本来他是要死去的，但突然听到了一个巨大的声音，足有 130 分贝。在恍惚中，他看到一个白色的气囊，挡在身体与坚硬的物质中间，他活了下来。上帝会在这个危险的瞬间出现吗？现代民主与自由同样是在保护人的生命，但这是一个长时段的程序问题，在汽车高速碰撞的时刻从来不会出现。

汽车大灯下方两侧的日间行车灯是汽车存在的象征物。发动机运行期间，在车载发电机的支撑下，日间行车灯就会开启。其作用机制是通过前方车辆的后视镜反射到前方驾驶员的视野中，从而起到一种提示的功能。这是白天光线良好的状态下的一种非照明模式，在本质上是汽车借助光线对于自身存在状态的阐释。当夜晚来临或者遇到大雾等极端天气，驾驶者打开大灯照亮道路时，日间行车灯就会熄灭。这是一种预先设定的程序，也就是在打开大灯的一个瞬间，日间行车灯的电流会被切断。在思想意义上，这种功能应对的是存在与不可见的矛盾性。

后视镜是一种视觉转向机制。人的眼睛都是向前看的，只有通过听觉和日常生活经验可以间接地确定后方的情况，但这种方式在驾驶过程中是基本失效的，因为通过视觉获得的信息相比于通过触觉、听觉和嗅觉获得的信息更直观，所谓"看见即是相信"[1]。所以，人在驾驶状况下出现的不安全感往往与后视机制的缺乏有关。汽车的物质结构克服了这种状态，弥补了人体观察机制的不足。在驾驶室的上方中间位置都有一个可以观察后方情况的后视镜，虽然是一个简单的技术，但在人类学的领域中却被视为"对人类天生不完善的基本条件进行弥补"，所以卡普（Kapp）认为"技术是器官替补、器官延长和器官的超能化"[2]。

轮胎在汽车的整体功能中是一种特殊的存在机制，这一点就像车身金属结构一样。它们始终处在工作状态下，无论汽车处于静止状态还是行驶状态，它们都支撑着车体。发动机与燃料共同创造了动力，经过变速箱和传动系统驱动车轮，然后轮胎将之表达出来。这是一个

－1 ［加］马歇尔·麦克卢汉：《媒介与文明》，何道宽译，机械工业出版社，2016年，第6页。
－2 ［德］阿明·格伦瓦尔德：《技术伦理手册》，第25页。

集合了矛盾性的物理—化学结构，既要坚固，又要柔软。它是汽车物质结构中具有第一等级重要性的物质，但不会进入人的审美意识。人的眼睛会注重车厢内的整洁度、设计感，但不会关心轮胎是否干净以及轮胎设计的艺术性。在汽车动力电气化的时代，发动机已经被归入传统的动力机制，这是一种可期待性的消失的领域，但轮胎不会，只要有汽车就要安装轮胎。所以，轮胎是一种可以被人忽视但不会消失的功能物质。

轮胎是一种综合性的物质，天然橡胶与碳黑、硫磺、硅、可塑剂、硫化剂混合起来，在机械装置中加热、搅拌、切割、压平。一系列的过程都是机械化的，但仍然无法彻底驱逐人工劳动的辅助。当一片片的橡胶层生产完成后，技术工人要主导中段的生产程序。轮胎制造鼓是这一进程的主角。它是一个圆柱体，中部可以充气膨胀。技术工人将一层橡胶铺在轮胎鼓上，作为内胎，他要处理好接缝，然后错开接缝再铺上一层，这是胎体，一种嵌入了高强度纤维的橡胶层。在这一层的两侧各配备一个钢丝圆圈，这是成型的轮胎与轮毂连接的结构。之后，技术工人在边缘铺上胎壁，并在中间位置铺上一层或几层橡胶，增加轮胎的柔韧性。这时，轮胎鼓开始充气，将轮胎塑造为预先设定的形状，再铺装内嵌了细钢丝的加固橡胶层。最后一层是加厚的橡胶层，这是轮胎与地面直接接触的部分。成型之后将之放在冲压装置里，用可控性的热量和硫化作用塑造轮胎的外部形状。

现代化生产工艺最大程度地使轮胎生产成为一个标准化程序，但由于原料比例、温度设定等程序的多元性，轮胎的性能仍旧具有可区分性，包括（干湿）抓地力、噪音水平、耐磨程度、速度设定、承重能力等。我的汽车出厂时配备的是普通轮胎，市场价格每条 300 元，四年后，我更换了四条高档轮胎，每条 800 元。之前，驾驶过程中车厢内有持续的低音频噪音，"嗡嗡……嗡嗡……"，更换之后这种声音消失了，只有一种风吹在车身上的声音，"唰唰……唰唰……"，车厢内变得安静，就像隔音效果优异的高档车。这种改变源于轮胎性能，而不是发动机性能。

在物质与功能的意义上，汽车是一个具有明确目的性的机械逻辑系统。一个人可以熟练地驾驶汽车，可以通过轻微的动作应对极度危险的状况，但他必须首先无条件地适应这个技术逻辑系统，并且要忍受或者无视这个系统所引起的负面的道德结果，包括有害尾气排放的问题，以及高速行驶过程中前方不远处出现一个弱小动物时是选择对于驾驶者而言有危险性的紧急转向避让，还是保持直线行驶，不论是否将之撞死。所以，汽车驾驶改变了传统社会的行为逻辑，"由于技术真实世界中越来越多的日常生活开始由规范性技术完成，技术逻辑开始压倒其他类型的社会逻辑，比如同情逻辑或责任逻辑、生态拯救逻辑或与自然相连接的逻辑"[1]。

传统意义上关于自由、专制、道德的观念在这个系统里至少是部分失效的。一个人坐在驾驶舱里，在启动发动机的时刻，他已经身处这个技术逻辑系统之中。汽车在生产过程中已经设定了这套逻辑，驾驶者要学习这些预设性的规范。与此同时，他要对这个物质—技术系统报以确定性的"信任感"[2]。但这种信任感是单向度的、一厢情愿的。没有人能保证汽车在行驶过程中不会出现问题，但世界上的汽车仍旧在大幅度增加。单向度的信任感迫使驾驶者以一种随时随地应对交通

- 1 ［加］厄休拉·M.富兰克林：《技术的真相》，第132页。
- 2 同上，第39页。

事故的心理状态来理解驾驶行为。

　　在驾驶汽车进入日常生活的时间性与空间性之前，我打开了汽车的热风系统，并将出风口设置为前挡风玻璃，同时开启后挡风玻璃的电阻丝加热，目的是在车内温度升高时防止前后玻璃上的水蒸气凝固，保持驾驶视野的清晰。在汽车即将塑造日常生活事件的时刻，我也进入了这个技术领域及其创造的"当下"时间序列。这是一个对于个体而言有丰富意义，对于人类宏观历史而言却没有意义的状态。

技
术
化
的
游
荡

在技术化的"游荡"中，汽车在这个城市的街道上行驶，没有明确的目的、没有符合生产效率的时间规划。迎面而来的汽车以及从后面追上来的汽车基本上都处在两个目的之间……在现代道路上，拒绝目的的汽车是异常的，拒绝目的的乘客也会受到汽车目的论的排斥。

　　"游荡"是一个来自远古的、具有诗性内涵的词。在机器—技术时代，日常生活节奏不断加快，人类存在状态的很多片段被人类中心主义叙事机制所忽略，包括行走、移动时的感觉状态。"游荡"现象变得稀有。然而，纯粹的身体行为并不能完全表达它的内涵，例如无聊地走路或走路时随意地观看。如果将思考、注视、怀念等状态加入其中，那么"游荡"的现代内涵实际上并不比古代的要少，无论是类型还是深刻性都要更丰富。这是一种机器与技术对于词语内涵的重新塑造。

　　在三年多的时间里，我的身体持续处于极度劳累状态，因为要抚养新生的孩子，作息规律完全被打乱，繁重的工作却丝毫没有减轻，以至于记忆力出现了问题。这辆汽车在很多时刻远离了我的记忆系统：我不知道它停在了哪里，不知道它的油量状态，不知道它是否要维修养护。当需要出行的时候，我找遍了它可能会出现的所有地方，但一无所获。

　　这个过程类似于远古状态的"游荡"。我怀着一个热切的目的四处奔走，希望在空间转换中实现这个目的，但最终陷入一种出乎意外的失落。我确定这辆汽车已经被人偷走，于是匆匆忙忙奔向附近的警务室。一个警察调取了我经常活动范围内的监控视频，确定我近期驾驶的时间范围。借助于时间回溯与图像记忆机制，他在一个路口的摄像档案发现了我的车辆，然后又调取这个摄像头的一系列监控视频：一个星期前，下午 4 点，我低着头，摇摇晃晃地走向这辆车，打开车门，发动汽车，然后缓慢开走。

——没有被人偷走，现在偷车的很少了，你这辆车更没人偷……你
　　是不是喝醉了？

——没有喝酒，我照顾孩子，记忆力减退了。

——哈哈哈，什么事也能碰到。

　　从监控视频中获得一个时间和空间的模糊信息之后，我慢慢回想
起那天的情况，然后又一次进入一种喜剧性的"游荡"状态，在预想
的地方发现了它。我要开启一次现代意义的技术化的"游荡"。

　　我坐在驾驶座上，系好安全带，启动发动机。在物质结构的意义
上，这是一个技术化的逻辑空间，而在时间意义上，这是一个"当下"
在不断出现、不断折叠、不断覆盖的即时性空间。火花塞的每次点火
都是一个"当下"的动作，而且这个动作中又包含了更多的"当下"，
包括电流到来的时刻、放电的时刻、火花出现的时刻、火花熄灭的时
刻等。广而言之，汽车每一个功能都包含了一系列的"当下"。这些
"当下"是无限多和不间断的，具有明确的前后顺序，并能维持一种正
常的功能状态。如果我将车钥匙向后扭动45度，关闭发动机，这些
具有特定功能性的"当下"就会消失，汽车所具有的时间性也会离开
机械技术领域，变成自然意义的无限绵延，那些具有功能性的"当下"
也都会同时消失。

　　我的左脚踩下离合器踏板，附属的液压器将脚的力量放大，并将
之传递到离合器膜片弹簧的中间部分。这个可变的机械装置被压下时，
外围部分会翘起，本来被外围部分压住的离合器片与飞轮脱离。发动
机仍处在运转状态，但它的动力被悬置起来。我的右手将挡位向左前
方推入一挡，左手将方向盘向左旋转180度，然后观察左侧后视镜，

确定没有驶来的车辆，观察前方，同样确定没有驶来的车辆。右脚轻踩油门，发动机每分钟转速为 1000 转，同时左脚轻抬离合器，液压器再次放大脚步力量，膜片弹簧中间部分缓缓释放，膜片外围再次将离合器片与转轮结合，发动机的动力开始向变速箱和轮胎传递。

　　由于脚的力量在松开离合器的过程中具有不稳定性，发动机的动力无法缓和地传递到车轮上，汽车换挡时会出现车身耸动，所以离合器片上有四个或更多的缓冲性弹簧，最大限度地保证汽车行驶状态的流畅性。发动机向驱动车轮传递动力，在转向状态下，位于驱动轮轴中间部位的差速器开始发挥功能，左侧前轮运动距离小，右侧车轮运动距离长，两侧受力不同会引起差速器中部的行星齿轮自转。四个轮胎始终处在可控状态下，包括动力和方向。即使我们认为能简单描述这个过程的动作逻辑，但这是一个几乎超脱于文字生产机制的过程。

　　汽车缓慢离开停车位，进入城市沥青道路。这是一种机械—身体机制，或一种机械时代身体的多重延伸。这种延伸从根本意义上改变了现代人的存在状态，"人的任何一种延伸，无论是肌肤还是手脚的延伸，对整个心理和社会的复合体都产生了影响"[1]。我要开始一段无目的的城市漫游，一段以观察为目的的个体化行程。这辆车终究会回到出发地，但在行驶过程中却没有目的地，也没有预先设定的时间秩序。

　　这辆车是在"游荡"。对于目的与效率的忽视是现代化的异常状态，我的时间概念和空间状况都逃脱了现代分工制度和生产效率的影响，从而创造了一个无目的的世界。英国思想家吉登斯称之为"时间的虚化"和"空间的虚化"[2]。意大利思想家阿甘本认为这是"奇遇"，

－1　［加］马歇尔·麦克卢汉：《理解媒介》，第 4、5 页。
－2　［英］安东尼·吉登斯：《现代性的后果》，第 16 页。

相比于现代日常生活而言是一种古怪和荒诞状态：

> 奇遇的观念被如下的事实所定义，即某个孤绝的和偶然的东西
> 包含了一种意义和一种必然性，西美尔认为尽管它的偶然性，以及
> 它在生活的连续性中有超区域的特性，但它仍然与那种生活的拥有
> 者所具有的特点和身份结合在一起——它在最宽泛的意义上这样做，
> 并借着一种神秘的必然性，超越了生活中更精密、更理性的方面[1]。

汽车驾驶本来是一种属于社会分工领域的实用性技术，决定了一部分人的职业选择，也创造了一种现代身体—感觉机制。而这种身体—感觉机制自始至终不是一种稳定的、不变的状态，在技术进步的推动下，机械电子化与自动化技术减弱了汽车驾驶的专业性，使之泛化为一种处在消费领域与生产领域之间的娱乐行为。技术化的"游荡"源于这种高度的机械自动化，而它又创造了一种反工业化的行为模式。

所以，技术化的"游荡"是一个具有矛盾性的现代状态。游荡者是在突破现代分工与效率的控制，以一种消极的、娱乐化的态度重新塑造被工业化进程所改变的日常生活，进而创造出另一种现代状态，即消费主义或消费社会。在这个过程中，我从生产领域进入了纯粹的消费领域，从一个为生产、分工和效率而存在的积极消费者变成一个拒绝生产能力、以满足感觉系统为目的的消极消费者。西蒙栋在分析现代技术的思想意义时提出一个观点：

- 1 ［意］吉奥乔·阿甘本：《奇遇》，第60、61页。

现代技术的特性就是以机器为形式的技术个体的出现。在此以前，人持有工具，人本身是技术个体，而如今，机器成了工具的持有者，人已不再是技术个体，人或者是为机器服务，或者是组合机器，人和技术物体的关系发生了根本性的变化[1]。

但在汽车领域，这个观点并不具备完全的有效性。人和技术的关系并没有颠倒，人没有彻底成为一种被技术控制的或技术化的符号，相反，人在控制技术的过程中创造了一种新的存在状态。这种存在状态源于人的身体功能的延伸，也就是从生产秩序和消费领域中的符号转变为一个技术逻辑的观察者。

人体功能的技术化延伸最早可以追溯到石器时代的人所发明的简易技术。这类技术不断从简易走向复杂，从具体走向抽象，"文字、轮子、房屋、货币都是这样的延伸"[2]。在电子机械化时代，这类延伸就到达了一个不可逆的顶点。之后，身体功能开始走向抽象和不可见状态。驾驶者用手按动一个圆形按钮，一个集成了复杂技术的、具有抽象电子逻辑系统的燃油机动力系统开始工作，而驾驶者可能对这个过程一无所知。在抽象和不可见的状态下，人的身体属性出现了不同于古典时代的特点，即神经系统的延伸，"这是一个深度卷入的过程"[3]。麦克卢汉将这个状态看作是"新石器时代的终点"[4]。在目前可预见的范围内，这种抽象和不可见状态还会继续变化，相比于电子机械化对于人

- 1 ［法］贝尔纳·斯蒂格勒：《技术与时间：爱比米修斯的过失》，第25页。
- 2 ［加］马歇尔·麦克卢汉：《文化与技术》，［加］理查德·卡维尔编：《指向未来的麦克卢汉：媒介论集》，何道宽译，机械工业出版社，2016年，第48页。
- 3 ［加］马歇尔·麦克卢汉：《文化与技术》，［加］理查德·卡维尔编：《指向未来的麦克卢汉：媒介论集》，第68页。
- 4 ［加］马歇尔·麦克卢汉：《环境：被侵蚀的未来》，第68页。

体功能的部分取代，机器人将是一种全部的替代，而不再仅仅是延伸。

在技术化的"游荡"中，汽车在这个城市的街道上行驶，没有明确的目的、没有符合生产效率的时间规划。迎面而来的汽车以及从后面追上来的汽车基本上都处在两个目的之间，包括公交车、出租车。公交车行程路线上有很多地点，但在一个时刻也是在两个目的之间。出租车不同于公交车，它长时间、不间断地在路上行驶，每一次都用新路程覆盖旧路程，但都是在两个目的之间。在现代道路上，拒绝目的的汽车是异常的，拒绝目的的乘客也会受到汽车目的论的排斥。

2018 年初夏，我乘坐出租车去档案馆查阅资料。回来时，这辆车在一条双向八车道的路上行驶，前方有一个五十多岁的女人招手，司机打开右转向灯，踩下离合器和刹车踏板，减速，然后在道路右侧停下："你要去哪里？"那个女人的回答违背了出租车的目的论。她向前看了看，向后看了看，然后说："去哪里都行。"司机神情一愣，疑惑地看着她，向右倾斜的身体静止了一瞬间，然后坐直，眼睛回归道路，迅速踩下离合，挂一挡，加大油门，猛抬离合，前胎加速转动，制造出磨胎的声音，"吱吱……"。出租车向左并入行驶道，"这不是精神病吗？你随意，我不能随意。你得有地方，我们才走，不然谁知道你去哪里？"

现代城市道路具有连续性，没有隔断与分裂，但在人的观念里，这些道路一般不会以整体性的状态出现，而是以片段化的状态出现。每一个片段化道路中都存在着被汽车所改变的时间和空间。平整化的城市道路对于人类社会通行效率的影响从没有像汽车时代那么大，但这是一个被人忽视的、在档案生成机制中沉默的领域。这个领域被限定了功能，即通行。

　　步行者出现在城市道路上，甚至比以前更多，还有人在沥青道路上思考，但这些思考的背景往往是受到切割的，所以我们很少看到现代观念与沥青道路的完整关系。脚下的路都被限定在通行目的之中，通向一个个现代分工场所（学校、医院、超市、政府部门、材料市场等）。由于现代分工已经成为日常生活意识形态的主要因素，所以在一段路程开始之后，目的地被无限放大，而通行过程中的景观和意义却被无限缩小。汽车及其塑造的道路目的论进一步强化了这个日常生活中的意识形态。

　　相比于汽车目的论，步行是一种古老的习惯。步行者在泥土路、沙路和杂草丛里以身体的自然结构维持向前或转向姿态。在现代城市中，步行也承担了现代目的论的使命，但也可以完成那些无目的的动作，这是一种自然状态下的"游荡"。而我要以一个汽车驾驶者的身份开始一段技术化的"游荡"，目的是创造一种景观，而不是为既定的景观所吸引。这些被创造出来的景观最终会成为一个具有先后时间性的序列，并在整体意义上成为游荡者的视觉收获。

　　这是一段本来不会形成历史记忆的路程。鉴于此，我要将这个游荡性的景观记录下来，使之成为一种文本，从一个反向角度理解现代化的进程，也就是以一种非生产化和非消费化的态度创造一系列日常生活意义的场景，从中选择那些能够说明时代精神特质的因素，并以此说明人与技术的多重关系。

　　我的汽车在一个通行闸前面减缓速度。这是一种非人化的现代管理或控制形式，处在待机状态下的电子识别系统进入工作状态：在车头位置拍照，并将图片上的标识转化为文字，然后与内存系统中的省会简称、英文字母和数字确立对应关系，确定这辆车的车牌号，接着查找这辆车上一次出现在这个视觉识别系统中的时间，确定这个时间范畴的长度，根据事前告知的收费标准收费。在这个时刻，技术在思考，不过是以人的方式思考。在这个问题上，海德格尔已经突破了人类中心主义的论断，进入一个类似物质主义的领域，试图说明物质或技术以自己的方式思考："技术在我们之前思考，因为技术从来是我们之前的已经在此，存在于我们之前的存在者。"[1] 如果未来真能出现自主思考的物质或技术，那么这个判断就是有预见性的。

　　在这次技术化的"游荡"中，我看的是一些普遍存在的现代日常生活场景，我与这些场景之间总是处在移动与变位的状态下。路口的红灯会短暂打破这种移动性，但绿灯亮起后，城市景观很快又移动起来。汽车在人与城市景观之间创造了这种无限的流动性。我的车进入了一个转盘。这个转盘是一个有限度的通行机制，因为在路口有红绿灯，我不可以随时进去，一旦进入后又可以在这个圆形空间里无限地循环。如果选择了错误的路口，那就沿着道路直行，在前方一定有可以调头回到这个转盘的可能。现代道路上有一种信息纠正机制，选择过程中的错误可以用新的选择来纠正。天上没有太阳，无法判断方向，所以我处在随机的驾驶进程中。我进入了一条逆向单行道，车头对准一个单向行驶的白色箭头。我立即刹车，然后倒车，重新回到转盘交通机制中。一条单行道的附近一定有另一条逆向的单行道。我选择第二个出口，一路向前。

　　这是我以前从未来过的城市景观。我不停地观望，向前看，向左看，向右看，向后看。在一个十字路口处，我决定右转，然后再次进

-1 ［法］贝尔纳·斯蒂格勒：《技术与时间2：迷失方向》，第38页。

入了朦胧的驾驶状态，希望在朦胧中找到一个确定的空间标志物。方向盘下方的仪表实时显示剩余燃油量，瞬间百公里油耗 6.8 升，预计还能跑 70 公里。我决定前行，在用尽燃油前找到加油站。

在朦胧中，我进入另一个转盘，看到了一条熟悉的路。城市道路上方每隔一段都会出现指示牌，上方是下一路口的路名（蓝底白字），下方是当前路口的路名（白底蓝字）。我确定了要走的道路，打开右转向灯，"哒哒……哒哒……"。一辆电动两轮车冲入前方，我迅速向右打方向盘避让，一辆面包车从右后侧急行过来，"嘀嘀嘀"。我赶紧打回方向盘，面包车贴着我的车驶过，距离 20 厘米。沿着这条路向南走，我到达下一个路口。绿灯刚亮时，对面一辆出租车在红灯亮起前的一刻快速左转，我踩了刹车，减速让行。在下一个路口，红灯亮起，我踩下离合和刹车，在停止线前缓慢停下，等到绿灯亮起，我按照程序踩离合、挂一挡、踩油门、放下手刹。后面有鸣笛声，我从后视镜往后看，一辆出租车紧跟在后面，在十字路口处，司机深踩油门，超了过去。在两车驾驶室平行的时候，他侧着脸看过来，眼神里有不满。这是一种机械化状态中的不满，这种情绪的时间性和空间性都不同于自然状态下的特点。

这是一段无目的的路程。在这段路程进展的过程中，时间是虚化的，空间是无限蔓延的。但这个弥散状态里有一个主导性的因素，即工业时代的物质体系支撑了这个短暂的、非正常的游荡状态。在关于现代性的研究中，资本的控制力与技术的控制力是两个主要问题。它们在多大程度上改变了现代生活的基本状况？这种改变是积极的还是消极的？在宏观意义上，资本更加具有支配物质生产与日常生活的力量，但资本是一个流动的、抽象的、具有冲破世俗伦理和法律愿望的概念，所以对于现代生活的改变也就是一个难以描述的问题。相比而言，技术的力量是可见的，是人的手、眼睛、皮肤能直接感觉到的，并在短时间内彻底改变人的生活状态。

我在一个技术化的、独立的私人空间里操纵各种装置。我自己决定去哪里，我可以制造一段无目的的行程，我可以穿越黑夜到达步行难以到达的荒野地带。这个地带没有监控器，这意味着法律在这个地带的效力有不确定的延后性或者会彻底失效。我以为我摆脱了现代制度所规定的生活方式，尤其是分工与效率的控制，但实际上我只是处在一个现代制度所允许的异常状态之中。这个异常状态只有在现代制度下才会出现。

我沿着向南的路一直前行，汽车的机械性能经过一个小时的工作状态变得流畅。汽车水箱的水温维持在 90 度，水箱前的风扇根据电子测温系统的数据确定转速，确保水箱温度不会出现急剧变化。发动机内部的机油完全润滑了各个相互摩擦的钢铁零件，钢铁与钢铁之间不间断摩擦，但不会直接接触。雨滴落在挡风玻璃上，影响了驾驶视线。我打开方向盘右侧下方的雨刮器开关，一个应对下雨状况的技术逻辑开始付诸实践。车载电路启动了一个相关的系统，电瓶为雨刮器的永磁电动机供电，电动机动力借助于蜗杆和涡轮实现了方向的转折。在涡轮一侧有一个连接拉杆的固定点。这同样是一个具有改造力的技术逻辑，涡轮向同一个方向转动，但输出的力量被分解为拉和推两种方式。

在正常情况下，雨刮器工作的直接逻辑是控制电动机的转向，电枢在永久磁铁与电流的控制下在正反转向之间变化。这是一个简单的逻辑，但也是一个糟糕的逻辑，因为电动机的损耗会异常大，电控系统也会更加复杂。而蜗杆和涡轮是解决这个问题的关键，一方面实现了动力方向的变化，另一方面免除了电动机电流的频繁交换，电动机转向不需要改变，只要控制转速即可。由于拉杆在涡轮上固定点的侧向固定方式，涡轮也不需要改变转向，就能将电动机的力变成摇摆状态，然后不间断地传递到雨刮器的末端。在这种情况下，对于这个系统的控制被简化为对电流大小或电动机转速的控制。

复杂的技术逻辑虽然将这个系统中的因果关系延长，并为此增加了能耗，但这仍然是一个将问题简单化而非复杂化的解决方案。考虑到雨量与驾驶视野的关系，电动机的转速被分类设定，并最终表现在雨刮器的摆动速度上。第一档设定了三个层次，在第一层次雨刮器每 6 秒摆动一次，在第二层次每 4 秒摆动一次，在第三层次每 2 秒摆动一次。第二档只有一个层次，雨刮器每 1 秒摆动一次。第三档雨刮器的摆动频率迅速增大，每秒摆动两次。这是应对从微弱降水到强降水的技术功能序列。

汽车以 60 公里的时速在沥青路上行驶。由于车外气温降低，车内空气中的水分在后玻璃上凝结，阻挡了后视镜的图景反射机制。我按下后玻璃加热按钮，另一个相关的电路系统开始工作，车载电瓶向内嵌于玻璃中的电热丝供电。两分钟后，玻璃上的水汽被烘干，后视镜图景反射机制恢复正常。在现代科学意义上，这是一个极为简单的原理，即电流在金属导体中遇阻后自我消耗，变成热量。但在汽车技术领域，这是一个人类中心主义或驾驶中心主义的技术表现。对于乘客而言，这是一个不会引人注意的功能，但对于驾驶者而言，当他看到被阻挡的后方视野重新变清晰之后，驾驶心理会恢复稳定。

我在一个十字路口右转，关掉雨刮器和玻璃加热功能，停车后进入一个超市，作为一个游荡过程中的观察者，在日常生活的物质领域中穿行。这个超市的建筑表达了一种包豪斯式的风格，浅灰色的水泥地面，货物架是钢制的简易装置，坚固但不美观。货物堆积到天花板，天花板没有石膏造型，上方的黑色通风管道裸露在外。这是一种实用性的展示，一种商业空间的功能艺术。在现代商业术语中，这是一个商品零售空间，其中的物质与日常生活中的身体直接相关，包括毛巾、箱子、玩具、酒类、面包、蔬菜、鱼肉鸡蛋、火腿、调味品、粮食、速冻食品等，都是在等待着人的感觉的选择。另一方面，这又是一个全球性的物质供应空间，冷藏系统中有大西洋鲑鱼、德国奶酪和啤酒、法国的冰激凌、比利时的奶酪、阿根廷的红虾、智利的水果。地板、水泥、砖头等作为日常生活基础的物质不会出现在这个空间里。

离开这里，我要继续这次随意性的游荡，启动汽车，一路向南。路上的红绿灯越来越少，我在一条没有车的宽阔道路上行驶，可以随意变道，可以维持我需要的速度，我不再有按喇叭的需要，也无需为了突发状况刹车。没有人出现在道路上，也没有动物，我是这个空间的独享者。路边是大片的农田，在城市现代化进程中，这是一片处在期待性中的领域。我将变速箱的挡位固定在五挡，发动机每分钟转速维持在 1500 转，汽车时速 70 公里。在道路的尽头，我踩下离合器，汽车缓慢减速，向右转入一个村庄，车辆在泥土路上行驶，时速 10 公里，车身起伏，发动机的声音被噪音控制技术阻挡在驾驶空间之外。

这是一个暂时未受到现代城市意识形态影响的村庄。一切都是安静的，没有被放大的声音，没有夸张的、商业化的色彩和文字。我的视觉和听觉系统离开了城市化的空间，进入具有原始状态的日常生活状态中。我非常熟悉这种状态，我生命的前十年处在这种状态之中。

在这个时刻，我又回到这种状态，但这仅仅是一段技术化"游荡"中的短暂时刻。在不可逆的城市化进程中，我已经不属于这种状态。

我出生于农村，在小学五年级的时候，借助于父母的工作条件首先进入城市生活，然后又通过教育选拔机制在这个城市定居。这是一个复杂的心理过程，经过多次变化之后，农村生活场景变成一个抽象的符号。这个符号在思想意义和情感意义上具有可追溯性，但在社会制度和城市化意义上不具备实践性。在城市里，我的内心里仍旧有一个关于乡村与田园的乌托邦，我可以回忆，我可以观赏，但我不能再次成为其中的一部分。那个我出生的小村子无法承载这个乌托邦的内涵，因为它在空间意义上太微小了，而且单调、乏味，几乎静止不动，所以在那里的生活经验难以在普遍意义上成为人类知识与情感状态的象征。

现在，我又看到了一个具体化的乡村景观。这是一个在城市化进程中由乡村文学所塑造的为人追忆的熟人社会，一个充满了笑脸、问候与善意的有限交往空间。我的记忆里还有关于这个空间的片段，而且是具有原生性的记忆。每当我在城市陌生人社会中遇到冷漠时，我会以一种乌托邦的态度返回到这个对于我而言已经消失的空间。但实际上，这个空间一方面释放了善意与温情，另一方面也具有资源垄断的功能，并表现出排他性的特点，亲戚的亲戚不是亲戚，朋友的朋友不是朋友。个体依靠自然意义的话语与行为维持了一个微小的熟人网络，可以喝酒、可以聊天，但他们很难在现代化进程中实践个体生命的最丰富意义。

在两排单层院子之间的道路边，我坐在车厢里，迎面而来的那个人属于这个熟人空间，他进入了一个路边商店，与里面的人谈笑风生。

我也走进去，以一个纯粹购买者的陌生人身份。我处在这个熟人社会的边界，可以旁听，可以问询，可以随时离开，但无法获得熟人身份。覆盖性的时间、空间与不断变形的记忆为这个熟人社会赋予了迷人的道德色彩，然后成为乡村文学的主题。这是一个修辞学塑造的道德状态。在现代化和技术分工引起的陌生人社会出现的时刻，这个状态更加让人怀念。

我继续沿着凹凸不平的土路向前行驶，在一排大杨树的路边停车，走入已经收割完的枯黄的玉米地里。我的脚踩在杂草丛中，鞋面满是黄土，但我不觉得厌恶，这是一种感觉的回归。三个我从未见过、以后也不会再见的陌生人向我走来，其中一个人平静地看着我，然后向我提问："往前走是不是八队？""我不知道，我第一次来这里。"回答完之后，我即刻被一种难以言说的心理状态所控制。其中更多的是恐惧，而非身处一个人所向往的乌托邦状态的平静与坦然。作为一个身处异类熟人空间中的陌生人，这种状态被一个问题揭露了出来，之前由于沉默而获得的安全感消失了。我就此结束了这个回忆机制，急切地想回到那个属于我的城市陌生人社会。在这种状态里，我以匿名和陌生人的身份出入各类公共空间，而且周围的人都像我一样，没有人刻意追求相识与熟悉的氛围。

对于现代人而言，田园和城市都不是一种可以幻化为终极理想的因素。一个人长期生活在田园中，他慢慢地会厌恶这个空间的景观与节奏，然后希望逃离，并对城市产生无限的向往。相反，一个人在城市里生活久了，他也会厌恶城市，希望回归田园。所以，对于人而言，在两者之间的自由流动才能削弱、抵消单一空间对于理想的窒息作用。同样，无聊与有趣、伟大与卑微、规则与无序、平静与动荡对于人而言也是这种状况。在现代化所引起的流动性中，我逐渐认识到陌生人社会的重要性。一方面，这是一种在现代化进程中无法避免的社会状态；另一方面，在人口加速流动的状态下，熟人社会的交往机制已经失效，陌生人社会却能为这些不断流动的个体赋予确定和独立的身份，并在个体之间塑造一种制度与规则意义的信任感。然而，陌生人社会是否就是一个终极完美的状态？当然不是，人类历史上关于乌托邦或美好社会的理论与实践都与改变陌生人社会有关，因为无限度的陌生感创造出了绝对的孤独感。但陌生人社会是一个法律、政治理论和日常伦理所无法触及的领域，因为保持陌生首先是个体的主动选择，也可能是在整体状况下的被动选择，这种状态在一些时刻可能对于普遍的正义是有害的，却并不违背任何法律、政治理论和日常伦理。

汽车为我提供了观察城市生长的机会，它的机械结构引导我进入城市周围一个可期待的生活空间。如果没有汽车，如果我不能控制一辆汽车，我不会来到那个城市郊区的大型购物空间，也不会进入一个可以回忆但已经不存在的熟人社会机制。汽车让我感受到全球化的历史进程，也为我提供了一种唤起记忆断裂的可能。尽管这种断裂无法弥补，但我能清晰地感觉到这种断裂的存在。

经过一段无目的的驾驶之后，我要回到始发地。这段行程始终没有起伏，结束的时刻与开始的时刻一样，不需要庆祝的仪式，在结束时，我也没有眷恋与怀旧之感。在这个过程中，我没有工业时代效率感的压迫，没有现代分工制度的要求，也没有城市意识形态的跟踪。这是一个消解现代人身份的机械化过程。如果我每天都处在这个现代日常生活的异常状态之中，我将被城市意识形态和现代分工制度所忽视，成为一个没有身份的现代人。

　　关闭发动机之后，我要分析两个问题。第一个问题，工业技术是不是让人失去了自由，或者剥夺了人的自由？这是现代性批判的一个基础问题。在这里，我要提供一个有别于传统分析的角度。工业技术本身就是一种自由，这种自由有一个基本的特点，即人对物质的前所未有的改造力。这种改造力在工业化进程中塑造了一个高度自决的个体生存状态，政治领域所提供的自由感觉是抽象的、间接的，但工业技术所提供的自由感觉是具体的、直接的。在此基础上，马尔库塞认为"免于匮乏的自由是一切自由的具体本质"，工业文明创造了一种"舒舒服服、平平稳稳、合理而又民主"的生活，这种生活是发达工业文明的标志，其中技术起到了核心作用，并确立了一种以技术为主导的社会秩序，"这种技术秩序还包含着政治上和知识上的协调，这是一种可悲而又有前途的发展"[1]。

　　第二个问题，自 18 世纪开启的现代理性传统是否已经因机械化而窒息？在现代技术体系主导的日常生活中，机械功能驱逐了人的生命机制，就此制造了全新的信息与物质流动模式。在这个逻辑之下，人的每个动作都要符合预设性的机械原理，每种异常状况都有技术化的解决办法，个体的主动性要符合机械体系的要求。鉴于此，麦克卢汉认为现代理性传统会因机械化窒息："在这个加速发展的时期，机器世界开始表现出威胁人的、不友好的面孔。如今这个非人性的蛮荒之地比史前人面对的世界还要难以驾驭。要不了多久，理性就要被惊恐征服。"[2] 哈贝马斯在《技术和作为意识形态的科学》中提出了一个概

－1 ［美］赫伯特·马尔库塞：《单向度的人：发达工业社会意识形态研究》，第 3 页。
－2 ［加］马歇尔·麦克卢汉：《机器新娘：工业人的风俗》，何道宽译，中国人民大学出版社，2004 年，第 65 页。

念，即技术力量的倒置："技术由本来在人和自然的关系中解放人类的力量变成一种政治统制的手段。"[1] 马尔库塞一方面承认技术对于自由的推动，人的需要得到了最大程度的满足，另一方面他又对此持批评态度：在这种秩序的主导下，"独立思考、意志自由和政治反对权的基本的批判功能就逐渐被剥夺"[2]。最终，技术成了一种新的政治权力和生活形式，"这种生活形式似乎调和着反对这一制度的各种势力，并击败和拒斥以摆脱劳役和统治、获得自由的历史前景的名义而提出的所有抗议"[3]。

然而，现代机器不是一个功能单一的技术体系，而是既包括以生产效率为目的而对人压迫或控制的机器，也包括替代手工的机器和提供娱乐功能的机器。汽车就是如此，既能替代人的腿脚功能，承担运输工作，又具备娱乐性的功能。我们能确定高度机械化时代的现代理性已经不同于 19 世纪以前的状况，但不能就此以为现代理性传统已经因机器—技术体系窒息。

所以，麦克卢汉、哈贝马斯和马尔库塞的观点是从人类主义的角度对于技术—政治联合体的悲观分析。如果我们采取乐观的态度，或者采取个体化的视角，尤其考虑到那些一生都没有机会进入传统政治领域的普通人，可能会获得不同的结论。现代机器在宏观意义上改变了人类存在状态的同时，也延伸了人的身体功能，改变了物质在日常生活领域中的存在形式，并区分了古代人与现代人的感觉领域，包括色彩感、空间感、时间感、速度感、力量感、季节感、温度感等。这

- 1 ［法］贝尔纳·斯蒂格勒：《技术与时间：爱比米修斯的过失》，第 12 页。
- 2 ［美］赫伯特·马尔库塞：《单向度的人：发达工业社会意识形态研究》，第 3—4 页。
- 3 同上，导言第 3 页。

些区分的根源不是人类身体与感官的进化，而是外部的技术因素。以
速度感为例，古代人身体移动的速度不会快于马的奔跑，而现代人身
体的移动速度是超自然的。如果说飞机的速度感对于个人而言是间接
性的，那么汽车速度是普通人能够自己操控的，是一种直接的速度感。
这种速度感引起了距离感的变化，所以古代人和现代人的时间与空间
观念是完全不同的 [1]。

- 1 ［加］安德鲁·芬伯格：《技术体系：理性的社会生活》，第 5 页。

道路心理与技术理性

人与路的古典关系被改变了。在现代道路上，车流顺畅时，驾驶者不再感受到腿的力量，也不再感受到身体的节奏感。路上有那么多车，车里有那么多人，像木偶一样飘过，甚至不会成为具有象征意义的符号，路的古典意义开始消失。堵车时，人与道路的关系瞬间改变，但仍旧不会回归古典状态。静止的车轮所塑造的心理是消极的，对于机械通行效率的期待被静止引起的无聊所取代，在无聊中还可能有一点无用的急迫与愤怒。道路被无限度拉长，人的时间观念开始改变。时间成了一个矛盾体，它在流动，但一切是静止的。

一天的工作结束后，我在一个丁字路口边等待绿灯亮起。每天这个时刻，红绿灯是失效的，路口都是车，交通法规被悬置起来。这个汽车时代的道路景观塑造了一种独特的道路心理。这种心理具有趋同性，无论是什么样的人，堵在路上长时间不能移动，他们的精神状态会出现同质性的变化，其中有一种受到理性控制的紧迫感，也有一种难以缓解的压抑感，但都要诉诸个体的忍耐力去化解这些被动性的情绪。

这是一种具有多重解读可能的心理状态，向政治观念开放，向城市治理开放，也向气候伦理开放。但无论用什么方式解读，这种心理最终可以归结为驾驶者和行人对于现代道路的空间感受和时间感受。每个方向的路上都被密集的红色刹车灯照亮。在空气污染严重时，红色的光浸在雾气里，四处蔓延，像是幻境。司机在车里安静地等待，车喇叭在这样的时刻已经失效。行人在路边匆匆而行，或穿路而过。

在一个日用品路边摊附近，一个老人领着一个三四岁的孩子挑选物品。小孩努力地要挣脱老人的手，他的身体倾向路中心。旁边的汽车驾驶者不能判断他是否会挣脱那只手，车头前的喇叭发出一声清脆、简短的提示声，"吱"。那个小孩注意到这辆车，但依旧倾斜着身体。老人察觉后，将他用力拽回来，大声对他说："你不怕被车撞着，你能撞过车吗！"

人与路的古典关系被改变了。在现代道路上，车流顺畅时，驾驶者不再感受到腿的力量，也不再感受到身体的节奏感。路上有那么多车，车里有那么多人，像木偶一样飘过，甚至不会成为具有象征意义的符号，路的古典意义开始消失。堵车时，人与道路的关系瞬间改变，但仍旧不会回归古典状态。静止的车轮所塑造的心理是消极的，对于机械通行效率的期待被静止引起的无聊所取代，在无聊中还可能有一点无用的急迫与愤怒。道路被无限度拉长，人的时间观念开始改变。时间成了一个矛盾体，它在流动，但一切是静止的。时间与物的关系有了一种现代意义的分裂感，人的愿望与现实也有这种分裂感。车流中有一辆救护车，最初它还鸣笛，之后就安静了。前面几辆车试图向左或向右腾挪，但空间变大的可能性很小，而且前面都是堵在一起的车辆。救护车里的人已经接受现代道路上的现实，包括病人。

　　城市道路上挤满了汽车，一辆接着一辆，各种类型、各种档次。即使不是处在完全静止状态，但每辆车几乎都是在停顿与缓慢移动的变奏中。这是一个具有强迫性的道路节奏感，尽管移动很慢，但每个驾驶者都要保持注意力集中，紧跟前面的车，一旦落后，后面的车会鸣笛。这种状况引发了技术性自由的改变。在理论意义上，一个人具备了驾驶能力，也拥有一辆汽车，他可以在汽车技术体系的辅助下实践身体移动的自由。但在日常生活中，这种状况由于技术自由的泛滥而走向了反面，这些本质上具有自由内涵的汽车堵在路上，互相抵消了自由的内涵。但这未必是一个纯粹消极的现象，因为在技术自由消失的同时，技术性的平等出现了。堵在路上的车谁都没有优先通行的可能，谁都不能任意抢占其他汽车的通行空间，无论这是一辆几百万的豪华汽车，还是几万元的廉价汽车，无论驾驶者是多么重要的人物，无论他的时间在相对价值上多么宝贵，也只能无差别地挤在路上，等待着道路整体状况的改变。在技术自由消失或者被削弱的时候，技术平等实践了它的价值。所以，堵车的道路在深层意义上具备了技术—

政治的内涵。

　　一辆公交车的司机手握挡把，推到一挡，以最小的齿轮比提供最大的车辆起步动力。他的左脚轻抬离合，车身轻微抖动，车轮向前滚动。在一家洗浴馆旁边，轮子陷入一块凹地。自来水公司修理地下管道，路面被刨开，填埋后还未用沥青修补。车轮陷在凹地里，司机左脚抬高离合，右脚踩油门，发动机转速由每分钟 800 转升到 1500 转。车身震颤，车轮滚过凹地，司机松油门，轻踩刹车，始终离前车 2 米远。车身挪过洗浴馆，停在一个日用品商店门前，车窗外是红彤彤的空气，汽车尾气缓缓飞升。一个女乘客等不及了，她站起身："能开开车门吗，我要下车。"道路通畅时，司机不会答应，但此时他按下开门键，"哧啦……哐当"，液压机拉开车门，女乘客走下去。旁边一个男乘客在犹豫，公交车离前方站点还有 50 米，这是一个反向的汽车移动速度与距离感，最终他决定离开这种难以预测的距离感："等一等，别关门。"司机的手悬在按键上方，眼睛看着一块 20 厘米宽、15 厘米高的显示器，等着男乘客下车，"哐当……哧啦"，车门再次关闭。两个乘客被变慢的时间缠住了，他们要打破凝固，回归自然意义的时间序列。

　　公交车走走停停，到了下一个站点，红色刹车灯亮起，"吱呀吱呀"，汽车停住，右侧门开启，五个人从后门下车。公交车前部的上车处站着一个七十多岁的老人，他拄着拐杖，拐杖底端是个四脚方形结构，为身体提供多方向的支撑。司机是一个三十岁左右的年轻人，他看着这个老人，眼神里有温暖，"慢慢来"。老人感激地看了他一眼，颤悠悠地迈上第一个台阶，然后第二个。老人后面是个抱小孩的女人，再后面是个四十多岁的男人，他们等着老人一步步上车。老人在刷卡器前刷卡，司机向后喊了一句："给让个座。"司机侧面的一个女孩站起来，老人颤巍巍坐上去。乘客上下车完毕，刹车灯熄灭，司机挂一挡起步，左脚抬离合器至连接点，右脚踩油门，发动机转速到 1500转，"嗡……嗡……"，车轮加速向前滚动。汽车挡风玻璃下方是一个黄底红字的布幅："不忘初心，继续前进，以公交优秀促公交优先。"司机眼神看向右后视镜，温和中有一丝庄严。

　　乘坐公交车出行的难度日渐加大，个人更加向往能够提供独立空间的私人汽车。同样堵在路上，但在独立空间里的感觉会好一些，所以路上的私人汽车越来越多。道路狭窄与私家车辆增多是道路拥堵的两个原因，但到底哪个是第一原因，这是一个难以回答的问题。但相比而言，一个更重要的问题是汽车化时代的环境伦理。

　　2015 年 11 月，巴黎气候会议召开，188 个国家参与谈判，196个缔约方在《巴黎协议》（*Accord de Paris*）上签字，一致同意应对气候异常，限制温室气体排放。巴黎会议前，世界气候会议已举办 21次，全球治理的观念日渐完备，控制地球气温升高已经是世界性的共识，在巴黎会议前，罗马教皇方济各向与会方施压："要么现在，不然就没机会了，《京都议定书》之后，气候问题反而越来越差，我们在自我毁灭的边缘。这么多国家领袖到达巴黎，一定希望有所改变，我祝福他们。"

　　新的气候协议通过了，但在执行时却因为人的生存权和民族利益的干涉而更多的是一种"政治正确"，所以它丝毫没有改变这个地区普通人的生活观念，具有普世意义的气候协议并不能规范个体的生活，该怎么样还怎么样。世界上的石油终有一天会用光，或者在气候不能承受之前就用光，至于之后的生活会怎么样，是战争，是灾难，是经济停滞，是人口减少，这不是普通人能改变的。但现实状况并没有改观，不是因为气候问题不紧迫，而是因为气候协议的道德基础不明确。普世意义的环境伦理看起来与人的生活息息相关，而在实践中却没有影子。

个体化的驾驶者处在人类主义的生存模式下，几乎不会考虑汽车对于自然伦理的合理化和合法化的损害。能够控制他们的或能够引起他们注意的是一种机械化的空间所制造的个体心理状态。这种心理状态的表达机制不同于面对面的机制。虽然引起情绪波动的原因几乎一样，即个体正常的动作受到了阻碍，但情感表达的方式是不同的。愤怒被强化，声音被提高，这种情况在面对面的时候本来会引起更大程度的冲突，但在车窗玻璃与车厢空间的作用下，由于接触的瞬间性以及双方的距离感，这些被强化的愤怒在不可预见的状况下一晃而过，不会发生直接的冲突。在道路空间里，异常化的个体情感几乎都被限定在有限的空间内，在汽车交错而过的时刻最终成为没有发作对象的消极心理状态。

尽管如此，现代城市道路上仍旧存在一个模糊的、不受法律控制的道德空间，这个道德空间在消失前可以处在稳定的状态，但也有可能进入法律状态。我驾驶汽车在路上行驶，前面是一对年轻的男女，他们握着手，以一种突然的、没有任何提示的方式穿过马路。虽然前方十几米有一处斑马线，但他们决定从这里穿行。我的左手拇指按下方向盘中间的功能区，车头前方的喇叭发出一个响亮的、警示性的声音，"吱……"。女人停下来，男人向后斜了一眼，拉着女人就过。我立刻减速，由于刹车动作与离合器的节奏不协调，所以发动机熄火。后面一辆车被迫停下来，它的喇叭声持续不断，"吱——吱——"，听起来急躁而愤怒。我从后视镜观察，隐约看到司机的状态。我向前转动车钥匙，启动发动机。后面的车急加速，超过我的车，到了前面又向这一侧并线，打右转向灯，试图拐入一个小巷子。我不得已再次刹车。

这是一个微弱的"路怒症"现象，因个人目的被打断、在短时间内出现的现代道路心理。在城市道路上，汽车所创造的时间—空间感的新奇已经消失，驾驶者习惯了汽车所创造的不确定的速度与时间状态，并以之为日常生活的负担，他可能会放大那种本来是无法预测、瞬间消失的愤怒情绪，将一个可以忽略的事件变成对于个人而言具有重要意义的问题。在这个过程中，法律实践出现了个体化阐释的现象，而道德实践也出现了被垄断的现象。法律实践本来应该由公共权力部门负责它的程序，但在这个过程中，驾驶者认为自己能够主导它的程序。道德本来是一个将个体行为引向公共规范的问题，而驾驶者认为他要将私人化的道德作为公共价值的最高标准，并且塑造一个以个体化道德为中心的行为和语言判断机制。

路怒症是一种法律与道德实践异常的道路心理。这种心理如果被限定在玻璃和铁皮围成的私人空间内，只限于眼神或嘴唇动作，一般不会引起法律和道德后果。它只是一种随时可能会出现又转而消失的心理状态，但如果驾驶者受到了这种心理的控制，他的行为有可能会失控，踩油门的力气变大，踩刹车的力气变大，控制方向盘的手变得紧张。他的思维出现了单一化的倾向，他可能觉得自己受到了伤害，而这种伤害是对正义者的伤害。如果没有其他因素扭转这个倾向，那么接下来他会逼停他认为具有侵害性的车辆，在一个个体化的法律和道德空间里诉诸原始性的身体解决方式。最终，路怒由纯粹的个体心理变成民事法律或刑事法律的问题。有些路怒症的起源是正义的，因为有些驾驶者的确存在故意侵害性的动机，即使如此，只要没有造成直接性的后果，那么这些故意的行为仍旧处在道德领域。

现代城市文明的一个特点是人的符号化与公共性，那些试图以原始性和个体化的身体和情感主导日常公共事件的行为在这个意识形态中看起来都有异常性。驾驶行为在本质上是现代城市空间（道路、交通符号、法律）里的公共行为，道路上的通行者都是一个个符号，他们在车厢内具备个体生命的全部因素，但他们的存在状态经过玻璃、车厢和车轮的改变后成为现代城市中的功能性符号。

这种符号存在的前提是连续性的移动状态。连续性是汽车与道路关系的意识形态，当这种连续性被打断时，一种合理性的愤怒就会出现，尤其是在阻断连续性的一方违反交通规则的时候，受影响的一方可能会用生命来维护这种连续性。所以，尽管驾驶者有必要缓解路怒症心理，因其对个人或社会秩序会造成很高的消耗，个体生活秩序被打乱了，公共交通秩序会受到影响，而且有可能进入繁琐的法律程序，但在现代道路意识形态的意义上，路怒症又具有出现的合理性，因为作为道路意识形态的连续性被打断了。在理论意义上，这种状况有一个严重的结果，即再次将这些公共性的道路符号转化为个体生命存在状态。这是一种社会身份与个体身份的逆转。

在现代城市的日常生活中，个体愿望与人的公共性之间存在着一种不可预期的矛盾。城市文明需要一种稳定的、功能性和符号化的人格，但城市中的人会在各类事件中或在不同的时刻以一种不受规训的、自然意义的形象出现。晚上 6 点，我开着车回到居住地，在一条南北向的路上行驶，对面 200 米处迎面过来一辆车，开着远光灯，我的前方白茫茫一片。汽车近光灯与远光灯的简易变换操作是一种将人的个体行为塑造为公共行为的机制，但这个驾驶者忽略了灯光的公共性，完全沉浸在个体化的视觉中。

我首先以一种温和的方式提醒这个公共视觉的破坏者，左手握着方向盘下方的灯光控制柄，连续变换近光和远光模式。这种方式无效，那辆车仍然维持远光灯模式。我决定诉诸一种技术化对抗的方式，将车停在路上，开启远光灯，然后等待着光线的变化。那辆车在距离我50米处的地方做出了改变，远光灯变换为近光灯。我的眼睛不能立刻从模糊状态恢复为正常视力。在与汽车相关的行为方式中，这是一个被迫的行为，我用个体化的力量将这辆车拉回现代日常生活的公共机制。

一个人所驾驶的汽车类别不能为他赋予稳定的社会身份，包括道德身份、经济身份或阶级身份。在理论意义上，这是一种现代技术所引起的个体身份的延伸，并具备重新塑造社会交往模式的可能。但在现实意义上，这种延伸在技术逻辑之外仍旧存在个体所制造的干扰性因素。在上述远光灯事件中，这种干扰性的延伸是那个驾驶者所制造的，他的行为实际上违背了技术的公共性，进而制造了一种技术的负面状态，在那个时刻夸大了汽车照明技术的有害性。但在这个过程中，那个人的行为一般不会受到法律程序的惩罚。这是现代技术普及过程中出现的一种非理性状态，不受法律和道德的控制，但"对于人的需要和才能的自由发展是破坏性的"[1]。

汽车在城市道路上，尤其是在拥堵时刻会遇到一系列道德问题，

－1 ［美］赫伯特·马尔库塞：《单向度的人：发达工业社会意识形态研究》，导言第2页。

这些问题在汽车驶入高速公路之后就基本消失了。汽车作为一种超越人类运动极限的机械装置，在高速行驶的过程中完全主导着人的感觉的塑造。只要驾驶者具备符合法定条件的驾驶能力，无论他具有何种体质，无论性别、年龄为何，都能驾驶汽车超越人类最快的奔跑速度。他可以在汽车高速行驶的状态下轻松地聊天、幻想、听音乐，甚至偶尔打瞌睡。他为此付出的体力是微小的。他的脚在轻微地踩着油门，他的手扶在方向盘上，由于液压助力或电子助力的辅助，转变方向只需要很小的力气。

这是一种突破人类身体感觉的状态，处在现代理性的边缘。这种状态虽然有明确的因果关系，但对于驾驶者而言，原因与结果之间的具体联系是错位的。如果汽车在高速行驶时保持稳定、可控的状态，那么驾驶者可以在特定时间内完成自然意义上不可能完成的人体、信息与物质的转移。而一旦有危险情况，包括轮胎爆炸、刹车或油门失灵、路面沉降等引起的车辆损毁，以及其他引起速度—时空观念剧烈变化的情况，驾驶者的理性没有处理这种状况的能力，因其在普通行为逻辑之外。

汽车不再完全是物质意义的存在，而是一种关于物质—精神的新体制，一方面扩大了传统理性的范畴，另一方面创造了一种新的技术理性。在有限人力机械的状况下，古代理性不具备机械化时代理性的内涵。同样，18 世纪欧洲启蒙时代所阐释的现代理性与机械化时代的理性也不同，那时的人已经意识到机械对人类社会的潜在改造力，但由于现代机械化图景尚未完全展开，那些服务于人、具有娱乐功能的机械装置也没有出现，机械力还没有达到一种现代意义的抽象状态，不足以取代人力、驱逐人力，所以这些理性的类型不同于汽车化时代的理性类型。

汽车所创造的是一种具有衍生性的技术理性，而它的衍生方向不再是理性本身，而是人的感觉。汽车设计与制造是一个高度专业化的过程，从业者要有良好的数理基础，从十八九岁开始进入这个领域，经过至少四年的理论学习，以及更长时间的专业实践与思维模式的塑造，然后才能成为这个领域的专业人员，例如设计师或工程师等。即使如此，在之后的汽车设计与制造过程中，他仍旧要保持高度的注意力，形成一套独特并不断更新的思考方式和话语体系，他从这个过程中不但获得了生存资源，也获得了符合现代分工制度的社会身份。这种状况确保了汽车技术逻辑的稳定性。

然而，这是一种对外封闭的逻辑，设计与制造领域之外的人很难进入其中，但这不妨碍他们驾驶汽车，从而获得时间感和空间感的变化。在这个过程中，他们需要的不是制造汽车的技术逻辑，而是这种逻辑的衍生，即一种与人的感觉密切相关而且看起来像一种感觉的心理状态。汽车前轮在方向盘的控制下实现转向，这个过程是在技术理性的主导下实现的，即方向盘向左旋转两周，汽车前轮向左转动 45度，或者说方向盘每向左转动 1 度，车辆向左转动 0.125 度。在运动状态下，如果加入车速与转弯角度等变量，汽车每次转弯都是一个复杂的技术理性问题。但我忽略了这个问题，甚至不理会它，而是进入这个技术理性所衍生的驾驶感觉。在长期驾驶中，我熟悉汽车车身大小、方向盘转动力度、速度与空间的关系等因素。在确定方向盘的转动角度时，我依靠自己的感觉。然而，这种感觉不具有独立性，而是来自准、稳定的技术理性。在这个过程中，个体感觉与技术理性形成了一个驾驶状态的综合体。

刹车行为同样是一个技术理性与个体感觉的综合体。根据汽车底盘结构的设计原理，汽车速度、路面状况、车轮尺寸、刹车片状况之间具有一种可计算的关系：

液压制动压力作用在车轮制动缸上，它夹紧车轮制动器摩擦面，因而在车轮上产生一个制动力矩。作为制动力的该制动力矩通过轮胎传递到路面上。在车轮上的制动力 F_B 可以从液压制动压力 p、车轮制动缸面积 A_{RBZ}、轮缸作用频率 η_{BRZ}、内部传动比 C^*、有效摩擦半径 r_{Wirk}、轮胎动态滚动半径 R_{roll} 算出：$F_B = p \cdot A_{RBZ} \cdot \eta_{BRZ} \cdot C^* \cdot (r_{Wirk}/R_{roll})$[1]。

这个原理是一个汽车工业长期实践的结论，也是汽车设计的基础原理。但在日常驾驶过程中，几乎没有人会依据这个公式确定刹车距离与踩刹车的力度。汽车从高速行驶到紧急制动，然后停在路上，在这个过程中，个体感觉总是根据当时的场景，以一种模糊却符合汽车运动状态的方式不断调整，确保刹车行为的合目的性。

这种技术理性与人的感觉的综合体会遇到两个极端的状态。一是城市道路的大堵车，汽车长时间低速行驶，刹车踏板与油门踏板高频率切换，发动机转速维持在怠速状态，只有当前方有空间时才能提高转速，并要在前车刹车灯亮起后再次踩下刹车。电动车和自行车在道路左侧的专用车道上飞驰而过，行人的脚步比车速也要快。二是高速公路上的稳定行驶状态，发动机每分钟 2000 转左右，时速维持在每

－1 ［德］H. 布雷斯、U. 赛福尔特：《汽车工程手册》（德国版），魏春源译，机械工业出版社，2012 年，第 511 页。

小时 80—100 公里，刹车、离合等能够剧烈改变汽车运行状态的设备处在悬置状态，发动机的机械性能得到最大程度的发挥。

在第一种状态下，汽车的机械性能在很多方面受到抑制，人的心理又为这种机械状态所影响，从而塑造了一种现代道路景观中的消极心理现象。在第二种状态下，汽车的机械性能完全释放，人的情绪同样受到这种机械状态的影响。这个过程塑造的是一种空间变小、时间缩短的奇异感觉。与此同时，驾驶者的自然身份被压缩为一个交通符号，虽然他自始至终在控制着汽车，但在外部景观中是不清晰或不可见的因素。所以，高速公路为汽车以及汽车道路心理创造了一种新状态。

在日常生活的意义上，这是一个物质、人员与信息快速流动的领域。前四后八（即前转向轮为两轴四轮，后驱动轮为两轴八轮）、载重量 40 吨的重型卡车在高速公路上穿行，从南到北，从东到西，运输水果蔬菜、建筑材料、工艺品、机械部件等。在表象之外，高速公路是一个现代技术空间。在人类主义的叙事中，驾驶者是这个空间里汽车的主导因素，也可能是在文字机制中唯一显示的因素。高速公路路边设置了大量的交通标识，包括方位标识、速度标识、警示标识、服务标识等，并且要用出现的频率来确保它们所传递信息的连续性。至少在无人驾驶普及之前，这个地标序列是为人的知觉，而不是为汽车设置的。但在物质主义的叙事中，汽车应该是这个技术空间的中心。高速公路的最终目的是改善现代人的生存境况，但实践这个目的的过程在三个方面符合物质主义的逻辑：一是高速公路的建设要充分满足汽车的技术标准与功能要求，保证路面平坦与良好的排水能力；二是充分考虑汽车的转向能力和爬坡能力，所以要减少急转弯路况，同时要建设桥梁与隧道；三是在高速公路两侧安置围栏，杜绝行人进入这个技术空间，确切地说，除了路政与维修人员，高速公路拒绝步行者的出现。

汽车与高速公路的通行机制创造了一种技术理性。这种技术理性能改变人的空间感和时间感，以及现代生产领域、消费领域和分配领域的基本结构，但它的失控会引起一系列出乎意料的严重后果。所以，建筑师在修建高速公路之前充分考虑了各种类型的行驶状况，以一种预设性的视野减少交通事故的发生频率和受损程度。他们反复测量、计算，确保路面平整，根据汽车转弯半径与速度的关系设计道路的弯曲程度。由于自然因素的不可预测性，包括冰雪、降雨、团雾等，他们在特定路段设置了警示牌。除此之外，考虑到这种技术理性的不稳定状态，也就是由于长时间的高速驾驶，人的速度感和空间感会发生变化，刹车距离感也会随之变化，所以在高速公路一侧设置0—100米的长度标识，并在地面涂上限速带，车轮经过时减震器在短时间内上下颠簸，为驾驶者提供关于速度与距离的日常性提示。总之，他们将当下的经验投射到未来，预设性地承担了法律体系、保险制度、救护设施的功能。

即使如此，高速公路上行驶的汽车仍旧处在一种不可预见的状态，我们很难判断一辆汽车在时速120公里时会出现哪一类意外。在低速状态下，轮胎爆胎，尤其是后胎，几乎不会出现车毁人亡的事故，而且这是一种传统理性范畴内的意外状况。但高速行驶增加了这类事故后果的不可预测性，汽车爆胎后驾驶者根本没有能力把握汽车的方向，无论之前他是否接受过专门训练，因为这个过程的时间太短了，而人的理性和行为机制无法介入其中。

这类事故的严重性让人无法置之不理。我们面对一个消极影响不断蔓延的后果，既包括空间性的蔓延和时间性的蔓延，也包括情感意义和伦理意义的蔓延。对于某个人、某个家庭、某个群体而言，这类事故可能会激活一个走向败落的因果序列。而这个序列源于一个极为短暂时间里的异常状态，时间短促到难以控制，难以分析。我们可以判定这类后果的影响，并且根据事故过程中所留下的痕迹推测原因，或者借助于生活化的想象构建一个虚拟的事故过程，进而追究那些引起破坏性后果的驾驶者的责任。但事故发生的时间太短了，人体的行为模式与判断方法往往无法理解这个时间里的物质、空间与距离状态。

交通法只能在部分意义上应对这种技术理性的失控。这套法律在处理这类失控时与民法和刑法处理日常生活问题的方式不同，其中的道德评判相比于民法和刑法体系要微弱，因为日常生活是一个人类理性有能力把握的领域，而高速行驶的汽车不是人的理性能把握的领域，一旦出现问题，驾驶者多数是无意的，即使引起重大交通事故，他也不一定是施害方。这意味着高速行驶的汽车所创造的技术理性相比于传统意义的理性而言有非理性的部分，而且这些部分突破了传统理性与伦理的边界，进入一个伦理弱化的领域。

我像往常一样打开车门，进入驾驶空间，系好安全带，启动发动机。我的身体开启了一个技术动作系列，向前看的同时也要向左看、向右看，左手控制方向，右手变化挡位，左脚、右脚根据速度和景观的变化控制速度。汽车经过一个凹下去的下水道井盖，车身摇晃，但我的身体动作丝毫不受影响。汽车在加速，发动机进入一个高速流畅运转的状态，声音均匀，我的身体功能也进入一种悬置的状态，准备随时随地应对意外情况。这是一种轻快、愉悦的现代技术状态。

20分钟后，我开车来到一段高速公路的收费站，在收费闸前停下，落下车窗玻璃，伸出手臂在取卡处抽了一张小型车辆收费卡。在抽出卡的瞬间，收费闸杆抬起。在机械化评价标准面前，我有一些慌乱，迅速踩离合、挂一挡、加油、抬离合，挂二挡、三挡、四挡。车速很快达到每小时 40 公里，经过匝道进入单向两车道的高速公路。我将时速提高到 90 公里，并开启定速巡航模式，右脚离开油门踏板，放在刹车踏板上，发动机匀速转动，每分钟 2000 转。这是一种现代技术所创造的满足感，"它的基础在于想象中的移动奇迹，不花力气的动态，构成了一种不存在于现实的幸福，一种存在的悬疑和不负责任状态"[1]。一个生活在古典时代的人对此可能会难以理解，一个人坐着就能以 100 公里的时速前行。

在这个时刻，汽车处在最佳的运行状态，方向可控，四条轮胎接触地面时发出频率均匀的声音，发动机平稳转动时发出连续性的声音，还有被高速运行的车体撕裂的风声，这些声音在驾驶室里融合，形成一种汽车时代的独特频率。这是一个由橡胶、玻璃和钢铁制造的机械化声音，让人着迷，但也是一个附属性的声音，如果没有速度的衬托，这个声音会变大，也让人难以忍受。在这个过程中，驾驶者体验到了一个技术所创造的视觉—听觉综合体，以及一种不同于地球自转—公转意义的新的时空状态。

前方是一辆运送小型汽车的卡车，双层加长车身，上层有四辆汽车，下层有四辆汽车，车辆及货物总估价 300 万左右。我在这辆卡车的后方匀速跟着，然后决定超车。我依次观察右后视镜、车厢前部上方的正面后视镜、左后视镜，一辆车在左侧车道急速驶来，时速在

-1 ［法］让·鲍德里亚：《物体系》，第 71 页。

110 公里，超过我的汽车，然后超过运输车。确定后方没有其他车辆后，我打开左转向灯，"哒……哒……哒……哒……"，再次观察左后视镜，右脚从刹车踏板移开，踩下油门，发动机转速上升到 2600 转，时速提升到 100 公里，然后向左轻微转动方向盘，进入左侧车道，经过车辆运输车的左后方时鸣笛，"吱吱……"，向对方司机提示有车辆经过。两辆车交错的瞬间，我感受到高功率发动机的压迫感，"嗡嗡嗡……嗡嗡嗡……"。我再次踩深油门，车速到达 110 公里。这辆卡车很快出现在右侧后视镜里，我打开右转向灯，"哒……哒……哒……哒……"，回到正常行驶车道。

　　这个动作在高速公路上无限地重复着，并已经成为汽车驾驶过程中的常识。但这类常识没有进入文艺领域，也没有进入历史领域，所以也就不会进入未来的、可追溯的记忆领域。这是一个被限定在高速公路通行机制中的重要动作，既不具备知识考古的可能，也没有政治或宗教意识形态的内涵。这是一个现代意义的动作。在汽车出现之前，人类并不知道这一系列操作的含义，在汽车消失之后，它们的内涵也会失去与之对应的物质基础。

　　在机场高速公路收费站结束行程，汽车进入机场候车区，以每小时 5 公里的速度通过限速带，无人收费闸再次抬起。我来这里接我的导师，他从北京坐飞机在这里降落，然后到我的学校演讲，阐释法国革命与现代国家建设的问题。之前，我跟他说明这次行程的待遇不会很周全。他说："我是来这里传播思想的，有利于学科建设才是最重要的。"这句话让我们的见面具有一种纯粹的思想性。

　　根据预定时间，飞机将在 15 分钟后降落。我待在汽车里，将驾驶座椅往后推，创造一个更大的活动空间，驾驶机制变成阅读与思考机制。我打开副驾驶前侧的储物箱，里面放着等待阅读的书籍。这是一个带有缓冲的黑色塑料闭合装置，我提起拉手，储物格缓缓打开。触发这个机制的是一个外向的推力，同时也有一个限制性的收缩力，也就是避免自由落体状态。储物格在到达开放极限时速度降低，缓缓静止在极限的位置。

这些天，我一直在思考科学与技术的关系。一般而言，我们笼统地称之为"科技"，但这是一个容易制造思想争端的概念。英国学者李约瑟提出了有名的李约瑟难题："尽管中国古代对人类科技发展做出了很多重要贡献，但为什么科学和工业革命没有在近代的中国发生？"这个问题之所以能提出，一个主要原因是李约瑟没有辨别科学与技术的不同。中国古代有良好的日常技术体系，但科学状况并不是令人惊奇的，所以不能用技术取代科学，并以此判断中国古代的科学水平。实际上，李约瑟也认识到这个区别，并从历史意义上承认了中国技术的优势："在 14 世纪以前，欧洲几乎完全是从亚洲接受而不是给予，特别是在技术领域。"[1]

在人类历史上，科学与技术是不同的。科学偏向于理论，技术偏向于日常实用。科学研究需要艰苦的思索，而且由于预期结果并不确定，所以这是一个具有冒险性的创造过程。而技术的结果是可预期的，技术革新者很快能在日常领域看到实践状况，然后决定是否将之投入更大的应用范围。20 世纪中期以前，科学受到更多的尊重，而技术因其普遍性和简易性而被当成一种缺乏惊奇感的日常状态。但 20 世纪末，由于技术自动化对于人类社会制度的巨大影响，很多人因为技术

—1 ［英］李约瑟：《文明的滴定》，张卜天译，商务印书馆，2017 年，第 165 页。

介入生产体系而被推入消费领域，处在多余或无用的状态。在这一过程中，技术已经成为一个等同于政治、经济、文化的分析类别，并不断创造新的社会结构，而这些结构是单靠人类逻辑所无法实现的。

我从汽车前侧的储物格里拿出雅斯贝斯的《时代的精神状况》。十年前，我读过这本书，但没有完全理解其中关于机器社会的观点。当我越来越深刻地认识到技术的力量后，我再次阅读这本书，翻开目录，找到其中一部分"机器的统治"。这个观点尽管是雅斯贝斯在1930年提出的，但现在仍旧有获得重视的原因。最近五十年，中国的技术进步拉近了我与这个观点的距离。有时候，时代状况的巨大变化能够在思想领域引起同样的变化。如果一个人远离时代状况，他也能构建一个解释这个世界的逻辑思路，但这种逻辑可能是一种文字游戏。十年前，我在以文字游戏的方式解读洛克、霍布斯、斯宾诺莎和卢梭关于社会契约的论述。而现在，我认识到的技术的力量，它既是一种实践性的力量，也可以作为一种现代社会的分析方法，所以我再次回归马克思、恩格斯、雅斯贝斯等一些处在技术体制领域的思想家。

"机器的统治"的开端让我陷入思考：

> 由于那提供人的生活的基本必需品的庞大机器把个人变成单纯的功能，它就解除了个人遵循传统规则的义务，这些旧时的传统准则曾经使社会得以巩固。已有人指出，在现时代，人像沙粒一样被搅和在一起。他们都是一架机器的组成部分，在这架机器中，时而占据这个位置，时而占据那个位置。他们不是这样一种历史实体的组成部分，在这个历史实体中，他们注入他们个体意义的自我。过着这种无根生活的人的数量正继续不断地增大。他们被迫四处奔走，也许会失业相

当长的时间而仅仅维持着生计，因此他们在总体中也就不再有确定的位置或地位。有一句深刻的格言：人皆应各得其所，去完成造化赋予他的任务。但这句话对于上述的人来说已经成为一句谎言，对于感到了自己被遗弃而漂泊不定的人来说是虚弱无力的安慰[1]。

之前，我想到过一个类似的观点，并为此兴奋不已。当我读到这一段时，我知道我的观点尽管是原生的，但在世界知识体系中不是开拓性的。我在《西方思想史》的课堂上曾经解释过分析西方思想的知识背景：当你觉得自己发现了一个新奇的观点时，不要觉得只有你会这么想。作为一个在太阳底下劳作，在月亮底下睡觉的普通人，我们的很多观点在之前的某个时刻已经被人提出。如果说你仍旧觉得自己的观点是新的，那可能是因为你的视野还不够广阔。有一天你可能在老子、庄子、王阳明、梁启超、李大钊或苏格拉底、柏拉图、亚里士多德、伏尔泰、胡塞尔、居伊·德波那些人的作品中发现，也会在一些微小人物的作品中发现。例如姚启中，一个在北京西城区天陶菜市场卖菜的中年男人，他对于童年与正义的思考有一种难以回避的真实性与深刻性：

　　童年对于大多数人来说都是幸福、快乐的，那是一段值得珍惜的美好时光，然而我的童年却是那样不幸和悲惨，回忆起来叫人心酸。那时的我常常会想，命运为什么对我这么不公平，让我遭受如此多的悲伤与苦难？我的童年有着太多辛酸，它将深深储存在我永

－ 1　[德] 卡尔·雅斯贝斯：《时代的精神状况》，第 17—18 页。

久的记忆里 [1]。

如果我们再去追溯，可能会发现这个观点已经是一个系统理论体系的一部分。在阅读"机器的统治"的时候，我也无法避免这种状况。我触动手机屏幕，上面的时间机制提示我飞机已经落地。我放下书，戴上口罩，打开车门，锁好汽车，通过斑马线进入接机大厅，然后通过安检。我的导师已经在大厅里等待。我们进入了一个没有意义但不可缺少的见面对话机制，例如天气如何、是否劳累、这是第几次来，热烈欢迎之类的客套话。很快，他看到了这辆有可能进入现代文字制度的汽车，然后开启了关于技术的对话：

——你就是用这辆车写的书，哈哈哈。

——是，我为了买这辆车，在一个汽修学校里学习了半年。

——有意思，质量怎么样？

——不错，四年多了，一直没出现问题，主要是省心，油耗低。

——这里怎么有裂纹？（他指着后翼子板）

——刚买的时候倒车撞在树上了，没换新的，用胶水粘了粘。

…………

在他登机之前，我们已经开始了相关对话。他一直在问我这样写的新意在哪里，我告诉他这是一种涉及同时性、本土性和个体性的叙事风格，如果要在思想领域里寻找这种风格的起源，可以归之于英国

－ 1 卖菜叔：《卖菜叔日记》，安徽人民出版社，2013 年。

思想家培根和法国思想家笛卡尔的观点。他们坚持书写自己时代的状况，在前代权威与异域权威的指导之外，独立地思考与同时代人的生活密切相关的状况。举一个例子，一个人要建一所房子，以前他要向前代人和外国人学习如何设计、如何施工，他用的材料也可能是从前代或外国传来的，而现在，他要听从自己的需要，用当下的、此地的砖头盖这所房子。我的导师看起来没有明白我的目的，但他已经进入了相关的对话机制。

我们一同上车，他坐在副驾驶，在停车场收费闸前停下，无人收费机制启动。我在手机上打开识别码，对着摄像镜头，"嘀……收费成功"。这个条形码通向我的电子银行账户，在没有人参与的情况下直接扣费，之后闸栏抬起，"机器把人给赶走了"。我们再次进入高速公路，车速很快提高到 100 公里。与此同时，我们继续着关于汽车、技术与思想的对话：

——您觉得这辆车怎么样？

——不错，噪音不大，感觉也挺稳的。

——我换过轮胎，以前胎噪大，现在好多了。

——你为什么要写汽车？

——具体来说，我是关注技术，因为技术太重要了，处处改变了我
们的生活状态，但在现代思想界，技术又往往受到忽略。我将
这种状况归结为人类中心主义的问题，也就是只关注人本身，
不关注塑造人的物质和技术因素。

——我看了你的概括性的论文。这是个新问题，法国人会喜欢，你
可以翻译成法语出版。

——我现在要照顾孩子，课程也很多，每星期四天有课，估计没时间翻译。选择这个方向主要是应对这里资料不足的问题。在东北研究法国历史，听起来很好，实际上有很多局限。但我不能就此终结研究，所以在研究方向上做了一些调整。这两年照顾孩子，陷在日常生活领域中，就开始观察这个领域的问题。我很快发现这个领域在现代思想机制中是受到忽视的。这是我的新方向，不知道是否会有一个确定的结果，但值得试一试。

——汽车的确改变了人的生活方式，应该有汽车文化这个说法。20世纪 90 年代，我在美国学习的时候买过一辆汽车，二手车，手动挡，很便宜。我就体会到汽车对美国人的重要性，不只是对于生活，也是对于他们的文化模式。美国人从小就学驾驶，汽车已经成为他们的行为模式的一部分。

——汽车文化，这是一个重要概念，就跟政治文化一样。麦克卢汉提出"技术延伸了人的神经系统"，而汽车与人的神经系统的关系更直接，我们可以将汽车看作是人的外在神经系统，我们的感觉要依靠这个外在系统，包括对于速度、温度的感知。

——这种思路有价值，但最终会有什么意义？

——我想分析 Modernity 的问题。这个词在中国思想中还处在一个很薄弱的状态。我们在三十年前讨论过，但那时中国现代化还处在起步状态，缺少直接的经验，现在更具备讨论的条件，不再局限于抽象领域，而是考虑到技术、资本、日常生活等因素，从实践角度重新思考它的内涵。

汽车在六车道的高速公路上行驶，发动机每分钟 3000 转，车

速 100 公里，变速箱将发动机的动力传递到四条轮胎上，百公里油耗
5.7 升。车内空间噪音稳定，移动中的车厢不但具有承载功能，也具
有思想的功能。汽车座椅提供了足够的舒适度，车窗外流动的景观以
直接或间接的方式辅助或引导着对话。车载空调稳定地运转着，在堵
车时，我要将室外换气模式转化为内循环模式，以避免四周的汽车尾
气进入车厢。我用右手食指按下车前方中央处的内循环指示按钮，提
示灯亮起。这个变化丝毫没有打乱对话的节奏。

　　这是一个局域性的、有限度的交通网络，而汽车与高速公路所构
成的现代结构更重要的是提供一个大范围、无限制的物质、信息和人
员的传递网络。一辆汽车在任何一个路口进入高速公路，都意味着它
可以到达中国几乎所有的地区。这是一个政治体内部的人员、物质与
信息流通网络，同时也是一个关于民族认同的、具有同时性因素的文
化网络。现代民族认同是一个抽象的文化问题，但汽车和高速公路所
具有的时间和空间转换能力使之成为一个可见的、具体的文化问题。
在历史意义上，现代民族认同是一个长时段的问题，但汽车和高速公
路所具有的时间和空间转换能力使之成为一个在短时段内可评估的问
题。相比于长时段与抽象的文化分析，具体化的、短时段的分析，尤
其是从同时性的角度发掘一个民族内部的物质、信息与人员的自由流
动，这种方法对于认识或构建现代民族认同的进程具有同样的意义。

　　汽车与高速公路共同承担了塑造并强化现代民族认同的隐秘功能。
一辆汽车可以通过中国的高速公路从黑龙江行驶到海南，从上海行驶
到新疆。这段路程是一个可期待的、短时段范畴，具备塑造同时性的
可能。在高速公路上，大型卡车、小型轿车不分昼夜地行驶，除了运
输功能之外，它们还在塑造地理意义和时间意义的同时性。火车也能

够塑造这种同时性，因为铁路网同样密布于一个政治体的内部，但火车是一个集体性的运载工具，个人可以坐火车在短时段内巡游，但缺乏个体与统一国家的基础设施之间的互动关系。汽车与高速公路所制造的时间—空间结构能够塑造这种互动关系，也就是对于民族认同的物质与空间感受。这是一个速度—技术综合体所具有的现代政治内涵，也是现代物质分析的重要方向。我们在重新审视现代物质状况及其所构建的物质话语的同时，再次将之放入传统的分析中，从而发现一个突破传统逻辑的可能。

所以，高速公路不仅是一个宏观经济问题，也是一个具有现代政治内涵的问题。在政治学研究中，民族国家是一个复杂的观念，大规模与统一化实践的权力对于个体而言往往是不可见的，并因其在特定时间或空间里妨碍某一类个体的利益而受到批评。汽车所主导的现代高速公路通行体制塑造了一种全新的民族国家的内涵，即技术—感觉类。这种类型的民族认同在一些方面比政治—文化类的民族认同更重要，因其对于普通人的影响更加密切。与政治—文化类型一样，技术—感觉类也具有大规模和统一化的特点，并由此引起批评：

> 技术真实世界中的大多数活动都是被规划好的，技术的传播直接导致了一张基础设施大网的形成，而这张大网一开始就是服务于技术的增长与发展的，这些基础设施机器进一步规划的存在，严重阻碍了政治和经济改革，即使这些改革是可行且合宜的[1]。

－1 ［加］厄休拉·M. 富兰克林：《技术的真相》，第110页。

对于这个问题，我们不能一概否认，但也无法完全认同。技术—感觉类的民族认同是一种不同于宏观政治分析的类型，并在日常生活的时间和空间意义上为一群人塑造了一种源自物质体验的、具有共时性的认同感。

汽车与陌生人社会

汽车的无限运动性与车厢的封闭性带领我进入一个更大的物质世界，以及一个物质主义的存在模式中，同时也带领我进入一个陌生人的交往机制中。在稳定、持续的陌生感里，我不会像生活在熟人空间里那样拘谨，为我服务的那些陌生人也是如此。我们根据现代自由原则，在法律的注视下各取所需，活得很自在。陌生感是人类历史进程中自古就有的现象，但在现代机械技术体系进入日常生活后，这种感觉开始侵入熟人社会的领地。这个机械技术体系所提供的功能完全取代了熟人社会之间的功能交换模式，所以也自然而然地取代了熟人社会。一个人四周都是陌生人，但他能得到他需要的一切。

　　在购买汽车之前，我通过陌生人的介绍进入一个汽车技术学校，在一个陌生人的带领下参观修理车间和上课地点。我通过一个陌生人缴纳了学费，获得了上课的资格，然后在一群陌生人的课堂上学习。这群陌生人每天的出现并不规律，有时候来，有时候不来，有时候迟到，有时候早退。前后三个月，我没有固定的交往对象。他们之间也都是在一种浮泛的、随意性的话题中消磨时间，相视而笑，却无法驱逐笼罩下来的陌生感。

　　在汽修学校短期学习之后，我又进入了汽车销售体系。对于那些热情接待的人员，我从来都不认识，之后也没有再见过。购买汽车后，我每隔半年都要去汽车售后服务车间。每次来这里检修车辆，都是不同的陌生人为我服务。其中只有一个人，我跟他的对话有突破陌生感的迹象。他穿着淡灰色的工作服，满脸笑容地向我走来，打开前机盖，将车辆升起来，拧开底盘的机油阀螺丝，发动机的机油流到一个桶里。我们之间的对话中有一种亲切感，但很快陷入稳定的陌生感里。下一次来检修的时候，我可能不会再见到他：

　　——你的油还很清啊，没必要换。

　　——我开得少，但也有一年了。下次我争取两年换一次机油。

　　——哈哈哈，大哥，您还是准时来吧，两年换一次，我们都不赚
　　　钱了。

　　每天春天，车辆需要购买商业保险，之前是人与人面对面的推销

模式，现在已经变成远程的、非人际的电话模式。我的电话会在上一年车险到期前响起来，几乎每个保险公司都会来电："我们是电话车险，减少了人员成本，这样就能给你更多的折扣。"我根据电话的声音提示，选择购买的类型，这个声音为我核算最终的价格，选择网络付款，交易完成，我的智能手机提示我购买的保险类型、起效时间等，但我不会见到发出这个声音的人。第二天，另一个陌生人打来电话，告诉我他在附近。他坐在一辆摩托车上，递给我一个信封，"里面是你的保险确认单"。他转而消失，从此之后，我们不会再见面。

我为这辆车加了很多次油，几乎每个月一次。我去附近的加油站，或是外出在路边的加油站，每次都是简单的对话："多少号的……加多少……"油枪放在油箱里，"哗哗哗……哗哗哗……吱吱吱……"。油枪自动检测并控制加油量，"可以了……怎么付款"。我启动发动机，左脚踩离合、挂一挡，右脚轻踩油门，松离合，加速离开加油站。没有人迎接我，没有人向我告别，我始终处在一种连续的陌生性之中。

刚开车上路时，我的空间感和速度感并不符合这个技术体制的要求。汽车每次在十字路口时起步很慢，转弯速度也很慢。我在汽车后窗玻璃上贴了两个字："新手"。尾随的司机有的具有感同身受的能力，安安静静地跟在后面，不用喇叭催我，拉开足够的距离趁势超车。我想结识他们，与他们一起喝酒，但不知道他们是谁，要去哪里。在仅容一辆车通过的狭窄路上，我给迎面驶来的车让路，远远地在路边等它过去。在错车的一瞬间，那辆车响了一下喇叭。根据声音判断，驾驶者按下喇叭时的动作中有克制的意图，他是在表示感谢。这辆车很快消失，我不知道谁在驾驶。

我要在一个十字路口向右转，放慢车速，后面一辆大型客车的司机持续地按响了喇叭，"嗷嗷嗷……嗷嗷嗷……"。我的耳朵震得发麻，心中有一股怒气。我通过后视镜看到了一个光头的、瘦弱的司机，他的眼睛睁得圆圆的，嘴唇动作频繁。他可能是在抱怨或咒骂。这也是一个陌生人，很快就会消失不见。这些陌生人在自身的生存诉求与家庭职责之外都承担着一些社会功能，在行政系统、法律系统、教育系统、运输系统、安全系统或物资供应系统工作。他们不间断地在路上与我相遇，为我提供维持日常生活的基础服务，但我们相互之间永远是陌生人。

汽车的无限运动性与车厢的封闭性带领我进入一个更大的物质世界，以及一个物质主义的存在模式中，同时也带领我进入一个陌生人的交往机制中。在稳定、持续的陌生感里，我不会像生活在熟人空间里那样拘谨，为我服务的那些陌生人也是如此。我们根据现代自由原则，在法律的注视下各取所需，活得很自在。陌生感是人类历史进程中自古就有的现象，但在现代机械技术体系进入日常生活后，这种感觉开始侵入熟人社会的领地。这个机械技术体系所提供的功能完全取代了熟人社会之间的功能交换模式，所以也自然而然地取代了熟人社会。一个人四周都是陌生人，但他能得到他需要的一切。

下飞机后，我站在机场大厅里，四周都是陌生人，他们从我面前经过，之后可能再也不会相遇。我决定选择专车服务，以最快的速度到达目的地。我通过智能手机进入专车服务系统，相关程序自动搜索我的当前位置，智能手机屏幕下方是目的地选项。我点击一个空白文本框，屏幕下方出现拼音输入法的界面。这个界面的最下方有三条滚动显示的通知：安全中心全面升级；平台已要求司机服务时必须佩戴口罩；同时请您佩戴口罩出行。完成行程确认后，专车系统自动开启下一步，显示本次行程预计费用，下面有一个选择键"呼叫司机"。点击这个选择键后，系统进入预付款程序，自动连接网络银行，输入密码即可完成支付。这笔钱并未直接流向司机，而是流向一个受监督的中转账户，等行程结束后再转给司机。

支付完成不到 1 分钟，一个陌生人打来电话，他说已经通过定位看到了我的位置，要求我走出大厅，在最近的 2 号门等候，他很快就到。3 分钟后，司机来电，我刚要接通的时候，看见前面一个人在向我挥手，正是他："请上车……车内已通风消毒，您可放心乘坐。"这是一辆中级自动挡轿车，我选择了后侧右座。行程开始后，我的手机出现一张动态地图，时时显示车辆行驶方位以及相关信息，包括距终点距离 94 公里，预计行驶 71 分钟，当前花费 31.2 元。地图下方显示"行程中录音开启"，最下方是五个功能键，包括报警按钮、行程分享、修改终点、我未上车、需要帮助。汽车在高速公路上行驶，时速110 公里，最终用时 65 分钟，实际费用比预计费用少 26 元。系统自动发起退款程序，5 分钟后，余款返还支付账户。

这是一种即时性的信息网络在陌生人之间塑造的现代意义的信任关系。这种信任关系具有很多变化的可能：我可以选择普通车型，也可以选择高档车型；上车后我可以临时更改目的地，也可以中途下车；汽车行驶过程中，公共财政支撑下的社会安全体系介入其中，保护个人安全；行程结束后，我可以在系统内说明对这次行程是否满意，司机是否佩戴口罩、开车前是否开窗通风。这些变化在熟人社会中往往是难以实现的，但在陌生人社会中却是一种合理和可接受的程序。

我的汽车在道路上行驶，透过前窗玻璃看到另一块前窗玻璃后的无数人的脸。这些脸从对向车道迎面过来，转而消失。他们被现代化的速度感与距离感简化为一个符号，或者被预先设定为一个名词，"司机"或"驾驶者"。如果我是在路上行走，对于那些迎面而来的人，我能感受到他的身高、体重、年龄、步态，甚至能根据他们的表情判断他们的性格，根据衣着判断他们的职业。但对于那些坐在车里的人，无论是迎面而来的还是顺势而去的，他们的身体特征对于我而言都是模糊的。这是机械化体制在交错的陌生人之间所制造的不可预测的相遇。戈夫曼（Erving Goffman）称之为"朦胧"或"世俗的不经意"（civil inattention）[1]。

这种状态在机械化时代是如此平常，在一定程度上改变了人类中心主义的内涵，或者说塑造了存在主义的一种极端状态。在这个状态下，人类中心主义仍在发挥功能，也就是以一种隐秘的方式确保人与其陌生的同类之间在出现眼神交错的时候一方或者双方都采纳一种恰当的应对技巧，不能有刻意的冷漠或无端的愤怒，也不能出现失控的热情，既要随时回答问路的请求，也要辨识欺骗者的笑脸。这种陌生眼神之间的交错是"身体管理的细微方面同现代性的某些最普遍特性的明显联系"[2]。

相比于机械化时代步行者之间的相遇，汽车驾驶者的相遇属于更加纯粹的陌生形式。这种相遇更加朦胧，更加封闭，甚至不具有沟通性。这是一种机械化所主导的相遇模式，一种不被期望有任何结果的即时性状态。在眼睛直接可见、身体可碰到的模式下，在两个陌生人相识的一刻，其中一个人可能会说："我以前在这条路上见过你。"另一个人可能会说："是吗？我怎么没注意。"但在机械化的相遇模式里，

- 1 ［英］安东尼·吉登斯：《现代性的后果》，第70—71页。
- 2 同上，第71页。

没有人会开启这样的对话："我开着车，在这条路上见过你。"

　　这是一个汽车与道路所创造的现代公共交往空间，不同于马车时代的道路公共空间。汽车具有封闭性和高效的通行速度，这两类因素增加了现代道路公共空间的陌生感和不可预知性，但也增加了这个空间的平等性。这些道路不属于任何人所有，但任何人都能通行，每个驾驶者总是迎面看见一些转而消失又不会再看见的人，所以他们总是保持着陌生。这是一个无限流动的空间，在没有交通意外或交通管制的状况下，没有人会在这个空间里停留。这还是一个具有时效性的空间。道路上来来往往的车一般具备十年左右的使用期限，车里的人也在一个有限度的期限里，三十年、五十年……这些不同质的时效性相互重叠。一辆车的功能已经衰减，但跟在其后面的车是最新的产品。一辆车的驾驶者由于年龄原因很快将被取消驾驶资格，但交通管理部门在不断地向年轻人发放驾驶证。道路公共空间具备自发的传承性，只要人类有移动的需要，这个空间就会存在。

　　18 世纪的欧洲历史对于现代人而言有一个重要的研究方向，即现代早期公共空间的出现与功能，包括咖啡馆、沙龙、阅读会等。根据德国思想家哈贝马斯的分析，这类公共空间最初有文学性和政治性之分，其中政治性的公共空间是现代市民社会或现代公共交往的基础。这个观点受到历史学家的普遍认同，但在相关分析中，有一个公共空间的类型被忽视了，即马车道路公共空间。由于运行速度缓慢以及车厢的开放性，这个空间不同于现代道路公共空间。在道路上行走的人、马车内的乘客以及马车所有人之间经常有长时段的、内容深刻的谈话。邮车在输送信件的同时，运送短途或长途客人。这些人挤在一个有限的、缓慢移动的空间里，有时候马累了，走不动了，他们要下车帮忙往前推。有些人在车上坐累了会下车走一段。

　　这是一个非机械化时代的道路公共空间，其中的话题不能像咖啡馆、沙龙、阅读会等一类静止的公共空间里的对话那样深刻和持久，但这个缓慢移动的公共空间仍然能将陌生人变化为相互熟悉的人。汽车道路公共空间与这种机制不一样，它并不具备这种功能。这是一个机械化所引起的工业现象，但这不是批评汽车道路公共空间的正当理由。现代化的速度已经将道路的功能专一化，只承担通行的功能，不承担沟通的功能。

　　一旦机械化道路系统失去了既有的速度感，原始性的交往模式又会出现。每年公共节假日期间，全国高速路免费通行，局部地段会出现严重拥堵。高速公路本来是纯粹的陌生人空间，但由于车辆静止以及由此引起的车厢密闭性的消失，陌生人打开车门，相互之间开始聊天。他们来自不同地方，又因为共同的境遇而具有了沟通的愿望。这是一种在自由时间体制下才会出现的非日常化的喜剧场景，他们不会感受到时间与效率的压迫，没有分工制度与生产程序的追踪，他们需要的是一种娱乐方式，而娱乐的本质在于让时间变快或变得不具有压迫性，从而创造一种不同寻常的感觉。在生产意义上，这是一种现代性的例外状态，但在消费意义上，这种状态是一种现代状态的延伸。

　　另一方面，如果是在节奏紧密的工作日里，堵车会制造出一种非喜剧性的压迫感。我在城市快速路上以时速 70 公里行驶，一切正常。前面一辆车的后窗玻璃上贴着"新手"提示，时速 50 公里左右。我减速至 50 公里，观察左后视镜，一辆车正要超过去。我打开左转向灯，"哒哒哒……"。这辆车鸣笛，我等待它通过，然后变换车道，提速到 70 公里，超车，再开右转向灯，回到原来的车道。但前方很快出现拥

堵状况，我减速到 10 公里，前车刹车灯又亮起，鲜艳的深红色。我又
减速到 5 公里，挂一挡滑行。前车刹车灯再次亮起，停在路上。左侧
车道和右侧车道上的车都停下来，前面是一片深红色亮晶晶的刹车灯。
前车起步，向前挪了一点点，前面空出 5 米左右的距离，右侧的车打
开左转向灯，示意要变更车道。我在等待它进入我的车道。确切地说，
这不是我的车道，而是我临时使用的车道。在这个过程中，我保持礼
让的姿态，但有些焦急。

　　正前方的车一直不动，这辆车斜跨在白色虚线上，北向东呈 30
度方向，转向灯一闪一灭。正前方的车开始向前移动，这辆车顺势过
来。我继续跟在后面，时速增加到 10 公里。上了一个缓坡，视野开
阔，我知道了为什么拥堵。一辆清扫车占用了道路的中间车道，三车
道变为两车道。由于清扫车宽度大，左侧和右侧车道的车也要减速通
过。10 分钟后，我走到了拥堵的尽头，超过清扫车。那辆车有一个白
色的长方体车厢，车厢下方两侧接近地面处有四个旋转的圆形扫帚，
左侧的顺时针转动，右侧的逆时针转动，将路面上的垃圾集中到车底
的吸口处，垃圾被吸入车厢，"隆隆隆隆……隆隆隆隆……"。在这个
时刻，我发现了焦急的根源，这种心理在迅速消失之前有过一个转向
愤怒的短暂迹象：为什么在道路高峰期清扫道路？前方是一片开阔路
面，车辆经过后车速迅速提到 80 公里。从右侧车道出来一辆跑车，以
百公里加速 6 秒左右的状态向前驶去，"嗷嗷嗷嗷……"，瞬间突破了
现代性的例外状态，进入日常时间序列中。

　　这是一种有明确拥堵来源的状况，在拥堵结束的一刻，源自拥堵
的压迫感会消失不见。但在现代城市里，更多的是没有明确原因的拥
堵，在不该拥堵的时刻出现拥堵，在不该拥堵的路段出现拥堵，或者

说有明确的原因，但堵在路上的人不会发现。这种情况所制造的压迫感最终也会消失，但会让驾驶者陷入迷惑。在工作日早上 7 点半到 8 点半，下午 4 点半到 6 点期间，无数车辆从停车区进入城市的主路。由于车辆过多，驾驶者会放低车速，维持安全驾驶距离。这个距离最初是 20 米，车辆进一步增加，车速进一步降低，安全距离缩短为 10 米、5 米，最后只有 1 米或 2 米，然后缓缓向前。在理论意义上，道路车辆增多不会引起车速过低的状况，但驾驶者的心理状态会改变。他们对于道路通行能力的信心降低，所以会减速，从而引起道路通行率的降低，道路上的车辆到达极限状态，随之挤在一起。

堵在路上的人待在一个有限的空间里，他们可能在听音乐，或打电话，或聊天。这是一个个封闭的、缓慢移动的私人空间。如果我们进入任何一个空间，对里面的话题可能都不会陌生，房子价格、孩子教育、对于拥堵的抱怨或在法律边缘上的语言冒险。这些被暂时性地凝固在道路上的人处在一个陌生人的空间里，他们有相似的目的，也就是安全快速地通过这段路。这是一种人类中心主义的行为模式，他们只关注自己，不关心负重性的道路，也不关心这些道路在物质主义体系中的来源与去向。

现代道路的建设需要一个复杂、系统的程序。挖掘机将路面挖深 1 米，用机械打压机平整土地，然后铺一层 30 厘米厚、鸡蛋大小的碎石头，继续用机械打压机平整路面，再铺装 30 厘米厚的混凝土层，一星期后水泥凝固，再加一层 10 厘米厚的沥青混凝土，黑色沥青混合了豌豆大小的石子，在 120 度高温下搅拌均匀，趁热铺洒在水泥地面上，在温度降到 60—70 度时压路机将之压平。路边砌路边石，20 厘米宽，40 厘米高，2 米长，一块接一块。这些原料基本都来自远方或深深的地下，所以每一段路耗费巨大。

　　现代分工制度导致了通行者忽视道路的结构，他们重视的是道路的通行能力，而通行能力的最好衡量标准是用最短的时间离开这段路，避免使之进入人的感觉和记忆系统。所以，在现代生活中，人与物之间的正常关系是遗忘，这是一种不会产生记忆的感觉。而不会产生记忆一方面意味着过去会消失，另一方面意味着在这个过去生活过的人不会形成关于这个时间的共同认识。所以，人类中心主义所主导的时间结构与空间结构不会完整，那些以历史性的角色在现实中出现的东西在说明历史状况的同时，也说明了记忆的不平等所导致的时间结构与空间结构的失衡。

　　这一部分写到这里，我的手指不再灵活，脑袋不再清晰，逻辑开始混乱，经常打错字。我要休息一下，但我不想放过这个中断状态。我启动智能手机，一个曾为我保修车辆的工人在朋友圈发了两个信息。在工作状态中，他的衣服上都是油腻，在铁、塑料的世界中翻来翻去，将之组合为各种功能性的机械结构。在空闲时间，他会产生一些关于生活的思考。今天他转发了一个澳大利亚人尼克·胡哲关于对抗艰难生活的话：

　　　　这个世界根本不存在"不会做""不能做"，只有"不想做"和
　　"不去做"，当你失去所有依靠的时候，你自然就什么都会了！

　　另一个是招工信息：

　　　　高薪招聘喷漆大工、中工、钣金中工、机修大工、事故车接待，

待遇好，工资到月就开，要求踏实工作的，责任心强的，事多的
绕行。

　　看完两个信息后，我打开单层的不锈钢电水壶，1.2 升，额定
电压 220 V，额定功率 1500 W，3 分钟左右能将一壶凉水烧开。我
在玻璃杯中倒了一点茶叶。一个月前，我通过网络购物平台购买了
绿茶，99 元半斤，包邮。上个星期，我又新买了一台电脑，联想
M410-D189 型号，集成显卡，8G 内存，1G 运行内存，64 位操作系
统，英特尔 Core 处理器，CPU 处理能力为 i5-7500（7 代表 7 代 i5
产品；5 代表性能档次，数字越大性能越强）。集成显卡在反应速度上
要比独立显卡慢，所以每当有动作指向，电脑机箱里会有"嗞嗞"的
声音。我用 Word 系统打字时电脑的机箱是安静的，只有散热风扇转
动的细微声音。当我用鼠标左键点击"我的电脑"，再点击右键，在随
后出现的文本框中查看"属性"，检查电脑运行数据时，机箱会发出
"嗞嗞"声。我不清楚这些数据的含义，所以又开启搜索框，复制这些
数据，并在搜索框里加入"是什么意思"的关键术语，机箱又会发出
"嗞嗞"声。这是现代机器的声音，就像现代道路机制一样，它与人的
良好关系不在于它能够进入人的感觉系统和记忆系统，并为人时刻关
注，而在于默默地发挥预设的功能，维持一种人类离不开但又下意识
地将之忽视的状态。

　　我打开网络新闻，一个重要的消息出现了：美国前纽约州长布
隆伯格要参选 2020 年总统竞选。他认为在这个时刻，特朗普比以往
更有机会再次当选，"我照镜子时对自己说：'我不能让这种事情发
生'"。无论最终结果如何，这是一个具有历史意义的时刻。作为美国

西进运动后代的特朗普拥有一个美国文化中最坚硬的人格，用民族国家的思维领导一个具有世界影响力的政治体。而布隆伯格拥有一个清教徒般的、富兰克林式的人格，至少从表面上看是这样，冷静、勤勉。

　　我关掉网页，喝了一口豌豆香的绿茶，要继续写作，忽然想到早上送小孩去幼儿园的路上一个让我哈哈大笑的情节。今天，我的小孩又说不愿意去幼儿园，哼哼唧唧，想方设法拖延时间。我抱着她，一路上给她讲了一个故事：如何用石头造一个恐龙。首先要找一块石头，然后用车运过来，放在生产线上，"现在你要雕刻恐龙的尾巴了"。她本来趴在我的身上，突然间手脚乱动，大声说："我在雕刻呢。"我哈哈大笑，然后告诉她另一块石头运来了，"这次要雕刻恐龙的身体"。她的手脚又猛然间乱动。我的笑声穿过冰冷的空气，向四方扩散，引来路人好奇的目光。然后，我又想起抚育小孩的艰难。她有时很天真，很快又变得很无理，我想责怪她，又想到她并不是在有意捣乱。我告诉她我需要休息一下，她就贴在我的身上，双臂拢着我的脖子，大声告诉我："我在抱着你呢，你不要累了。"

　　手机微信的朋友圈里又出现了新消息，但我不能再磨蹭下去了，我要继续分析现代道路上的陌生人机制。我的十个指头重新放在键盘上，右手四个指头按在 J—K—L 和分号（；）键上，左手四个手指按在 A—S—D—F 键上，拇指按在空格键上，"啪啪啪……啪啪啪啪……啪啪……"。其中，F 键和 J 键是左手和右手食指的还原键，中间有两个塑料凸起。快速打字的时候，眼睛看着电脑屏幕，十个手指会出现按键混乱。这时要停下来，左手和右手食指复位，然后再重新开始。两个塑料凸起几乎已磨平，我要不断地低头，键盘定位的过程从触觉模式变为视觉模式。

　　我以最快的速度克服了这次中断，回归写作模式。道路拥堵是现代人主体性之间的碰撞。一个人可以自由选择自己的生活方式，只要不违反法律、不妨碍公共利益就不会受到道德的监视或法律的惩罚，尽管如此，当这种自由选择具有趋同性时，就会出现个体状态的拥堵。所以，堵车表面上拥堵的是车辆，实际上拥堵的是现代人的主体性。每个人都不喜欢这种状况，但几乎都会碰上。没有人要为此承担法律后果或道德后果，但很多人会承受时间性或空间性的损失。这是现代日常生活中的通行问题，是一种宏观政治秩序、经济模式之下的细微、复杂的状况，虽然在政治意识形态、种族意识形态等各种思想权力的对比下，日常生活几乎没有意义，但它无处不在，是各种思想和权力机制的基础。

　　这辆车改变了我的身体移动的方式、视觉观察的范围，以及空间、时间、运动与感觉的关系，最终让我进入了机械化的移动模式。在这种模式里，一切来得那么快，消失得那么快。我在很短的时间里就能到达城市的边缘，深入城市文明体系中的沉默地带。这是一个不同于历史学家—档案系统的分析视野，在修辞学与语言技巧之外直接观察不断流动的物质世界和不经修饰的日常行为与话语体系。我坐在一个四面安装玻璃的车内空间里，在快速路上行驶，轮胎噪音轻微地进入我的感觉系统。这是一个道路公共空间，一个纯粹的陌生人社会，没有人在乎我是谁、我来自哪里、我要去哪里。快速路路边连续性地安装了摄像头，每辆车经过时都会拍照，闪光灯随之会闪烁，检查是否超速、是否系安全带或违规变道等情况。只要不触犯交通规则，就像其他驾驶者一样，我就是这个陌生人社会里一个微小的、流动的符号。这些符号都是沉默的，聚集在一起，最终成为日常生活的基础领域。

在这个道路陌生人社会里，个体的身份会有所变化。驾驶豪华汽车并不意味着就能获得更多的尊重，或者说能够占有更多的道路空间。驾驶便宜的汽车也不意味着就会受到歧视。我的汽车在价格上属于低端类型，但它在道路上可以超越各类豪华汽车，并占有同这些车一样的空间。道路陌生人社会里基本不存在那种源于物质状况的优越感或满足感，这种感觉被限定在个体或家庭的感觉中，不再有外溢的能力。一般而言，道路公共空间是一个忽略物质的、人与人之间平等的状态，但在现代性批判的视野下，西方思想家更关注这种状态的负面因素。奥地利思想家穆齐尔在《没有个性的人》中强调这种状态是对个体的压缩："生活目标由每个人自己决定，每人都返回自我，每人都知道这个'自我'是微不足道的。"[1]法国思想家利奥塔在此基础上做了扩充，这预示着一种"大叙事的崩溃……这种崩溃造成了社会关系的瓦解和社会集体转向一种离散状态"[2]。

这是一种悲观的分析方式。在现代化进程中，人的个性确实受到了削弱，但由于日常生活中的流动性以及物质功能对人群的不区分性，这种状况在日常生活中所创造的平等性是前所未有的。只要在现代物质中加入人的需求，而且这种需求符合资本的目的，那么这些物质就能在一个陌生社会中畅通无阻。我将 Word 文档隐藏起来，打开京东网络购物主页，上面出现了一个优惠活动："12·12 暖暖节"。搜索栏左边是商品种类，包括家用电器、手机数码、电脑办公、家居、男女衣服、美妆、宠物、钟表、户外、房产、汽车用品、母婴、乐器、

－1 ［法］让-弗朗索瓦·利奥塔尔：《后现代状态》，车槿山译，南京大学出版社，2011年，第60—61页。
－2 同上，第61页。

食品酒类、生鲜特产、艺术、医药保健、图书、机票酒店、旅游生活、理财众筹、安装维修、工业品。我在搜索栏里输入干鱼，选择一个出货量最大的商家，点击购买数量，确认收货地址，然后下单，用电子账户付款。这个过程不需要纸币，只需要纸币价值的象征数字。我从来都不认识那个卖鱼的，但在资本的激励下，这些鱼实现了跨地域、长距离移动。

这是一个陌生人社会里的物质—供应—消费体系。我不知道哪个人卖给我货物，哪个人给我运送。运货的人可能不知道发货的人是谁，也不知道会送到谁的手里。他在一个固定的空间中承担了一个短暂性的责任，他只要将这些货在规定的时间运到目的地即可。但我确定两天后这批物资会到达，如果不满意可以无理由退货。在我写这段文字的时候，这批货物已经开始包装，并很快进入一个可追踪的物流体系：

2019-12-06 / 周五　12:40:11　已签收，感谢使用，期待再次为您服务，如有疑问请联系：137×××××××，投诉电话：0431-89×××××。

07:10:34　派件中　派件人：王××　电话131××××××× 如有疑问，请联系：8××××××

05:51:14　×× 二部公司已收入

23:27:56　已发出　下一站

23:15:41　×× 转运中心公司已收入

03:52:42　已发出　下一站

2019-12-04 / 周三　03:51:22　×× 转运中心公司已收入

22:23:02　已发出　下一站

20:51:33   ×× 转运中心公司，已收入

18:41:38   已发出   下一站烟台转运中心

18:36:30   已揽收，山东省 ×× 公司，已打包

18:08:57   山东省 ×× 公司已收件   取件人：黄 × ×

（156× × × × × × × ×）

14:51:48   仓库处理中，您的订单由第三方卖家拣货完成，运单号为 YT3109653770158

14:50:44   温馨提示：您的订单预计 12 月 6 日 24:00 前送达，请您做好收货安排

14:50:43   第三方卖家已经开始拣货

12:59:42   您的订单已进入第三方卖家仓库，准备出库

12:59:03   您提交了订单，请等待第三方卖家系统确认

这个过程已经超越了传统时代的货物流通模式，在人类中心主义的叙事中具有了现代自由与平等的内涵。在这些创造现代自由与平等新类型的物质中，汽车的角色最有代表性。静止时，它是一个封闭的私人空间，可以作为临时性的住所，也可以作为密闭性的思想空间。在移动状态下，它是一个运输方式，也是一个实践个体自由的方式，而交通法规以及约定俗成的道路规则使之具有了平等内涵，以及相关的实践能力。交通拥堵虽然在一定程度上限制了这些具有政治性的内涵，但在普遍意义上汽车所创造的日常生活的高效状态减弱了这些片段化、地域性的异常状态。我们可以从这些状态中找到一些现代性的负面因素，但也能找到一些符合人类中心主义存在状态的正面因素。

交通事故与非道德化的处罚

2019 年冬天，一场严重的交通事故将我抛入一个奇特的时空。虽然我的法律身份没有受到影响，但我对汽车、道路与技术理性的关系有了全新的认识……每一个路过的人都注视着这个现场，既有好奇，又有疑惑。对我而言，这是一个不同于日常生活的时间性和空间性的领域。但在最终意义上，这不是一个道德领域，也不是一个法律领域，而是一个损坏—修复的物质与功能领域。

08

20 世纪初，在汽车进入日常生活的早期阶段，这个机械—技术综合体在人的脚步和马车主导的街道上创造了超乎寻常的时间性和速度感，并被视为"权力与阶级身份的标志"[1]。但这种新奇感很快由于越来越多的交通事故而变成一种与提防、恐惧相关的现代感觉，并很快引起法律的介入。

这个过程中出现了两种新状况。一是法律管辖范围的扩大。汽车所占领的道路被纳入法律的监视视野，但这个视野针对的不是汽车本身，而是驾驶汽车的人。所以，这种覆盖是间接性的，与之相关的是惩罚力度的弱化。相比于人与人之间的冲突，法律对于汽车及其驾驶者的惩罚要更轻微。由于汽车驾驶属于技术理性的类型，在汽车伤人的事故中，驾驶者在干预技术理性的过程中会出现不可控的结果，所以虽然有人受伤或殒命，却并非由于驾驶者的主观故意。

第二种新状况是汽车被塑造成一种类人化的身份。由于汽车没有可反馈的感觉系统，所以法律对它的惩罚就没有意义，但为之赋予可追踪的身份可以快速地发现驾驶者的信息，所以车牌承担了这个类人化身份的指代功能。类人化的身份是一种部分意义的存在状态：首先，车牌并非在全部时间里受到注视，或具有标注身份的功能；其次，这种身份没有像人类那样具有明确的主体愿望，它从来都不会因为自尊或自爱而渴求外界的注视或认同。而在人类中心主义的行为机制中，这些注视和认同是如此重要，以至于有人为了获得这些东西而不惜使

- 1 [美] 科滕·塞勒：《汽车化时代》，第 55 页。

自己处于危险境地，"这是人的天性"[1]。配备车牌的汽车不一样，它不会成为一个道德主体，也不会成为一个具有自然生命的个体。在法律意义上，它是人的附属物，只能单向度地接受外界的监视。

20 世纪中后期，由于汽车数量急剧增多以及现代电子监视技术的普及，在城市道路拥挤状态下，汽车的速度已被相互抵消。即使在开阔的郊区或在乡村公路上还有疾驰的可能，汽车也不再像 20 世纪初那样具有速度和视觉意义上的优越感，而仅仅是一个日常生活中的普通景观。这个景观中有两个构成要素，一是通行效率，二是公共安全。交通法律经常介入这个情境中，但往往由于事故的轻微性和有限的财物损失，所以处理过程基本不涉及过度的情感和伦理参与。

现代城市的道路上经常有骑摩托的交警通过，随身带有执法拍摄仪和出具罚单的机器。这是一种即时性的执法形式。在社区医院附近，我将车停在路边，但没有注意路边有模糊的黄线，也没注意路边的公交站牌。一小时后，我发现前挡风玻璃上有一个纸条：《公安局交通支队 ×× 大队违法停车告知书》。这个告知书的尺寸和样式类似于超市出具的购物清单，上面有罚单编号、车辆号牌、车辆颜色、车辆类型、违法停车时间、违法停车地点：

> 该机动车在 ×× 时间、地方停放，违反了《中华人民共和国道路交通安全法》第九十三条第二款之规定，请于 3 日后在 15 日内持本通知单，到市公安局交通警察支队 ×× 大队接受处理。

－ 1 ［意］吉奥乔·阿甘本：《无人格身份》，吉奥乔·阿甘本：《裸体》，黄晓武译，北京大学出版社，2017 年，第 87 页。

告知书下面的空白地方是交通指挥大队的公章和执法警察的信息。我接到罚单后第五天去了交警队。交通事故处理中心里面的人不多，其中两个人在谈论如何对待他们认为不公正的处罚。年纪大一些的人说："你就躲着，看他能怎么办？"穿过这个让人紧张与感觉异常的语言空间，我走向违章处理中心。排号机已经暂停使用，缴纳罚款的人太多，已经排到 305，所以不再派发新号。

两天后，我又来到这里，将罚单、驾驶证和行车证交给办事人员。他将电脑屏幕向我侧过来："这里有照片，就是你当天的违法情况，你看看有没有异议。"之后出具《公安交通管理简易程序处罚决定书》，包括被罚人姓名、驾驶证档案编号、驾驶证号、车辆牌号、车辆类型、发证机关、交通警察的盖章或签字：

被处罚人于 2016 年 7 月 18 日 9 点 54 分在 ×× 路实施机动车违反规定停放、临时停车、驾驶人不在现场或者虽在现场但拒绝立即离开，妨碍其他车辆行人通行的违法行为（代码 1039）违反了《中华人民共和国道路交通安全法实施条例》第六十三条。依据《中华人民共和国道路交通安全法》第一百一十四条、第九十三条第二款，决定予以 200 元罚款，记 0 分，持本决定在 15 日内到工商银行、邮政银行缴纳罚款，逾期不缴纳罚款每日按罚款数额的 3% 加收罚款。如不服本决定，可以在收到本决定书之日起 60 日内向人民政府申请行政复议，或者在 6 个月内向人民法院提起行政诉讼。

第二天，我去了代收违章罚款的银行。交完罚款后，工作人员给我出具了《代收道路交通安全管理罚款专用票据》，上面的内容有交款

人姓名、时间、行政机关、驾驶证号码、违章日期、通知单号、违章
行为代码、民警编号、罚款金额（200元）、逾期加收金额、代收机构
签章。

　　这是一个有限度的法律处罚程序。我是一个交通违法行为的责任
人，公安机关有明确的证据，但相关的处罚被限定在非道德化的程序
中。我的日常生活没有被打乱，我的正常身份没有受到影响，甚至我
的个体心理也没有出现紧张或恐慌，自始至终我觉得是在履行一种正
常的功能，完成一个正常的程序。2018年，我又因为停车问题收到
公安机关的处罚通知。由于我在手机的"应用市场"里下载了"交管
12123"软件，所以不再需要去交警队，直接通过这个软件和联网的
银行在两分钟之内就能完成缴纳罚款的程序。

　　2019年冬天，一场严重的交通事故将我抛入一个奇特的时空。
虽然我的法律身份没有受到影响，但我对汽车、道路与技术理性的关
系有了全新的认识。在事故现场，我站在汽车旁边，驾驶室的门开着，
黄色应急灯一直在闪烁，前面是一辆被撞击的汽车，侧面是一辆被刮
擦的汽车。路上的汽车减速慢行，绕过事故现场。每一个路过的人都
注视着这个现场，既有好奇，又有疑惑。对我而言，这是一个不同于
日常生活的时间性和空间性的领域。但在最终意义上，这不是一个道
德领域，也不是一个法律领域，而是一个损坏—修复的物质与功能
领域。

　　11月13日下午3点半，我打开车门，进入驾驶室内。这辆车已
经安全行驶了三年半，没有出现一次故障。现在，我要去幼儿园接小
孩。她已经入幼儿园两个月，最近有些慌，总说在幼儿园的时间太长
了，竟然要吃两顿饭。她还说自己在幼儿园不会哭，但爸爸妈妈要早

一点去接她。汽车离开停车区进入主路，我迅速踩离合、挂挡、踩油门、抬离合，时速提高到 20 公里。前方亮起红灯，但不限制右转弯，我的汽车迅速变换方向。

这一天是暖冬结束的时刻，温度急剧变化，最初是大气温度降低，然后是地面温度降低。前一天下过雨，温暖得像春天。这一天上午下雪，一落到地上就融化成水，但下午气温骤降，地上的水结冰，出发前一小时又突降大雪。然而，车内的暖风系统给了我一种错误的感觉，让我忘记外面的寒冷，也忽略了轮胎对于覆盖着积雪的结冰路面的应付能力。我以平常的速度行驶，在第二个路口前进入左转车道，打开左转向灯等待，"哒……哒……哒……哒……"。绿灯亮起，我趁着对向车辆起步缓慢的机会踩下油门，用二挡起步，迅速穿过十字路口，进入主路，时速提高到 40 公里。

行驶 3 公里后，汽车向右转，进入城市主干道路。前方红绿灯处车辆密集，我的时速减慢到 20 公里。在离前车 20 余米处，我像平常一样踩下刹车减速。但异常状况出现了，刹车踏板变得很硬，同时 ABS（刹车防抱死系统）启动，ESP（紧急情况下车上稳定系统）启动，轮胎处在非正常转动状态，在 ABS 和 ESP 的干预下勉强掌握方向，车速维持在 10 公里左右。我意识到与前车的碰撞已不可避免。

出于本能或逃避的意识，我不想直接撞向前面的车。在那个时刻，我的想法是将坏的结果往后推，希望在碰撞之前还有其他的可能，总之要极力避免撞到眼前这辆车。刹车失效，我旋即拉起手刹，同时向右侧打方向盘，希望从前方车辆和右侧车辆的中间过去。我的车尾向左后侧偏移，车头钻过两车中间。那是一个仅容一辆车通过的极限空间，在这个时刻我只有这个选择。车身向前滑去，ABS 发挥着功能，轮胎一转一停，"咔……咔……咔……咔……"。车辆转向系统部分有效，车身稳定系统勉强维持着车身的稳定性。在钻过这个空间后，我回正方向盘，然后向左行驶，但已经没有机会，右前方的一辆车就在碰撞区。我迅速向左打方向盘，轮胎在路面上滑行，失去转向能力，右侧车头撞到了这辆车左后方的挡板，"砰……"。

碰撞时速为 10 公里左右。在那个时刻，我看到破碎的塑料片在飞，落在汽车前盖上，有透明的碎片、黄色的碎片、黑色的碎片。右前方的汽车被撞向前方移动 2 米多。我的汽车静止不动，发动机在正常运转，每分钟 700 转左右，双闪灯在应急状况下自动闪亮，"吧嗒……吧嗒……"。行车记录仪感应到了碰撞，因其装备了重力感应器，已自动保存下前 15 秒的行车状况。

我坐在车里，雪花飘落在挡风玻璃上，很快就看不清前方。我知道我要负全部责任。我按下安全带卡扣上的红色按钮，"啪"。在这个时刻，我不想听到这种声音，只想躲在车里，幻想着有一个力量，能让乱糟糟的状况复原。我按动左侧车门处的开门锁，车行驶到 10 公里以上四个车门会自动锁闭，"咔"。在这个时刻，我也不想听到这个声音。

被撞车辆的驾驶者安安静静地待在车里。我走上前，敲了敲车窗，茶色的玻璃在小型无声电动机的力量中缓缓落下，一个三十多岁的女人用一双无辜的眼睛看着我，我向她道歉："我试着刹车，但刹车失灵了。"她看着我，没有责备，没有讽刺。这辆车后面的一辆车左前翼子板被划了一下，车窗降下来，驾驶者是一个三十多岁的男人，与我同龄。他看着我："没事，这种天谁都难免。"他开门下车，查看左前翼子板被车轮碰过留下的黑色痕迹。我同样向他表达歉意，"开快了，地滑，刹车不管用了"。正前方的汽车也在那里等着，我走到驾驶室那里，车窗降下来，"我的车好像没碰到"。我转了一圈，确信他的判断是对的。

我站在纷纷而落的大雪里，开始接受我要负担这次事故责任的现实。我首先要报警，然后联系保险公司。我已经连续四年缴纳保险，现在要借助于这个异常日常生活状态的恢复机制。我拿出华为智能手机，6 GB 运行内存，128 GB 机身存储，6.3 英寸屏幕，附加 2400 万像素的照相机，电量显示剩余 43%。当时气温零下 15 度左右，这个手机是我处理这场事故的主要设备。在那个时刻，它也具备证明我的身份的功能。

我问右侧车辆的驾驶者是不是拨打 110，"不是，拨打 122"。我划开手机键盘，点开电话功能，输入 122。人工智能语音提醒："现在您已进入 110 报警服务台，现在线路忙，不要挂机，请稍候。"雪依然在下，很快人工服务接通："您好，事故地点在哪里？"出乎意料地进入了主题，我一时不知道怎么说。对方是一个女士，她再次重复了这个问题。我告知了两条道路的名称，她让我在原地等待，交警一会儿赶到。

随后，我又联系保险公司，在手机屏幕上输入 95511，人工智能语音提示："您好，中国平安，请说出您要办理的业务，您可以说车险报案、购买保险……"我对着手机大声说："车险报案。""现在线路忙，请稍候……现在线路忙，请稍候。"1 分钟后，人工服务接通："请说明事故情况，在哪里发生的，您的车牌号是多少，撞的是什么车，有没有人受伤……请您在平安车险 App 中按照提示上传照片，我们的业务员会尽快跟您联系。"

在汽车驾驶考试中有一个要点：发生交通事故后，在事故车辆后150米的地方放置三角警告标志，防止二次事故。我打开后备厢，取出从来没有用过的三角警告标志，跑向车后方。车辆已经开始拥堵，没有必要将之放在150米远的地方，50米处即可。由于后方车辆低速行驶，很多车绕过了三角警告标志，继续在事故车道上行驶。迫不得已，我将之放在30米远的地方，但仍旧有车绕过标志。最后，我只能将之放在10米远的地方。虽然不符合交通规则，但考虑到堵车状况，这个位置的效果最好。缓行的车辆意识到前方事故，而且有足够的反应时间。

我的手要冻僵了，失去了在温暖状态下的灵活性。我滑动手机屏幕，点击最下方的相机标识，拍照功能启动。镜头画面下方出现一系列类别：大光圈、趣AR、人像、拍照、录像、短视频、更多。我选择了"拍照"功能，然后到事故现场正前方拍了一张，又到正后方拍了一张，然后每辆车的受损处拍一张。那个司机提醒我要拍上车牌号，我又做了补充，最后形成了5张责任认定照片。拨打95511之后不久，一个陌生电话打来，这是大数据时代的现象。这辆车所属的零售店打来电话："我们查到你的车出事故了，严不严重……我们欢迎你来我们这里修车，各方面都有保障……地址你知道，是吧。"

按照保险公司的提示，我打开App，首先出现的是3秒钟的"11·11"广告促销："好车主欢乐购爆款保险单6.8折起，强势返场。"第一个广告消失后又出现了一个小广告："一份心意，送给奋斗路上的TA，下楼踩空、出差、交通、应酬意外等均可保障。"之后App系统工作界面出现，橙色和白色的背景，浅黑色的字体，第一类别包括车险报价、查保单、办理赔、用卡券；第二类别包括开车赚钱、查违章、加油优惠、停车缴费、活动中心、车损测算、年检代办、更多。第二类别下方是一个横向流动的广告：不用奥数基础，也可以玩转"11·11"；一颗枸杞的区块链之旅……在事故现场，我没有时间仔细阅读每一个类别，一天后，我开始在短时记忆的帮助下描述当时的状况时，才能坐在办公室里，重新开启手机，将相关信息输入文本系统里。

　　我点击了"办理赔"的功能，其中的一行字向我解释办理的流程：报案—拍照片—评估损失—支付赔款。我打开上传照片的系列，将 5 张照片一一传入，然后根据提示上传我的驾驶证、银行卡，以及身份证信息。此后，我又不知道怎么办，再次呼叫 95511。上述提示音出现之后，人工服务再次接通："很快就有业务员跟你联系，请保持手机畅通。"大约 1 分钟后，手机响起，话筒中传来一个年轻男人的声音，他所在的环境很嘈杂，气氛紧张，他要大声说话："告诉我你在哪里""碰了几辆车""报警了没有""我不需要来，你将照片拍下来，传到 App 里，我们会根据这些照片定损""今天事故太多了，你明天等我电话"。雪越下越大，100 米处有一个大型商场，建筑北侧有一排装饰灯，各种颜色的光源不停变换，照亮了高高的外墙，以及这一片落雪的天空。

　　我挂断电话，看着后方堵在路上的车辆，车尾的红灯照亮了上方的空气，以及缓缓升起的尾气。本来在三车道上行驶的车在距离事故现场 10 米左右的地方首先并为两车道，随后又并为单车道。路面太滑，后驱车的方向控制机制几乎失灵，包括公交车、卡车，还有高档轿车。那个男司机和我担当起临时交通指挥员的角色，提示前轮打滑的卡车司机注意："你的轮子滑了。"我的声音从嘴里跑出来，穿过雾气，飞入一辆蓝色卡车司机的耳朵里。他的卡车在滑行，方向很难控制，经过前方事故车时只有 20 厘米，最终顺利通过。不久又有一辆车后驱方向失灵，我与那个男司机帮忙推着这辆车，缓缓经过事故现场。我敲开他的车窗玻璃："你找个地方停车，走回家吧，路太滑了。""我也这么想，谢谢啊。"这是一个五十多岁的男人，声音浑厚。

特殊的道路状况赋予敲车窗行为合理性。在这个 40 平方米的地方，等待的司机和经过的司机达成了共识。没有一辆车鸣喇叭，没有一个人摇下车窗责备我。一个五十多岁的人在经过我身边时对着我大声说："小伙子，没事，开到一边去就行。"在拥挤的道路上，汽车文化在一点点地形成。在这个过程中，我扮演了一个反面的推动角色。

对于被动进入这个事件的人，我感到十分抱歉。虽然碰撞并不严重，但我将他们拉进了现代时间的涡流中。他们要在这个时间涡流中旋转几个小时，在大雪里等待交警的出现，看着减速的车辆拥堵在一起。之后，他们要离开这个涡流，转移到另一个关于汽车修复的涡流。这是一个与物质—技术功能相关的、具有期待性的涡流。

开车三年多，我的车已行驶 12636 公里，其间从未有过失控的状况，只有一次急刹车。在双向八车道的路上，我在右侧第二车道以时速 60 公里行驶，一辆黑色轿车侧向过来，没有打开转向灯，直接加速进入我的车道，我只能急速刹车，减到时速 20—30 公里。汽车的 ABS 自动启动，双闪警示灯自动启动，"哒……哒……哒……"。对于这一类驾驶行为，我不时会有正面撞击的愿望。他们或是因为看手机而导致偏离车道，影响到其他车辆的正常驾驶，或者是有意别车，干扰我的驾驶思维。在城市快速路的一个出口，我减至时速 10 公里，打开右转向灯，示意后方车辆让行。这一切符合这个路口的交通规则。

但一辆出租车鸣喇叭加速通过，到前方后又急速左转，并入我的车道，然后快速地踩了两次刹车，刹车灯闪了两次。当时，我想撞上去，但出于本能反应，我踩下刹车，并压住怒火。这是我想撞的车，他们将道路理性推向了一个极端，但今天停在路上的这两辆车不是我想撞的。

　　我在复杂的心情中等待着交通警察。半小时后，一辆警车缓缓开过来，一汽佳宝 V80 小型面包车的警用版，红色与蓝色的警灯在车顶上闪闪烁烁。在我的记忆中，这是我第一次意识到这种灯光是为我而来。一个五十多岁的警察快步走来，左手拿黑色对讲机，"我这里有事故，你等等再说"，然后举起右手，用手机跟人通话，"有没有撞到人……责任有没有争议……没争议先挪车，别挡在道上……好了，先别说了，我这里有事"。放下手机，他来到这里："谁开的车……撞成什么样了……谁的责任……有没有人受伤……有保险吧……责任清晰吗……挪车，挪车，别挡在道上，我还去其他地方，别耽误时间。"那个男司机将车开到路边，开着双闪警示灯。前方那辆被撞的高档车在冰雪路面上方向失控，我和警察帮忙推到路边。警察站在路中间，示意其他车辆停下，我的前方出现了一个 20 米左右的空旷地带。我迅速上车，将车缓缓开向路边。这是一个具有纯粹实践性的高密度话语和行为空间，修辞技巧在这个空间中没有任何作用。

　　之后，警察要求我们三个人出示驾照，然后将之摆在汽车后备厢上："来来来，你们三个都拍照……你们都留下责任人的电话，试试能不能打通。"我将电话告知另两个人，他们给我打来电话。"如果你们的责任清晰，就走保险，赶快开车离开……大雪天开车出来干啥。"然后，他举起对讲机，"有什么事，讲……"，然后又举起电话，"咋的了……"。警察的新任务离这里不远，警车没有开走，警灯在闪闪烁

烁。这是一个人，但在这个时刻，在现代制度意义上，他是一种应对
突发交通事故的功能。

我打开车门，坐在车里，我与这辆车的物质—技术体系的关联性
进入了一个新时刻。此前三年间，我逐渐感觉到我的神经系统，尤其
是感觉系统已经与这辆汽车慢慢融合，车身轮廓、动力系统、转向系
统、刹车系统是我的感觉的外延。这次事故打断了这个进程，轮胎与
地面之间不断变化的关系是这种外延的盲区。我无法把握轮胎的行驶
状况，并根据路况确定车速、转向程度与刹车距离。

我踩下离合器，挂一挡。我的手在发抖，我的脚也在发抖，而且
抖得很厉害，"哒哒哒……"，这是一个难以抑制的动作，就像买车后
第一次上车启动时一样。前方的车堵在路上，一片红色的汽车尾气在
缓缓上升，从天上落下的雪花也被照成红色。一路上，我都在用一挡
往前滑行。我努力控制着左腿，使之安静下来。

这场事故改变了我的驾驶心理状态，并让我意识到日渐生长的汽
车文化。这是现代城市生活状态的一个方面，也是一种与机械相关的
公共状态。被撞的驾驶者，以及经过事故现场的驾驶者展示了最大程
度的善意与宽容。我的驾驶行为引发了交通事故，但没有受到任何一
方的责难，被排除在集体道德评判之外。我的车速保持在 6 公里左右，
我透过玻璃看着前方，车内开着暖风，落在玻璃上的雪很快融化。我
打开雨刮器，每 5 秒刮一次，"嗒……嚓……，嗒……嚓……"。前方
的视野很清晰，我却看不远，仿佛坠入一个雾团里。我还是不清楚接
下来要怎么办，因为我从来没有进入过这种机制。车险业务员告诉我
明天等电话，我要在迷惑中度过这个夜晚。

我向右转入另一条路，前方都是车。我决定将车停在路边，坐地

铁回家。我关闭发动机，开门、锁门，下车后来到车辆的右前方，看着这个受到撞击的机器，它不会说话，没有意识，只知道听指挥，却是一个改变人的空间感、距离感与时间感的机器。它是奴隶制度的替代者。如果有一天，人类社会的机器都不运转了，奴隶制度中的动力类别会不会重新回归？我又回到发生事故的地点，地上铺满了被撞碎的塑料器件。那辆被撞的高档车由于是后驱系统，在冰雪路面上前轮方向控制几乎失灵。那个女人的丈夫来了，他负责开车，她在一侧推着车身，防止撞到路边石头。我上前帮忙。等停下车，她的丈夫从车里下来，我们握手，我再次表达歉意，"没事，大雪天正常，谁愿意撞车"，"等事故处理完了，我请你们吃饭"，"不用不用，都忙"。

那个男司机也回来了。他与我的思维一样，先将车停在一个地方，想其他办法回家。他嘴里叼了一根烟，我向他要了一根。他嘿嘿笑，拿出一盒烟，6元的迎春系列，又掏出打火机："哥们，你别上火，没什么大不了的，上一次在快速路上，我的车被夹击……前一辆车急刹车，在快速路上谁也不知道会急刹车啊，我也跟着急刹，后面还有一辆出租车，也刹住了，但第四辆没刹住，直接撞上了，然后四辆车堆在一起。""谁的责任？""最后一辆车的，倒霉啊。"说完，我们挥手而去。保险制度让个人在应对日常生活的异常状态时具有了更高的尊严，不再用拳脚获得正义感，以此补偿受损的心理。

第二天上午8点，我在等待保险公司业务员的电话，一直等到9点半都没有消息。我回拨业务员的电话，系统显示一直占线。5分钟后，我再次拨打，"嘟……嘟……嘟……嘟……，您拨打的电话没有登录"。我重新打开车险App，在理赔栏中发觉一个问题：昨天下午联系的时候由于匆忙没有录入那辆被轻微划过的车的信息，所以现在系统显示双方事故，不是多方事故。我担心理赔出现问题，于是重新拨打95511，向人工智能客服报告车险报案的诉求，人工智能自动回复：您近三天有事故处理事宜，是否想咨询该事故的理赔进度？我说"不是"。系统自动转接人工客服。一个年轻女士接听了我的电话。我说明了问题所在，她回复说："这不会影响理赔，在定损的时候您再增加上这辆车就可以……请问还有什么需要帮到您的？"对方挂机后，人工语音再次响起："请评价我们的服务，满意请按 1，不满意请按 2，谢谢您的合作。"

中午 12 点，这个业务员打来电话。他在一个房间里，身边的人都在打电话。他有两部电话，另一部电话的人还在问他问题："你现在就去交警队，开责任认定书，然后去修车……我已经说明白了，你现在就去交警队，拿到责任认定书，然后去 4S 店，到了给我电话，我就帮你联系了。""喂，你什么事？"我知道他在跟我说话："我昨天下午撞车了。""在哪里，车牌号，我查一查……怎么没有记录……你打开 App，看看报案号是多少。"我切换手机工作界面，打开社交工具，点击 App，选择理赔类别，第一行有一个 20 位数的报案号，我记录了最后六位。其间，他又接通了另一部电话："你当时报案了没有？没有人提醒你打 122 吗？那你怎么办？去交警队问问吧，看看怎么办。"

我告诉他报案号，很快他查到了："去修车就可以了，去 4S 店，等等，我看看你有没有 4S 店专门险……没有，那就去不了，去我们指定的修车店。""对方的车去哪里修？""他们去 4S 店。"我联系被撞的两个人，告诉他们现在可以去修车了，高档车的司机问是不是要一起去交警队划定责任。我不清楚，这一次改用微信联系那个车险业务员，"还需要去交警队吗？""用""修车前去还是修车后去，你能不能帮我查一查当时是哪个交警队出的警""这你得打电话问 122""三方是不是需要一起去交警队""都得去"。我转而拨打 122，这一次没有人工智能语音，一个男话务员接电话，"你在哪里撞的车……联系区交警队就可以"。

事故三方约定下午两点半在区交警队见面。我赶到路边，等待出租车。5 分钟后，一辆车赶来，停稳，开门，上车，闭门，"砰"，司机四十多岁，头发几乎都掉光了。"去哪里？""交警队，撞车了，昨天的路太滑了。""可不，昨天 18 公里的路我走了两小时，干脆停车不拉了，那车撞的，一溜一溜的。"车载音响中传来一阵歌声，中性女音：

> 花花的世界忙碌的你我，
>
> 成功的路都是坎坎坷坷，
>
> 什么是幸福什么是活着，
>
> 就说这赚钱吧多少是多，
>
> 悠悠的岁月你说你也困惑，
>
> 人生的路总是起起落落，
>
> 什么是辉煌什么是落魄，
>
> 平安就是福要多少是多，
>
> 人生总有起起落落，
>
> 有矿没矿也别嘚瑟，
>
> …………

在交警队门前下车，我打开微信，下方有四个类别：微信、通讯录、发现、我。我点击"发现"，从上到下排列了四个栏目：朋友圈、扫一扫、附近的人、小程序。我点击了"扫一扫"，镜头对准一个绿色的二维码，手机传来很清脆的提示音，"吱"，手机屏幕显示支付页面，我填入了 10 元，点击支付，输入密码，对方的手机收到车费，"微信收款 10 元"。之后，司机给我打印了一张乘车发票，用随车的微型打印机打印，内容包括发票代码、发票号码、车号、日期、上车时间、下车时间、单价、里程、燃油附加税、合计。发票中间有提示信息：手写无效。

　　我再次进入交警队办事大厅，一侧是办公室，门牌上标示责任划分一室到四室，深棕色的普通门，价格 1000 元左右，浅黄色的地砖，80 厘米见方，乳胶漆刷成的白色墙面，墙上有两组宣传画。第一组是交通事故责任划分图例：未按导向车道指示方向行驶的，图中所示 A 车负全责；行经交叉路口、窄桥、弯道、陡坡、隧道时超车的，图中所示 A 车负全责；逆向行驶的，图中所示 A 车负全责……第二组是交通事故快速处理，包括处理交通事故所需资料（能够反映事故现场地点、相对位置及违法行为事故现场照片，双方驾驶员驾驶证、行驶证，双方事故车辆，双方交强险保单复印件），发生事故后事故现场拍照的几种情况（在确保安全的情况下，要对现场拍照，拍照的要诀是站得正、拍得全……），十字路口事故肯定要多拍几张，四个方向多拍一点，反映出两车在路口的位置情况，对于两车相撞部位的局部照仍然需要，如果来得及，能把红绿灯情况涵盖进去最好。另外还有追尾事故和变道引发事故的拍照技巧。右下角是两个卡通化的警察，微笑着敬礼。

　　一个五十多岁的警察从责任一室走出来。他问旁边的两个人："你们怎么回事……出事故后报警了吗……没报警我们没法处理。""保险公司说不用报警。"警察有些生气，他的眼睛里布满了血丝："你要分清谁是上级单位，保险公司是我们的上级单位吗？警察没有到场，就不能确定你是不是酒驾，也不能确定是不是将车借给别人了，你们说是不是？"他转而看着我，然后补充道："发生了交通事故首先要报警，这不是常识吗？"那两个人到一边商量对策："你说怎么办？交警队有认识人吗？"其中一个三十多岁的男人翻开电话，到一边打电话。

这个警察进屋后，责任三室的警察出来，对我们一行人说，"你们先回去吧，我们都 24 小时没休息了，警察也得睡觉，"他指着责任二室里的一个年轻警察，"他已经困得不行了。"然后，他抽了一口烟，用这种方式作为激活身体机能的方法。他已经没有多余的精力维持警察的着装要求，裤子拉链只拉到一半，他又抽了一口烟，转向旁边一个三十岁左右的人。他的左臂上方有标识牌"城市管理执法"，"我们的车撞树了，哈哈哈，园林局要求赔偿"。这个警察让责任二室的警察出来："你给他们开责任书，写清楚问题，让他们去修车。"

责任三室的警察不再让我们离开。他让我们到他的房间，首先询问情况："之前报警没有，我看看你们报警打的电话……怎么撞的……谁是责任方，责任明不明确……我看看你们的照片。"他喊来责任二室的警察："事故责任明确，这辆车全责，你去给他们处理。"我们到了责任二室，等待城管车辆事故责任书完成，这个年轻的警察坐在椅子上，眯了 10 秒钟，他太累了。睁开眼睛后，他再次看了照片，然后在手机上快速操作，"违反交通法第二十二条的规定"。很快，一份《道路交通事故认定书（简易程序）》完成，事故三方在手机屏幕上签字，并各自用手机将这份认定书拍下来，内容包括事故时间、事故地点、当事人（驾驶证或身份证号码、联系方式、交通方式、机动车类型、牌号）、交通事故事实及责任、损害赔偿调解结果。最后有一行提示：
当事人对交通事故认定有异议的，可以自道路交通事故认定书送达之
日起三日内提出书面复核申请，同一事故的复核以一次为限，损害赔
偿有争议的，当事人可以申请人民调解员调解，或者向人民法院提起
民事诉讼。注：此文书存档一份，交付各方当事人各一份，可使用无
碳复写纸制作。"交通事故事实及责任"栏目中明确了事故责任和相关
依据："《中华人民共和国道路交通安全法》第二十二条，机动车驾驶
人应当遵守道路交通安全法律、法规的规定，按照操作规范安全驾驶、
文明驾驶。"

　　屋里屋外是浓厚的烟味。这些烟雾进入人的肺部，又呼出来，多
次循环，没有限度。他们彻夜不眠，用这些多次循环的烟雾对抗重复
性的裁判工作。责任一室的警察又出来，对坐在凳子上的三个事故相
关人员说："你们协调好了没有？"这是一个责任不明确的事故，双方
从头至尾并没有交谈，互不理睬。冰雪道路没有消解他们事故的道德
因素。"你们进来"，双方再次进入一室，房门关上。

　　这是现代日常生活中的一个独特空间。它的出现是不可预料的，
消失得也很快。在我报警之后，本地调频的交通栏目很快捕捉到这个
路段的拥堵状况，向全市发布提示信息："此处有事故，请途经车辆注
意躲避，或绕行。"事故结束后，我根据城市电子地图提供的交通数
据，看到这个路段上一度有两公里的拥堵，拥堵处全部显示为红色，
未拥堵处显示为蓝色。在这个日常生活的异常状况出现时，世俗道德
自始至终没有介入，法律体系也没有介入。我在交警队确认责任方时，
交通法短暂介入，但是以告诫的语气，而不是惩罚的语气。很快，我
收到交警队发来的短信：

> 您于 11 月 13 日，在吉 × × 路发生交通事故，经民警认定，您负全部责任，文书编号为 220102420198008029。对方 × × ×，无责任，联系方式 × × × × × × × ×；× × ×，无责任，联系方式 × × × × × × × ×。如您对认定有异议，可在三个工作日内提出书面复核申请。您可通 122.gov.cn 或"交管 12123"App 查看事故详情。

我坐在工作室的电脑前写了一天，完成上述部分后，我的思维变得不明晰，在键盘上敲击的拼音经常出错，所以要重复按删除键，然后重新输入。我的邮箱提示来了新邮件。我打开邮箱页面，浏览器自动为我保存了用户名和密码，不需要重新输入，只要点击登录框即可进入邮箱系统。两个巴基斯坦的学生跟我联系，希望获得推荐信，以此申请中国政府的来华留学资助。其中，一个学生毕业于巴沙瓦大学（University of Peshawar），他的信写得很随意，英语字母大小写不分：

> 亲爱的教授，我是 MJ，来自巴基斯坦。我已经完成双硕士学位，一个是历史，一个是政治学，现在我想来您的学校继续读博士学位。我看了您的资料，我对您的研究十分有兴趣，我想在您的指导下学习，我希望能继续我的学业，并获得中国政府的奖学金，我请求您给我一张接收函，并作为我的指导老师，这样，我就能进入您的院系，如果我成功获得了奖学金，这对我是一个荣耀，我会十分感谢您。我急需您的帮助。

另一个学生来自哈扎拉大学（Hazara University）。他已经从旅游管理专业毕业两年，目前在一家酒店工作。他说自己有探索的好奇心和冒险精神，他希望能跟我读研究生：

尊敬的教授，我希望您收到这封信的时候状态不错。我是 SK，我已经在旅游与酒店管理专业获得了本科学位（荣誉学士）。亲爱的教授，我看过了您的资料，并且发现您的研究领域十分符合我的兴趣。我希望在您的指导下完成硕士阶段的学习，我的学习将由中国政府奖学金资助，这会让我有一个完成我的梦想的无比珍贵的机会。我需要一封接收函，因为这会增加我录取的几率。如果您给我这次机会，并担任我的导师，我将对您十分感谢。

收到这两封信的时候，我为我的研究获得国外认同而高兴，但在后续交流中，我意识到不是因为我的学术声誉传播到世界，而是因为中国政府的奖学金极为丰厚，他们渴望得到资助。我能够出具作为必要条件的推荐信，但他们未必了解我的研究。我需要了解他们的研究方向，希望他们能告诉我他们为什么来中国学习，有没有具体的研究计划。我点击收信栏，系统显示已经阅读的邮件，点击邮件上方的"回复"框，开启文字输入模式。邮件发送之后，第二个学生很快回复了一个题目。我希望了解更多的信息，但他之后没有回信。第一个学生有些急切，他向我说明了是来读博士，希望获得资助：

先生，我已经完成了两个硕士学位，一个是政治学，一个是世界历史，我现在想尽快进入博士阶段。时间飞逝，我的学业已经有所耽误了，我希望一切都快一点。所以，我希望您能在这件事上合作，尽快通知我行不行……但我没有研究计划，我应该做什么？我认为首先应该完成注册，然后再选择研究题目，也就是说首先学习课程，然后进入研究。请您不要介意，我做错了吗？

我看着电脑屏幕上这些处在静止状态中的文字，察觉到写作模式几乎一样。我认为自己不具备指导他们的能力，所以没有出具推荐信，但仍然希望他们能够找到适合自己的导师，实现自己的愿望。我的右手握着鼠标，将光标移动到网页右上角的 × 处，用食指点击关闭框，这部稿子的文本系统再次出现，但此时我已经没有力量再写下去。我将光标移动到文档的左上角，点击保存框，文档下方显示栏显示"正在保存"。保存完成后，我将光标移动到右上角，点击 ×，关闭电子文档。

保险制度下陌生人的信任感

这套程序的背后是现代化在陌生人之间所塑造的信任制度。一群之前不认识，之后也不会再见面的人，在一种虚拟与抽象的状态下按照这套信任制度执行约定的义务……现代陌生人社会中的信任制度源自一种面向未来的视野，是对未来的预判……当突发性事件突然出现之后，那个关于未来的抽象视野立刻变成当下的真实状态。传统意义的信任感往往会被这类事件的突发性或破坏性所震惊，甚至会失效，由此引发一系列个体情感意义的悲剧，但预见性的信任机制由于打破了事件与时间的顺序，所以会以之为可接受、可处理的正常状态。在这个过程中，未来已经进入当下的日常生活。

　　日常生活中的撞车事故发生时往往会出现个体意志悬置的情况。驾驶者的身体机制按照一个基于经验和临时判断而形成的意志快速准确地操作，注意力高度集中，踩刹车，转动方向盘，希望避开危险。但这类意志与实际后果处于一种逆向的状态，不能避免事故，更多的是改变了事故的时间性和空间性。本来在这个时刻要撞击前一辆车，结果在另一个时刻撞击了另一辆车，而且自己所驾驶的车可能出现连续翻滚的严重后果。在普遍意义上，这是一个悲剧的发生机制，也就是在违背个人意志或集体意志的状况下，一些破坏性的结果不可避免地发生了。如果将这个时刻延长为一年或两年，驾驶失控的逆向后果更加严重，并会导致一个具有更加深刻意义的悲剧。但在现代保险制度下，这个悲剧很快被凝固下来，预设性的保险制度及时地制止了消极后果在经济领域、道德领域、生命领域中的蔓延，使其对于普通人的日常生活不再具有连续的侵害性。

　　我的汽车引发事故后，相关的三方去交警队确定了责任，保险公司随即主导着事故处理的进程。我将车开回来，2019 年 11 月 16 日从这个日常事故的旋涡中脱身而出，去上海参加学术会议。我发言的题目是《日常生活的理论意义》。17 日上午 8 点半，工作人员打开黑色的话筒，我开始了一段具有实践性背景的发言："我来这里参加会议，首先坐出租车 1 小时，然后在机场等待 2 小时，飞机行程为 3 小时，然后再坐出租车 1 小时，到达酒店休息，回去时我还要反向重复这个时间与空间序列，最终目的是坐在这里发言 10 分钟。各位都关注在这 10 分钟里我提出的观点，但我更关注这 10 分钟背后的日常生活进程，发掘日常生活的理论意义……"

近四年，由于照看新生的孩子，我无法长时间地专注于历史资料的阅读、整理，我承担了买菜、做饭、洗衣等一部分日常事务，总之，我深深地陷入日常生活的时间性和空间性之中，丝毫没有逃脱的可能。我开始重视这个无处不在又转而消失的微小事件领域，并以一种日常生活的视野去反思历史研究的机制。一些历史事件的重要性被无限放大，但支撑这些事件的日常生活不见了，这些历史事件在孤立的状态下获得了非实践性的阐释。在学术研究的意义上，这是一种"事件形而上学"[1]。

这场交通事故为我提供了一个突破"事件形而上学"的机会，我要从日常生活的完整事件领域中发掘一个阐释的序列，而不是以抽象的方式构建一个孤立事件的虚拟场景。在上海参加会议前后以及在发言期间，我都在想着如何处理这场事故，去哪里修车，如何避免新的问题。如果像往常一样将这类事故看作日常生活的侵犯者以及思想研究的干扰因素，那么我会排斥它，厌恶它。现在我改变了态度，将之看作是一种日常生活的正常状态。它没有在个体的时间性和空间性中制造分裂，而是让我感受到日常生活的丰富性以及思想的实践性。

11 月 20 日，我从上海回来，将受损汽车开往保险公司指定的修理厂。开门、上车、启动、系安全带、踩离合、挂倒挡，然后再换一挡、二挡、三挡，机械系统一切正常，但我的驾驶心理已经不同于以往。汽车在路上行驶，迎面而来的人注视着右前方的破损处，有人疑惑，有人惊奇，有人安之若素。这辆车吸引着目光，行车记录仪又记

- 1 François Dosse, *Renaissance de l'événement, Un défi pour l'historien: entre Sphinx et Phénix*, Paris: Presses Universitaires de France，2010，p.160.

录了这些目光。由于没有突发性的碰撞，这些数据只是在记录仪的屏幕上短暂停留，然后消失不见。这是一些不带有任何道德和意识形态评价的目光，由于都是不可预期，而且一晃而过，所以这些目光最终不会进入一个被重复观看或审视的领域。

碰撞事故仍旧让我心生胆怯，但我对这辆车的机械系统充满了信任，起步、加速、刹车……在寒冷的城市道路上，我超越了前方的大众、丰田、别克、宝马、本田、马自达、北汽绅宝、南京依维柯、尼桑等品牌的汽车，也不断地被它们超越。城市主路上的积雪已清理干净，但驾驶者仍旧有一种思维惯性，总以为在冰雪路面上行驶，所以车速比夏季要慢。前面一个左转车道上有很多汽车在等候，一直到左转灯第四次亮起，我才得以通过。前方的电动公交车加速能力出色，没有声音，起步时总会落下我 20 米距离。这辆车有长方体形的车厢，上面是白色，下面是绿色，车尾右下方有标识"×× 纯电动……ReCtrl"。在零下 20 度低温环境下，车载电池系统具备应对严寒的能力。我之所以关注这辆车，是因为在物质主义的意义上它是现代城市自我更新的机械符号，道路噪音降低，空气污染减低，乘坐舒适度提高，物质、人员与信息流通速度提高。

在城市快速路体系中，我很快意识到走错了路，只能就近离开，然后进入一片装修商店所属的区域。到处是石材、钢材零售店。我迷路了，失去了方向感。我在路边停车，抬起手刹，打开手机里的电子地图，选择要去的地点，然后启动电子导航，一个温和的女声开始指引路线：

向前行驶 150 米，在红绿灯处左转……当前红绿灯处请直

行……即将通过火车道，请直行……前方50米处是红绿灯，请左

转……红绿灯处请左转，请进入左侧车道……直行800米，在红绿

灯处向右转……当前红绿灯处请直行……

前方道路狭窄，两边的积雪尚未清理，两车道被积雪压缩为一车
道。这一区域的上方有四颗北斗卫星在检测，并通过三维定位提供误
差小于10米的位置数据，然后通过智能手机里的地图导航系统转换为
声音提示或可视场景：

向前行驶2.4公里，之后向右转……当前红绿灯请直行，当前

车道都可通行……当前红绿灯请直行，当前车道可通行……在前

方红绿灯处向右转，请走右侧车道……请直行700米，到达目的地。

这是一片被城市意识形态所排斥的领域，路上布满泥泞、垃圾、
石块，路边是低矮破旧的隔热板房，房子的烟囱里冒出取暖和做饭用
的煤烟，但仍旧被现代技术纳入一个在空间意义上可区分的、平等的
领域。我将车开到修理厂门前，导航系统提示我已到达目的地。我关
闭发动机，开门出来，一个女业务员出来迎接："修车啊？""是，走保
险的。"她上前观察碰撞部位，指着防撞钢梁说："都歪了，得调。"我
打开发动机盖，仔细对比两侧的钢梁，右侧一角有一点凹陷，但整体
没问题，我坚持不要动钢梁："给我更换撞坏的配件就可以，大灯、转
向灯、挡板、日间行车灯，一定不能调钢梁。"她让我到办公室登记：
"身份证、行车证、驾驶证，都给我。"她放在桌子上，逐一拍照。

汽车修复前的审核发生在一个日常化的空间里。办公室的窗台上

有两株君子兰，一株绿萝，墙上挂着一台石英表，地上有一辆黄色的儿童玩具塑料车，旁边的墙上有一幅财神图日历："恭喜平安发大财，黄金宝地财神来。"桌子上横七竖八地摆着各种物品：一台电子计算器、一个茶杯、两个充电器、一支笔、一卷纸、三串钥匙、一袋饼干、一份《新文化报》，旁边有一台自动饮水机，上部分是一个 20 升的透明塑料罐，水量过半，下部分是电控开关。透过旁边的玻璃窗能看到修理车间的一面墙上挂着防火标识牌："防火巡查、检查制度，消防安全教育，培训制度，三级消防管理制度，火灾隐患整改制度。"另一面墙上挂着广告："您的爱车变速箱健康吗？为您的爱车更换过变速箱油吗？专家建议 2 年或 2 万公里更换，×× 汽车零部件有限公司。"旁边是一幅变速器专用油的介绍："黏湿性能、抗磨性能、抗氧化性能、降低油耗""源自 ××，品质保障，专业技术，值得信赖"。

——几天能修好？

——得个七八天。

——前天我跟你们老板打电话，他说最快三天。

——哪能那么快？我跟你说三天，那么快能修好吗？糊弄完了，不还得费劲？……我给你催一催，争取快一点……你将车里的东西收拾一下，车钥匙留下，我给你开单子，修好了给你打电话。

以前，我厌恶这种冷漠的坦诚，但随着阅历的增加，我开始喜欢这种态度。她在实话实说，没有欺骗的动机，所以没有讨好的必要。相反，我越来越厌恶那些用优雅的言辞和纯真的表情包装起来的虚假，开始时是为愉悦人心，但等到真相到来，之前那些温暖的言辞会让人厌恶。

　　之后，她出具了一张编号是 0000378 的《汽车维修进厂检验单》，包括<u>车牌号</u>、发动机号、车架号、<u>送修日期</u>、<u>联系人电话</u>、<u>车型</u>、注册登记日期、<u>里程表示值</u>、交车日期、维修类别、车身确认（凹陷、掉漆、划痕、裂纹、破损、锈蚀）、功能确认（天窗、座椅、音响、空调、点烟器、防盗器、玻璃升降、油量确认）、物品确认（眼镜、备胎、警示牌、工具包、千斤顶、灭火器、香烟、酒、现金）。划线处为填写的项目，其他项目处在空白状态。检验单下方是维修项目，填写"右前碰撞"。"你签字，保存好，下面有我们的电话。"

　　我将车钥匙交给她，准备离开修理厂。这辆车的钥匙是第一次要由别人保管，接下来的几天它会经历什么、修理结果是否让人满意、保险公司与这个修理厂是否能承担起日常生活机械体系的修复功能，这些问题要在一星期后出结果。我希望有一个好的结果，但也准备好接受坏结果。我要从这个过程中探查汽车与保险行业的真实状况。

　　三年多的时间里，这辆车的机械性能已经进入我的神经系统，并以其运动性改变了我的视觉景观以及在机械状态下我对身体功能的预期。我经常驾驶这辆车去城市与乡村的边界，一边是破旧的单层小房子，街道破碎，一边是 30 多层的现代电梯住宅楼，路面整洁。我也驾驶着它去过现代城市里的回迁小区，透过车窗能看到日渐改变的无序与粗鲁的生活方式。现在，它要以一种沉默的状态进入汽车修理体系。车身内部有多种感应器，刹车造成车身偏移时，这些感应器能自动调整轮胎转速，保持平衡。它有定速巡航的能力，时速 40 公里以上时保持匀速行驶，无论上坡还是下坡。油箱内部也有感应器，时时报告燃油量。这些感受力只具有定向功能，无法感应修理过程中的状态。

　　我想将我的写作计划告诉保险公司和修理人员，但这不符合这类写作的基本理念，也就是在自然的、不受外界干预的状况下记录日常生活中的语言、空间与物质状况，在档案生成机制中留下那些不可预期的日常生活场景。这是日常生活写作的基本理念。

　　在这些场景变成断裂的记忆之前，我要将之记录下来。我用的是一台联想品牌的台式电脑。我的左手旁边有一盒"风寒感冒颗粒"，主要功能是解表发汗、疏风散寒，用于风寒感冒、发热、头痛、恶寒、无汗、咳嗽、鼻塞、流鼻涕等症状。每袋装 8 克，口服一次 1 袋，一日 3 次，盒子下方是注意事项："请仔细阅读说明书并按说明使用或在药师指导下购买和使用。"盒子旁边是一管固体胶水，"晨光优品高粘度固体胶"，保质期 18 个月，"用后请立即盖上盖子，请勿置于高温或阳关直射处，不适合三岁以下儿童使用，慎防发生危险"。

　　电脑显示器下方是一堆小卡片，我将一些在日常生活中突然冒出来的想法记录下来，不然它们会消失不见。其中一张记着："人与机器的关系是现代历史的核心要素，无产阶级运动与此有关。"另一张记着："智能机器将人驱离工厂，将人的历史思考驱离工厂，这个时代的物质状况在未来会变得不可见。"电脑显示器的右侧是一台简易打印机，打印机右下方有一个"中国能效标识"，"推荐使用原装硒鼓，对因使用非原装零配件或非原装耗材而引起的机器故障等损坏，不予负责，用户需自行承担修理费用等相关损失"。

　　办公桌剩余地方有一包简易纸抽，"150 抽，3 层精美压花"。包装背面有一个二维码，"扫一扫，关注官方微信"。纸抽旁边是一摞备课用的书籍：《南极洲：从英雄时代到科学时代》《词与物：人文科学考古学》《18 世纪法国人的日常生活》（ *Le XVIII Siecle, Francais*

au Quotidien)、《马丁·盖尔归来》、《人如何书写历史》、《2011 年
法国社会科学高等研究院课程表》(*Programme des enseignements et*
seminaires 2011—2012)、《玛雅诸帝国》、《鸣鹤园》、《莫斯科日记》、
《思想史：从火到弗洛伊德》。桌子右上角还有一个汽车空调氟利昂的
小铁罐，这是三年前我从汽修学校带回来的。2016 年，我在那里学
习汽修技术，老师给学生演示如何给汽车空调加制冷剂，我将之保存
下来，总想着有一天我要将之纳入文本记忆系统："HFC-134a 汽车
空调专用冷媒，成分 CH2FCF3，纯度 99.9%，水分 0.003%，酸度
0.0001%……内含高压气体，不当使用会导致剧烈伤害，不得加温超
过 40 摄氏度，使用时请做好适当的眼睛防护。"

第二天下午，我乘坐出租车去修车店询问车辆受损与修理状况。
进入出租车副驾驶，前面有行业规范：

安全快捷不违章，车容整洁无异味，招手急停不甩客，优质服
务不拒载，按表收费不绕路，文明用语不吸烟，尊老爱幼送温馨，
拾金不昧良心安。

行业规范左侧是"讲文明树新风"的公益广告：

——文明是什么？
——文明是礼让，是斑马线前多一秒的等待。

最下方是提示：车内禁止吸烟，投诉电话 ×××××××。车
前中部的电子音响系统屏幕上有五个栏目：DJ、热歌、抖音、飙升、

最新。扬声器里传出轻音乐《贝加尔湖畔》：

> 在我的怀里，在你的眼里，
>
> 那里春风沉醉，那里绿草如茵，
>
> 月光把爱恋，洒满了湖面，
>
> 两个人的篝火，照亮整个夜晚，
>
> 多少年以后，如云般游走，
>
> 那变换的脚步，让我们难牵手，
>
> …………

　　出租车司机四十多岁，有幽默的天赋。"去哪里？""……""你不用说得那么详细，我一听路名就知道。""你开车几年了？""与几年关系不大，我悟性高。""哈哈哈，脑袋里有张地图，记忆力好啊。"他的车速很快，驶入对向车道超过一辆又一辆车。我打起精神，害怕紧急情况下刹车失效。"对，但有时候也迷糊，尤其是三个人拼车时，一个人到这里，一个人到那里，还得记着里程费，再加上有时候睡不好觉，或者干一天累了，就迷糊了。"超过一辆出租车，他又继续说："你看那小子，在红绿灯处还跟我比加速，转眼就被我超了吧，我就超出租车，私家车我都让着，哈哈哈。"他的距离感与速度感极好，在高速行驶中，前方车辆与右方车辆之间有六七米的距离，他的车能迅速地钻入这个空隙，变道超车。《贝加尔湖畔》在重复播放：

> 就在某一天，你忽然出现，
>
> 你清澈又神秘，在贝加尔湖畔，

你清澈又神秘，像贝加尔湖畔，

…………

　　出租车在预设地点停稳，我打开微信，对准司机提供的二维码，点击扫一扫，付钱，输入密码。对方手机发出提示音：微信转账 16 元。开门，告别，关门，"砰"。我站在一栋废弃的筒子楼前，墙面斑驳破旧，多数窗户已拆除。这栋楼已进入拆迁模式，市政用绿色挡板围起来，将之隔离于日常生活的时间与空间之外。

　　这一天待修车辆很多，停在修理厂附近，都是碰撞事故。我走入一个 10 米高的宽阔车间里，沙土地面，虽做过硬化处理，但年久失修。墙上有铁质窗框，穿过很长的时间停留在现在的时空中，上面的玻璃已破碎很久。这是一个破窗效应（Broken windows theory）的理论原型。我的左侧是一堆崭新的机油桶，右侧是一堆夏天挡雨的沙袋，沙袋上放着一些已损坏的汽车翼子板，再往前有一个没有门板的门框，上方用淡蓝色的塑料薄膜封起来。下面有两个军绿色棉被，用于冬天挡风。门的左边是一堆汽车零件、废旧轮胎、轮毂、油箱等。

　　我的车停在这个修理空间里面。它的前侧碰撞部位已拆分完毕，水箱、发动机、刹车系统、电路系统、转向系统、空调系统未受到损坏，大灯、转向灯、日间行车灯、前侧翼子板需要整体更换。维修工衣服上油渍斑斑，但眼神中透露出精确的数据思维："基本没损坏，换换前面的就行……大概三天吧，这都是小活，简单……一下雪我们这里就忙不开，开车难免刮刮蹭蹭。"

　　我递给他一根烟，他吸完第一口，在烟雾从嘴里喷出的时刻，他转过头，高声回复外面传来的问题。负载信息的声波穿过破碎的窗户、淡蓝色的塑料薄膜和军绿色棉被，到达他的耳朵，经过耳膜的震动，进入他的神经系统。他的神经系统在跟我说话的同时感觉到了这个声音，在我等待的间隙做出一个回复的指令。他的面部肌肉开始运动，他张开嘴，调整呼吸，变化舌头，发出声音。为了让声音传得更远，他提高声膜震动的频率，并调用更大的肺部出气量。他的出身和技能让他在这个地方从事卑微的工作，但在生命机制上，他与担负国家命运的人是一样的。这是一种生命意义的平等状态。

两天后，我的手机在黑色的羽绒服口袋里震动，"嗡嗡嗡……嗡嗡嗡……您的车修好了，一小时以后可以来取"。我在路边向一辆出租车招手，红色的刹车灯亮起，我快步走过去。一辆公交车从第二车道经过，减速驶离狭窄的路段，然后踩油门加速，"嗡嗡……嗡嗡嗡嗡……"。一路上，这个司机说过两句话。经过一辆骑电动三轮送餐人时，他看起来有些兴奋："你看那人，这么冷的天也不戴个帽子，哈哈哈哈。"第二句话出现在一个十字路口，他挂挡时没找好位置，变速箱传来齿轮半咬合状态的摩擦声，挂入挡位后他自言自语："整天忙活，都是为了几个钱，但一天到晚也挣不了几个啊。"我扫了他手机上的二维码，输入 16 元，然后输入支付密码，手机自动提示付款成功。我打开车门，转身离开。出租车发动机转速提高到每分钟 1500 转，一挡起步，很快加速到时速 10 公里，然后换二挡，进入下一个期待性的生存空间。

我穿过一条沥青路，踏上大理石边沿，踩在整齐排列的灰色水泥方砖上，走到修理厂门前。这是一个被改换功能的工业遗迹。它本应沉没在历史时间的深处，但它又被赋予了实用功能，并具备了穿越时间的奇异内涵。它的墙体很陈旧，不间断地对外表达着在时间中损耗的迹象。一辆崭新的高档城市越野车停在门前，前方的动力系统已被撞碎，发动机露在外面，前侧两个轮毂变形，侧翻在外，全车安全气囊弹出，前挡风玻璃破碎，只有一层防爆太阳膜维持着它的完整性。它停在这个修理空间中，将很快进入报废程序。但这辆车的命运将不同于这个工业遗迹的命运。这个建筑从一个时代进入了另一个时代，从生产性的功能转向回溯性的观看与怀念功能。这辆车却没有机会跨越时代，因其存在于一个当下的片段里，它的残骸不再具有重生的可能。

　　我站在这个跨越时代的建筑物门前，看着那些为之赋予新功能的修理员进进出出。一个夹着黑色皮包的老板开来一辆轻型城市越野车，右前灯闪闪烁烁。他对修理员说："你别只换灯泡，得别让它动。"在将要报废的汽车旁边有一辆老旧的面包车，白色车身在阳光、雨雪、灰尘的碰撞下变成暗淡的乳黄色。它的前挡板被撞碎了，漏出的水箱布满了灰色的尘土。在机械时间意义上，这也是一辆跨越时代的汽车。它将在部分意义上被更新，然后在日常生活领域中承担移动性的功能。

　　我的车从大门里开出来，修理员急刹车，前侧下沉，后侧微翘："来，看看你的车。"我在前侧看了看："跟新的一样，车灯调好没有？""都调好了，你直接开走就行，有问题再回来。"我启动发动机，打开灯光，变换远光灯，打开左转向灯、右转向灯，开应急双闪灯。女办事员出来："你去那条路上的修理店，给你免费刷一次车。""不用刷了，还需要签字吗？""不需要，直接开走就行。"

　　我打开车门，进入车内空间，发动机每分钟转速 800。我系上安全带，打开行车记录仪，松开手刹，踩下离合器……这是一种具有微弱意义的重生。这辆车从此不同于以往，它有过碰撞，更换过零件，它的市场价值会降低，但与我的关系更密切。这种感觉具有矛盾性：对于我而言，这个具有移动功能的机械结构与我的感觉系统和行为模式进一步融合，并承担了我的行为的负面后果。但对于他人而言，这种融合引起的是怀疑，以及一种无法用语言消解的、技术修复所引起的不信任感。汽车几乎不能被语言覆盖，出现过交通事故的汽车更加溢出语言的边界，进入一个悬置的不可言领域。

我开车上路，经过第一个红绿灯、第二个红绿灯，驶入城市快速路系统。这是一种避开红绿灯主导的间歇性制度的交通模式。我的汽车在城市的半空中一路向南，时速控制在 70 公里左右，离开快速路后向右转，再次进入平面化的交通制度，经过两个红绿灯，第一个是绿灯，汽车变速系统不必变换节奏。到达目的地后，我在想如何让这个机器进入一个具有可传递性的语言空间，进入现代理性话语领域，从而赋予这个物质、速度与感觉的综合体历史记忆的功能。

三天后，我的手机收到短信提醒，保险公司要求我核实车损情况，并确认是否符合实情。在处理交通事故的过程中，我与保险公司的联系自始至终是间接的。我知道有一群人在提供服务，他们的语言我也能听懂，但我不知道他们是谁。我打开手机车险程序，点击第一栏"办理赔"，等待 1 秒钟后进入工作界面，再点击"案件详情"，手机显示基本信息和案件进度：11 月 13 日 15 点完成报案，16 日 14 点完成查勘，28 日 14 点完成定损。我在下方选择栏中点击"定损明细"，系统显示三辆车的受损与维修情况。

在现代生活中，所有的汽车在碰撞事故发生的一刻就进入了人类主义叙事空间，从而激活一个现代语言学中的陌生词汇体系，就像节庆时的烟花一样，"砰"，天空被转瞬即逝的火花照亮，很快又回归平

静。这些词汇在机器—技术体系里存在着，平时一般不会出现。它们
隐藏在汽车结构里，只具有物的指代功能。但在两车碰撞的时刻，这
个沉默的词汇世界瞬间被激活，高频率地进入维修报告，进入相关人
员的视觉系统。等到受损功能恢复后，这些词语又会迅速地回归原来
的状态。

　　我点击"定损明细"，即刻进入这个在碰撞瞬间被激活的陌生词
汇系统。智能手机屏幕的最上面是一行背景为黄色的提示文字：定损
赔付金额以最终赔付金额为准。我的汽车已经维修的部分包括：保险
杠骨架、日间行车灯与支架、前保险杠下格栅、中网、前叶子板内衬、
前保险杠下护板、前风挡刮水壶、前大灯、发动机罩、发动机罩铰链、
前大灯框、前保险杠皮与支架。最终，定损金额为 4300 元。事故现
场右侧受损车维修部件包括：前保险杠拆装、前保险杠全喷，定损金
额为 583 元。事故现场右前侧受损车维修的部件包括：行李箱装饰
板、后保险杠、左后保险杠隔板、中后保险杠装饰条、后保险杠左嵌
条、左后反光条、后保险杠左外支架、后保险杠中间寻向件、左后外
超声波传感器、端板胶粘剂、端板盲铆钉、左后轮罩加长件、后底板
焊缝密封件、左雨水槽板条、右雨水槽板条、放大器支架、左后隔热
板、倒车影像控制单元、左后轮罩护单、车尾端板、左外尾灯、功率
放大器塑料盖板、视频模块插头、空腔防腐、后处理车尾端板、左后
车轮罩防腐工作、拆卸 / 安装左右轮罩饰板、拆卸 / 安装左雨水槽板
条、拆卸 / 安装右雨水槽板条、拆卸 / 安装扩音器、更换左行李箱底
板、拆卸 / 安装后座椅、拆卸 / 安装后座椅靠背、拆卸 / 安装倒车影像
控制单元、拆卸 / 安装后排气消音器、拆卸 / 安装后部隔热板、拆卸 /
安装左后车轮、控制单元编程加密、维修左后翼子板、维修行李箱盖、

后保险杠喷漆、左右翼子板喷漆、车尾端板喷漆、行李箱盖喷漆。最终，这辆车定损金额为 49700 元。

对于转动的车轮而言，现代道路公共空间是一个平等均匀的空间。它不区分汽车轮胎状况、车型、车身颜色、发动机型号等，只要汽车具有正常的功能都可以进入这个几乎没有起伏的通行空间。但在个体驾驶感觉上，这是一个不平等、不均匀的空间，包括发动机的震动频率、不同类型的轮胎接触路面时的声音机制、车身设计与风噪水平、座椅结构与身体包裹性等。在碰撞发生的时刻，我的汽车用最关键的车头部位撞向那辆高档车的车尾部位，我的损失只有 4300 元，而那辆车的损失要达 11 倍多。一瞬间所造成的损失相当于一个普通家庭一年的基本生活支出，比一辆普通汽车的实际价值还要高。

但在商业保险制度的干预下，这个不平等、不均匀的碰撞机制最终会在现代经济领域中重新变得平等与均匀。因为交通事故能激活社会保险基金的流动性，为车辆维修、汽车配件生产领域提供工作机会，并作为一个微小部分被纳入国内生产总值的统计中。

这是一种日常生活与宏观经济之间的异化关系。这种异化的主要特点是忽略交通事故的过程，然后从宏观经济意义上反转这个破坏性过程的结果。1732 年，荷兰医生曼德维尔出版《蜜蜂的寓言》，并在其中描述了这种异化的关系。他长期在英国生活，而当时的英国已开启了现代化进程，宗教信仰的普遍教化功能减弱，个体的冒险精神受到认可，日常生活中充满了投机、创造、忠诚、背叛等各种状况。这些状况虽然违背了古典道德准则，但在现代经济意义上却具有正向的价值。曼德维尔注意到这个悖论：在一个社会中，各种卑劣的成分不断出现，就会构成一个健康的混合体。

大群的蜜蜂涌进兴旺的蜂巢，

那众多的蜜蜂更使他们繁茂，

数百万蜜蜂无不在纷纷尽力，

满足着彼此间的虚荣与贪欲，

而另外数百万只蜜蜂则被雇来，

目睹他们的手工在横遭破坏，

…………

另有一些从事那些神秘的技艺，

惟少数蜜蜂才能成为其徒弟，

……他们是骗子、寄生虫、皮条客和优伶，

是小偷、造假币的、庸医和算命先生。

面对正直的劳作，他们全都是

心怀敌意，因此纷纷绞尽脑汁

…………

一切行业里面都存在着欺骗，

没有一种行业里不包含谎言。

…………

每个部分虽被恶德充满，

然而，整个蜂国却是一个乐园[1]。

　　曼德维尔在强调"个体之恶"时设置了一个虚拟的背景，或者说

- 1 [荷]B. 曼德维尔：《蜜蜂的寓言》，第一卷，肖聿译，商务印书馆，2016 年，第 9—10、15 页。

有一个"美好社会"的模型。这个模型是一种个体化的想象，同时也与 18 世纪初英国思想界对于古典时代的道德美化有关。我们在现代化的后期重新分析曼德维尔的思想。在这个时代，社会分工已经是一种生活常态，并制造了社会职业的区分以及情感的陌生化，每个人在陌生化的环境中以各种方式获得维持生活的物质资源。对于这种状态的理解是不是要采纳曼德维尔的方式？在现代化进入全球化的阶段，个体之间的陌生感所引起的道德意义的疏离状态不再符合对"个体之恶"的阐述方式，所以曼德维尔的诗句"每个部分虽被恶德充满，然而整个蜂国却是一个乐园"应该改为"每个部分都被个体的愿望所改变，整个蜂国是一个乐园"。

12 月 3 日，我的手机收到提示信息，商业保险赔付程序已完成，维修资金到达对方修理厂账户。我打开车险 App，点击手机屏幕右上角的信息栏："尊敬的客户，您的案件已完成赔付，赔付金额 54538元，小心脏已按捺不住，速速查看。"我点击这个信息，进入下一个页面，系统需要我签名授权。我点击"去授权"，"实物赔付书"出现，继续点击"授权"：兹有案件号 ××××××× 于 2019 年 11 月 13 日出险，经本人与保险公司协商一致，达成以下协议：

> 本人同意将此次事故中的受损车辆（车牌号 ×××××××），以实物赔付形式进行修复，并同意前往产险委托的修理厂进行维修……上述内容为本人真实意愿表述无任何虚假，由此产生的一切经济责任和法律后果由本人承担。

我点击"签名区"，整个手机屏幕成为一个等待签名的空间。我用右手食指写下名字，白色背景，黑色字体，然后点击"确定"，签字区自动缩小为授权协议下方的一处小地方，点击"提交"后系统显示"授权成功"。

2020 年 3 月，我到一家汽车修理店预约更换机油和雪地胎，汽车进入升降架下方。对于维修工人而言，这是一个技术空间，他们的身体服从这个技术空间的逻辑，而我是这个技术逻辑的观看者。工作结束之后，维修工送我一瓶玻璃水，一种具有玻璃清洁功能的混合液体（主要成分包括水、酒精、乙二醇和缓蚀剂），主要用于清洗前玻璃。他打开水壶盖，淡蓝色的液体流入车头右侧的玻璃水壶。"怎么全流出来了，是不是水壶破了？"他抬头看着我。"去年追过尾，没有换水壶。""那你赶紧联系保险公司，一般还能给你换个新的。"我再次拨通保险公司电话，经过一系列的程序选择后接通人工服务。话务员得知情况后告知上次修理厂的电话："你直接联系，他会负责的……请问还有什么可以帮助您的？"我打通了修理厂的电话。"你明天过来，让我看看车。""太远了，我能不能拍个照片给你发过来？""可以，来货了我联系你。"

半个月后，我来到这里，在修理厂前方空地停车，一个工人示意我将车开到那栋已经进入历史时间序列的红砖厂房里。他提着工具箱走过来，扭开右前胎上方的螺丝，取下破损的玻璃水壶。他蹲在地上，有时需要前膝着地，左手撑着地面，侧着头往里看。他的衣服上都是油，鞋面上也是，又落了一层土。他的动作灵活，在常识与特殊性之间准确地判断。我帮他拉着前挡板，给他空出一个可以自由操作的空间，他的动作更加快捷，眼神中有感激。在这个时刻，一只浑身脏兮兮的狗跑到这里，站在我的面前，与我对视。这是一只品种优良的狗，眼神中有温和和亲昵感。它在这个具有工业历史感的院子里生活，浑身脏兮兮，但享受着原始性的自由。安装完玻璃水壶，这个工人重新固定螺丝，然后加了一瓶玻璃水，"看看漏不漏？"我重新启动发动机，经过一段泥土地面，左转进入沥青路面，在油门与离合器的配合下，变速箱从一挡挂二挡、三挡、四挡。

　　一场交通事故就这样结束了。现代陌生人社会中的一系列程序相继介入物质修复过程，个人损失被一个预防性的事故处理体制所化解，我的日常生活几乎没有受到影响，被撞车辆驾驶者的日常生活也没有受到影响，除了耗费个体化的时间去修理车辆之外。这种事故处理机制维护了现代个体身份的稳定性和独立性。现代人的身份有很多基础因素，包括住房、教育、政治权利、经济所得、食品安全等。这是正常状态下支撑现代个体身份的因素，如果出现意外，个人在不可预知的情况下可能会受到很大损失，而预防性的事故处理机制就在这种个体处境危急的时刻充当了现代个体身份稳定性的基础。

　　这套程序的背后是现代化在陌生人之间所塑造的信任制度。一群之前不认识，之后也不会再见面的人，在一种虚拟与抽象的状态下按照这套信任制度执行约定的义务，这是"抽象体系中的信任"[1]。这套信任制度的运行不同于传统时代相互熟悉的个体之间的相互期待机制。传统熟人社会中的信任机制是一种源自过去的视野或源自过去的感觉，然后用这种视野或感觉去应对现在的异常状况。而现代陌生人社会中的信任制度源自一种面向未来的视野，是对未来的预判。这种预判的存在有两个前提：一是未来一定会发生不可避免的突发性事件，二是

- 1 ［英］安东尼·吉登斯：《现代性的后果》，第 72 页。

保险制度能够在那个时刻按照约定的程序处理这类事件，使之不会进入道德或法律领域，也不会打乱个体日常生活的正常序列。当突发性事件突然出现之后，那个关于未来的抽象视野立刻变成当下的真实状态。传统意义的信任感往往会被这类事件的突发性或破坏性所震惊，甚至会失效，由此引发一系列个体情感意义的悲剧，但预见性的信任机制由于打破了事件与时间的顺序，所以会以之为可接受、可处理的正常状态。在这个过程中，未来已经进入当下的日常生活。

程序正义与本能反应

电车难题：

无论一场交通事故引发的道德结果如何，对于责任方来说，鉴于过程的短暂，相关结果不一定具有伦理分析的可能，因为这是一个本能问题。压迫性的时间感与空间感已经消解了道德判断的可能，最终的后果完全不同于有目的的伤害……

10

在这一章，我要用交通事故中出现的身体应激反应机制去分析现代伦理学中的"电车难题"，也就是从实践性的角度去分析紧急状态下人的本能反应与道德选择的关系。这是一种不同于抽象和间接的分析方式，面对的场景可能会极为单一，场景的时间性也会很紧促，但这是真实的状态。相比而言，抽象和间接分析会有丰富的场景以及无限的时间性和空间性，叙事逻辑完整，但最终的结论可能仅仅是一种预设。

现代伦理学中的"电车难题"基本处在一个形而上的、间接的话语领域，相关讨论与日常生活中的道德困境有直接关系，但在进入逻辑阐释领域后，具体化的场景会被隐藏。这种讨论是一个从具体到抽象的过程，最终发现的结论具有普遍性，但是否能够返回到那个起始性的具体场景，对于纯粹的学术研究而言，这个问题可能并不重要。对于那些专注于非实践性研究的人而言，逻辑化和抽象性更加重要。但那些身处日常生活中的人以及那些在思想意义上强调逻辑化、抽象性的人开始面对日常生活状态的时候，如何让理论返回具体场景，并解决其中的问题，这是一个更加重要的问题。

2016—2017 年，"电车难题"借助于网络课程在中国知识界快速传播，其主题是在程序正义与结果正义相对立的情况下，个体如何选择。2019 年 11 月的交通事故发生后，我对于这个问题有了一个实践性的分析视野，也就是在程序正义与结果正义的逻辑思辨之外重视人做出选择的条件。这些条件往往与不可预期、不可复制的紧急状况有密切关系，只有亲身经历的人才能了解身体反应机制与事件过程的具体状况。

在确定分析这个问题后，我通过网络购买了相关图书，包括卡思卡特的《电车难题》、卡姆和拉科夫斯基的《电车难题之谜》、桑德尔的《公正》。两天后到货，快递代收处发来短信：

> 请凭取件码 D19197 到 ×× 取件，双十一件多，到期不取退
> 回，时间 7 点—22 点，联系电话 ××××××。

高效的快递业让各类物品在这个庞大国家的铁路网、公路网和空运体系中快速流动，维持着个体感觉和抽象思考的同时性。一个人从有一个想法到获得相关的物品，这个过程中基本不会出现不可忍耐的延迟。高效的信息流动机制保证了我对于交通事故伦理学思考的即时性或同时性。安德森认为现代民族认同的重要因素是同时性。18 世纪的报纸有效地将各类信息在短暂时间内传遍一个民族的话语空间，为一群说着同一种语言的人提供了共同的话题，创造了共同的感受。这种感受是"民族的想象共同体的胚胎"[1]。

我在购书网站上选定书目，将之放入虚拟购物车，点击"确认订单"，进入付款界面，通过微信扫码和电子银行体系支付后，这批书即刻进入一个高效的物质流通模式。最初，它们是以一种抽象的形式存在着，我感觉不到它们的重量，不能确定它们的颜色和新旧，也不能判断它们的内容是否有用。我在等待着，通过智能手机查看大数据系统所提供的这批书的每一个动向，"打包""入库""中转""分配"……

－1 ［美］本尼迪克特·安德森：《想象的共同体》，吴叡人译，上海人民出版社，2005 年，第 43 页。

一系列的动词阐释了这个抽象状态的连续性。在这个进程中，人的作用无处不在，这些动词的主体都需要人的操作，但这些人对我而言是不可见的。我开启手机，看着这个具有期待性的动作集合体在一点点完成电子虚拟化的交易过程：

    2019-11-20   11:39:27   已签收，快递超市，×× 速递

    2019-11-19   18:09:40   快件已送达，如有问题请电话联系，感谢您使用 ×× 快递，期待再次为您服务！

    2019-11-19   11:39:41   已分配配送员，查询电话181430×××××

    2019-11-19   04:09:43   本地中转发出，正在送往 ×× 三部途中

    2019-11-19   04:06:30   已经到达本地中转

    2019-11-18   18:23:50   本地市场部，库房已入库

    2019-11-18   18:22:46   您的订单已从 ×× 分拣中心发货，正在发往 ×× 速递 ×× 公司

    2019-11-18   16:30:23   订单打包完成，即将装车，仓库

    2019-11-18   15:03:03   订单已分配至 ×× 仓，开始拣货

    2019-11-18   14:46:48   订单付款成功，系统

    2019-11-18   14:46:27   订单提交成功，系统

我从快递点取到书之后，这个动作集合体的意义迅速消失。如果不是为了分析这个过程，我不会再次打开网络购物清单，查看这些信息的内容。打开包裹后，我感觉到了书的重量，确定了书的颜色，并能判断它们的内容是否有价值。回到办公室，我撕开书上覆盖的塑料

薄膜，将之放在木头颗粒和胶质合成的办公桌面上，然后开启了一个应急阅读模式。这是为了应对一个源于实践体验的问题，我要在机械碰撞的感觉还没有消失的时刻，在现代物质流通体制的支撑下将之迅速地纳入道德领域，在具体的场景中分析碰撞行为的结果以及个体行为的道德性。

电车难题在日常生活中具有普遍性，也就是在异常状态下如何避免最大程度的伤害。它被应用到很多领域，包括器官移植问题。另一个类似的观点由此形成，即"行为效果论"，强调结果的正义性，忽视过程的正义性 [1]。1967 年，英国哲学家富特（Philippa Foot）在《牛津评论》（*Oxford Review*）上发表文章，首次提出"电车难题"；1985 年，美国学者汤姆森（J. J. Thomson）在《耶鲁法学杂志》（*Yale Law Journal*）上进一步探讨这个问题。之后，卡姆和拉科夫斯基重视这个过程中人的直觉的意义："分析电车难题的主要方法是改变案例情形，然后在那些令人信服地表达了更为基本之道德信念的备选原则中，找出一项最符合我们对于试验案例及其变体案例之直觉反应的原则。" [2] 卡思卡特（Thomas Cathcart）采用功能性核磁共振检测人在接受道德测试时大脑的活动情况，"负责情感活动的部分要比负责认知活动的部分更为活跃。" [3] 2003 年，哈佛大学开通了网络测试平台（The Moral Sense Test），通过分析参与者的选择描述道德心理的特点，共有五类调查内容：

－1 ［美］弗朗西丝·默纳·卡姆、［美］埃里克·拉科夫斯基：《电车难题之谜》，常云云译，北京大学出版社，2018 年，第 13 页。
－2 同上，第 4 页。
－3 ［美］托马斯·卡思卡特：《电车难题：该不该把胖子推下桥》，朱沉之译，北京大学出版社，2014 年，第 77 页。

一、反感（Disgust），告诉我们你愿意做和不愿意做的事，耗时大约 10 分钟。

二、同情（Empathy），你如何与其他人交流？耗时大约 10 分钟。

三、道德（Morality），探索你是如何做出道德判断的？耗时大约 15 分钟。

四、判断（Judge），你如何考虑困难的决定？耗时大约 8 分钟。

五、心理（Psycho），你具有什么样的心理特点？耗时大约 5 分钟。

2009 年，桑德尔（Michael Sandel）在哈佛大学公共选修课上以此为讨论主题，并借助于英语文化的影响力在世界范围内快速传播。他将这个问题具体化，在互动交流中让人产生感同身受的经历："假设你在驾驶一辆时速 60 英里的电车，轨道的前方有五名工人正在施工，你发现电车的手刹坏了，这五位工人的死亡几乎无法避免。这时你发现轨道前有一个分叉，在岔道上只有一个正在施工的工人。如果你扳动开关就可以让电车转向另一条岔路，只撞死一个人。"当然，这种虚拟化的场景也同样制造了一种虚拟化的感觉。

2012 年，桑德尔应邀来北京大学发表演讲：《金钱不能买什么》。一堆鲜花装扮了一个木制的讲台，主持人用英语做了一个简短的序言之后，他开始构建一个语言—修辞—逻辑体系："我希望你们不是来听课的，我希望你们能够积极参与到讨论和对话中来，我要和你们探讨当今社会中我们所面临的各种挑战性的问题……在一个好的社会中，金钱和市场的作用应该是怎样的？现在，钱不能买到的东西越来越少了……"
他以推理和引导性的方式进入这个主题，就像分析电车难题一样。

对于这个问题，我没有从原始的空白状态开始查找资料，很快根
据二手资料确定了相关研究的基本状况和进度。我借用了几位学者的
研究成果，却可以不必说明这是从哪里来的。即使被人审查，我也会
临时拼凑证据，证明自己有独立的分析思路。这是现代人文学术研究
的一个模糊地带。一个人面对一个新问题，他可以在不熟悉的状态下
装作很博学，以一种表面的程序正义满足学术规范的要求。人文学术
由于在结论上很难有一个符合正义的研究标准，而程序中的正义看起
来又是不可控的，所以往往会遇到学术道德的困境。

伦理学是一个本能、感觉和理性并存的领域，我们可以用理性话
语分析一个伦理问题，并使之符合现代逻辑的需要，但实质上本能和
感觉所起的作用更加重要。它们既是前提性的因素，也是决定性的因
素。对于一瞬间里发生的事，例如 1 秒或 2 秒，甚至在更短的时间，
本能或感觉是起主导作用的，但很多情况下，这些本能和感觉具有不
可追溯性，而且有人会将之看作是非理性的、即时性的判断。

事故三方在交警队等待开具事故责任认定书的时候，右侧车辆的
司机跟我谈论当时的选择问题：

——兄弟，我跟你说一下，不是说你当时做得不对，如果你当时直
　　行，撞到前面那辆车，你现在的损失要小很多，那辆车值多少
　　钱，顶多 10 万。
——我当时也没有时间考虑，刹车失灵了，车往前冲，我的第一反
　　应是避开眼前的车，当时看到中间有一个空间，就想钻过去，

　　至于钻过去之后怎么办，我也不知道。

　　这是在撞车的短暂时刻我的反应。理性思维可能仍旧在起作用，但这种作用是有限度的。电车难题在论证中所体现的不足就包含在这个短暂的时刻里。桑德尔将这个问题解读为一个用理性应对的问题，他首先构建了一个单向度的狭窄的逻辑空间，然后又为之构建了虚拟的时间性与空间性。

　　如果打破这个逻辑空间的预设性，我们会发现其中有各种选择的可能。首先，如果驾驶过程中的危急状况持续的时间足够长，五个工人会有自主躲避的机会，他们有可能自己发现危险的到来，而且他们知道自己在轨道上工作，应该会有预防危险的意识。其次，电车刹车系统损害，但喇叭仍旧有效，司机会有按动喇叭的能力。如果危急状况的发生在 2 秒之内，甚至 1 秒，那么司机在判断时会没有足够的时间，但他可能会像我一样，在破坏性后果不可避免的情况下迅速转变方向，避开当前的危险，走向未知。他在做出这个选择时，并不知道是否会撞到另一个人，也不会考虑到这个人在这种状况下受到伤害会更加无辜。像我一样，在那个时刻，他的决定不是经过理性选择的，对于接下来的状况并不知情，而不知情在伦理和法律意义上属于免责的情节。

　　在桑德尔的逻辑中，这些可能避免危险的状况都被切割掉了，剩下一个孤零零的理性困境，而这类纯粹的理性困境不能说明日常生活中伦理问题的复杂性。所以，目前关于电车难题的讨论提供的只是一个教育案例，或一个关于伦理学的逻辑训练，也就是在虚拟化的场景中构建一个分析领域，以此锻炼思辨力，然后从中提取关于人类社会政治、宗教、伦理的普遍问题。

　　虚拟化是人文科学的一种古老的方法。既然是古已有之的方法，那么它就不是没有价值的。苏格拉底和柏拉图喜欢用这种方法，亚里士多德也用过，但他更重视实践性的方法。不过，西方中世纪的神学家更重视虚拟化的方法，并将之推到了极致，由此创造了一个想象力主导的神学乌托邦。中世纪后期，世俗意义的乌托邦文学同样是一种虚拟化风格，但它不同于神学乌托邦，世俗乌托邦文学的语境中有现实的参考。启蒙时代的哲人开启了虚拟化的现代风格，在构建分析逻辑时使用的动词和形容词与之前的虚拟化叙事几乎一样，但分析对象是全新的，也就是说名词系统是有区别的。

　　19 世纪以来，现代自然科学日益精细化，注重实践性、真实性与知识探索的关系，并引起了现代知识的分科，虚拟化叙事在这一领域被驱逐了。这一时期的人文科学界也出现了反对虚拟化的潮流，并因此创造出一些全新的类别，包括社会学、现实主义文学以及马克思的政治经济学等。在《政治经济学批判（1857—1858 年）手稿》中，马克思提到一个观点：

　　　　从实在和具体开始，从现实的前提开始……似乎是正确的，但是更仔细考察起来，这是错误的……抛开构成人口的阶级，人口就是一个抽象。如果我不知道这些阶级所依据的因素……阶级又是一句空话[1]。

_____

- 1《政治经济学批判（1857—1858 年）手稿摘选》,《马克思恩格斯文集》, 第 8 卷，人民出版社，2009 年，第 24 页。

　　这是一种获得实践性知识的具体方法，在实践性的基础上走向抽象概括，所以不同于中世纪后期的乌托邦虚拟化。另一方面，对于虚拟化的拒绝是 19 世纪以来创造知识的主要特点。决定这种状况的是底层阶级在识字率和阅读—写作模式普及的过程中进入了现代知识空间，他们了解真实的生活，并且是这个领域的专家，所以能够主导现实性的分析思路，即实证主义，"实证主义否定理性的超越因素，因而是社会所需要的行为在学术上的对应物"[1]。

　　所以，虚拟化研究和现实性研究是两种不同的方法。虚拟化研究潮流或是受制于时代风气，或是受制于外部力量，忽略了学术研究与现实生活的关系，或是由于研究者不愿进入现实生活，停留在个体想象的领域，以一种分裂的态度对待思想与生活的关系。尽管如此，虚拟化研究之所以长久存在，是因为它能为现实性研究提供一个假设性的思辨语境，与此同时，现实性研究也会在一些方面证实虚拟化研究的有效性。但在关于电车难题的相关讨论中，虚拟化研究和现实性研究并未出现这种互补性的关系。相关讨论缺乏碰撞的经验，尤其是不能把握碰撞过程中出现的超越个人意志的状况。正是这些不可控制的状况最终无法让人判断碰撞到底是一个本能问题，还是一个道德问题。

　　11 月 20 日，我准备去修车之前，在手机上打开行车记录仪互联系统，输入用户名和密码，屏幕出现提示信息："固件升级啦！G300 更新啦！电子狗数据更新为 20190625""立即升级（13MB）"，下方有一个选择"不再提示此版本升级信息"。我点击"连接设备"，将手机与行车记录仪相连，实现数据传输。手机屏幕切

―1　［美］赫伯特·马尔库塞：《单向度的人：发达工业社会意识形态研究》，第 12 页。

换为行车记录仪的摄像角度，前方有一棵大柳树，地上是白白的雪。我打开行车记录仪自动保留的视频，播放碰撞瞬间的那一段，长度为22 秒。

我的车在离前车 20 米处开始刹车，时速大约 10 公里左右，ABS刹车系统介入，"哒哒哒……哒哒哒……"，车速略缓，但不能停止。我向右前方打方向盘，希望避开前方的车，穿过中间的空隙，撞到右前方相邻车道的高档车。从踩刹车、轻微向右转向、避开前方的汽车、轻微滑到右侧的汽车、最后撞在高档车的左后方，这个过程不足 4 秒。碰撞后，我坐在车里，第 10 秒的时候叹了一口气。那个时刻，我希望自己镇定下来，但不知道要做什么，所以继续坐在车里。第 17 秒的时候，我又叹了一口气，那时我知道需要下车看看情况。在碰撞的 4 秒中，我的时间感与空间感有过紧密的纠缠。这是一种让人煎熬与痛苦的瞬间，对一个人长时段记忆的影响是重大的。

根据行车记录仪的情况，我发现了事故发生的多方面原因。正前方汽车前面是有空地的，距离前车有 30 米左右，而这辆车没有及时起步，停在路上，被撞的高档车是后轮驱动的机械系统，由于雪天前转向失灵就停在路上不敢动，而在它正前方的行车道上已经没有其他车辆，后方的汽车停在后面等着。所以，在我出现之前，行车道上孤零零地停着三辆车，前方没有车辆，后方也没有车辆。我前方的车辆没有受到撞击，但在日常逻辑中它是有责任的，右前方的车同样也有责任，右侧的车辆被轻微滑过，但它是没有责任的。

一个关于这场事故的假设性的逻辑序列可以无限延伸下去，就像电车难题所引发的逻辑序列一样。我可以无限拉长失控与碰撞之间的距离。这个距离不是时间意义的，也不是空间意义的，而是逻辑意义的。如果正前方的汽车所在位置出现的是一个人，我应该避免这个人受到伤害。根据实际结果判断，我确实有条件避开这个人，但如果高档车所在的位置站的也是一个人，我是不是还要避开正前方的汽车？在伦理学意义、法律意义或经济意义上，我应该保持直行，撞向正前方的汽车。但在实际中，我根本不知道有个人在右前方。而当我避开正前方的汽车时，我的汽车已经失控，不再具备转向避让这个人的条件。

如果正前方汽车所在的位置站着一个人，右前方高档车的位置站着两个人，我应该避让这一个人还是那两个人？直接撞向一个人的后果相比而言要轻微，撞向那两个人的后果要严重。但在实际中，我想避开正前方的一个人，最终撞到了两个人。如果再换一个假设：正前方是两个人，右前方是一个人，汽车最终撞向右前方的那个人。但受伤的人数少是否就意味着相关操作就是合理的？这也是电车难题的争议所在。

在这场交通事故中，高档车在雪地上方向失控，不敢挪动，司机将其停在路上。事实上，这辆车的前方近百米是没有车的。我们再次转向虚拟化推论：如果右前方这辆车所在位置是一个人，正前方汽车所在的位置是两个人，单独出现的那一个人有不遵守交通规则的情况，而另外两个人是遵守交通规则的，那么我是不是要转向，避让那两个人而撞向那个违法规则的人？这个决定具有合理性，但在 4 秒内，在不可控的状态下，我没有做出准确判断的可能。

无论一场交通事故引发的道德结果如何，对于责任方来说，鉴于过程的短暂，相关结果不一定具有伦理分析的可能，因为这是一个本能问题。压迫性的时间感与空间感已经消解了道德判断的可能，最终的后果完全不同于有目的的伤害——例如在宏观意义上包括纳粹集中营问题，在微观意义上包括图财害命的犯罪行为。历史学家在处理纳粹集中营问题时首先做出了一个确定的道德判断，进而分析军事集权与民族主义或种族主义的道德后果。这个历史问题被完全转化为伦理学问题。同样，审判官在处理图财害命的犯罪行为时也事先确定了道德立场，并以此开启法律程序。

　　一般意义的交通事故是一个关于时间、空间与本能的问题，而电车难题是一个忽视时间与空间的虚拟伦理问题。只有忽视时间与空间，这个问题才能被人类中心主义的叙事目的从现实中抽离出来，成为一个关于程序正义与结果正义的、忽略时间性的逻辑问题。这个问题在逻辑意义上没有最理想的结果，或是符合程序正义，但引发了更多的损失，或是违背程序正义，但在结果意义上减少伤亡。绝对的正义并不存在。

　　在假设模式下，我们还可以为电车难题增加更多的因素。如果在右前方的那个人是两个孩子的父亲，这个家庭里只有他一人在工作，生活的责任对他而言极为繁重。他的妻子已经辞职三年，专职照顾孩子。如果他在这场事故中受伤或殒命，这个家庭将会面临难以缓解的困境，尤其是两个孩子的未来命运必定坎坷。这种情况强化了维护程序正义的诉求。

　　我们还可以用虚拟的方式改变电车难题的道德困境。如果正前方的五个工人是 5G 领域的高级工程师，他们掌握着尖端技术，在这里临时考察电车轨道系统与 5G 融合的问题。知识因素与社会价值因素的介入是否有助于缓解为了拯救这五个人而牺牲那一个人的道德困境？我们还可以变换假设，这五个人中的两个是在孤儿院长大的，从小没有家庭情感的呵护。他们生于二战前，父亲阵亡，母亲改嫁或者消失不见，依靠社会救济才活了下来，经过自己的努力从技术学校毕业后进入轨道部门工作，那一天他们在检修轨道，但不可避免的事故发生了。生活对他们来说本来就不公平，如果电车被改变轨道，这一点能否减轻程序的不正义？如果这五个人都有自己的孩子，每个人的伤亡对于家庭都是难以弥补的灾难，这是否能减轻电车转向而引起的程序不正义？我们再次改变程序正义两端的重量比，将那个独自出现的人假设为在逃罪犯，我们可以依次增加罪责的程度，从轻罪、重罪到杀人抢劫，这会不会减轻撞死他的程序不正义？

　　…………

　　我们还可以继续增加其他因素，包括精神病问题或间歇性精神病问题、司机驾驶过程中制造的人为机械故障、乘客闯入驾驶室对驾驶的干扰，等等。这类讨论最终都是关于结果正义、程序正义或绝对正义的，但这些仅仅是问题的一个方面，一种在抽象的状态下对于一场虚拟事故的现实性讨论。无论怎么预设讨论的场景，一个现实状况是：一个人在遇到紧急情况时最可能做的是避让当前的危险。关于我所经历的这场事故，最终主导结果的不是伦理与道德，而是直觉。所以，关于电车难题的讨论中，一个受到忽视的重要方面是司机的反应时间和能力。如果他没有做出这么多权衡的时间呢？如果他没有看到岔路铁道上的那个人呢？无论他做了什么选择，这种选择都是一种危急状态下人的本能反应，而这种反应是没有道德预设前提的。

现场叙事与回忆过去

高速公路出口的交通事故表面上是一个关于个体利己性与公共道德的纠结，这种纠结对于历史记忆机制而言并不是一个重要的问题。在充分认识日常生活的基本状态之后，我很容易就能摆脱这种纠结。与之相关的还有一个更重要的分析方向，即事件成为记忆之后，在遗忘机制与修辞技巧的主导下以一种残缺的、变形的状态再次出现。这种情况会导致日常生活被排斥在历史记忆机制之外，最终成为一个纯粹当下的、不具有文本意义的、非历史性的存在状态。

现在，我要进入另一个交通事故场景。这个场景已经成为一段记忆，不再具有现场性的空间感和时间感。两次事故都给我非同寻常的感受，前一次的事故更多的是一种身体感受，后一次事故是一种道德感受。

接下来，我会描写后一次事故发生时的状况。这是一种对于个体记忆的追溯性描述，看起来与现场性叙事一样，但实际上并不一样。两种叙事的起源不同，一种是将一段记忆恢复为叙事，一种是将一个日常生活的场景变成叙事。将一段记忆变成叙事，我要在这段记忆中寻找很多与那个已经消失的现场密切相关的标记物，然后进行逻辑排列，并用符合常识的推理补足其中缺失的情节，尤其是汽车碰撞的过程所激发出来的话语机制。这个过程依靠的是长时段记忆，一种对于那些已经失去完整性和实证性场景的个体信息保存能力。

这个过程与将一个当下仍旧存在或刚消失不久的场景变成叙事的过程不同。在现场状况下，人的感觉系统几乎完整保存了事件发生时的物质、语言与空间状况。这些状况没有成为记忆，还在我的眼前漂移，尤其是那种碰撞的感觉，闭上眼睛仿佛就能感觉到，现场的声音与景观仍旧处在回旋的状态中。与之相关的现象是，在将这个事件从个体记忆的生成领域拉入文本生成领域时，写作过程极为流畅，无需停顿，无需弥补，还未写完一个情节，下一个情节已经在等待中。在严格意义上，这个现场还没有成为"事件"，人的记忆机制没有改变它的存在状态，所以还处在"事件"生成的过程中："当记忆被以接近光速的速度制作时，无论从理论上还是事实上都不再可能区分事件和事件的输入，或者区分事件的输入和接收或读取，三个时段巧合于同一时空中，这就把它们之间的所有时间延迟和空间距离都消除了。"[1]

我的汽车的前储物格里有一张手写字体的证明，用碳素笔写成，字迹潦草。这张证明带着我回到了那个场景：

> 2017 年 6 月 13 日，车牌号 ××××××× 与车牌号 ×××××××× 在某处高速路出口发生碰撞，轻微碰撞，前车的后部、雷达、灯具没有问题，经协商后车向对方赔偿 800 元整。双方对此无异议。
>
> 签字：×××

这个手迹文本是在一个交通事故现场即将结束的时刻出现的。在模糊与断裂的记忆中，这些文字被人写在纸上后，我站在高速路收费站的一侧，看着一辆汽车加速离开，我的心情复杂，孤独、自责、庆幸……根据这张证明，我向这个时刻之前的时间追溯这个场景的完整状况。

2017 年初夏，我开车去机场送人。为了避免城市道路的拥堵，我选择了高速公路。路程要远一些，但没有塞车，时间可控。从机场返回时，我依旧选择高速公路，一切顺畅，发动机每分钟转速 2700 转，时速 100 公里。汽车高速行驶过程中所产生的稳定的声音不间断地传到我的耳朵里。在这个过程中，我有一种源于技术的满足感。

- 1 ［法］贝尔纳·斯蒂格勒：《技术与时间 2：迷失方向》，第 133 页。

　　我被人体感觉系统的回味机制分散了注意力。碰撞发生在结束高速路的收费通道里，我在一辆车后面等待着缴费。在发动机怠速、车身静止的状态下，我低下头翻钱包取钱。关于低头时间的长度，我已经忘记了。在写作的时刻，我的记忆中已经没有标记物让我再次确定这个时间长度，根据常识判断应该不超过 10 秒钟。等我抬起头来，我有些不知所措。我的车头碰到前车后翼子板上。我的记忆中保存了两个印象深刻的图景：一是两车贴在一起，对方的后翼子板凹进去；二是我以为那里是平地，汽车不会自行移动，所以没有拉起手刹，这让我懊悔不已。

　　在这个记忆标记物的提示下，我确定那个时刻我有过恐慌的心理。因为我的汽车之前从未有过碰撞事故，而且我不知道这一次的损失有多大，也不了解商业保险是否有用。总之，我认为问题很严重。之后，我忘记了如何在高速公路收费处缴费的。在那个时刻，我的感觉系统应该是麻木的，不能把握正在发生着的状况。

　　前车的门开了，左右下来两个人，他们说过的话，我已记不清。但我的记忆中模糊地保留了一个声音，是站在旁边的高速公路工作人员说的："把车开走，到路边去解决。"我没看清说话的人，只听到他的声音，这个声音很不友好。从碰撞发生到这句话出现之间总计多长时间，是 1 分钟，2 分钟或 5 分钟，我已经无法判断，因为没有记忆的标记物。其间，后方的车辆有过鸣笛，但我对后方的情况一无所知。我当时可能回头看过，但没留下确切的印象。

　　那个时刻发生的事影响了我对周围环境的感知力。我模模糊糊记得前一辆车向路边开走，我也上车，然后朝那里开，但关于开门、上车、起步、停车的情节都消失了。关于对方车上的人员情况，我在路边停车后才看清楚，或者说才去注意。他们一行三人，司机是男的，三十多岁，副驾驶还有一个男的，五十多岁，后面左侧有一个女人，三十多岁。他们的面貌、衣着、身高等状况在我的记忆中已变模糊，只剩下一个情节：五十多岁的男人手臂上有纹身，但我不记得图案是什么。

现在，我要根据这些记忆标志物来复原那个场景里的行为与话语。两个男人下车后看着我，我首先承认是我的责任，并向他们致以歉意。他们对我有过短暂的指责，那个有纹身的男人问我："你是不是喝酒了？"我对此否认："我以为是平路，低头找钱，没拉手刹。"之后，我们一起查看了碰撞部位。我的车前部分完好无损，当时我出现过一个短暂的心理活动："这辆车的质量真好，被撞的车尾都瘪了，我的车没有受损的痕迹。"但在那个时刻，一个意外情况出现了：在碰撞的一刻前车尾部是凹陷了，但两车离开后，凹陷部位又自动复原了，但表层漆上能看出碰撞的痕迹。那个部位有倒车雷达，我要求前车司机上车，挂倒车挡，白色倒车灯亮起，我将手放在受损处的雷达附近，车内传来"嘀……嘀……嘀"的声音，这说明雷达没有损坏。前车司机又分别打开左右两侧的转向灯，也没有问题。这本来是一起可以不追究的轻微事故，但碰撞时刻在我的心理中所形成的负罪状态影响了我的判断。

写到这里，我又回忆起一个情节。那天下午 1 点半，我有课要上，不能耽误。这次碰撞不是大问题，所以我决定不报警，跟前车私了。我记得其中的一些情节，然后在此基础上复原完整的逻辑。"你看看我赔多少钱，我有急事，不走保险了。"写到这里，我又想起一个情节，前车司机的脸上有善良，大眼睛，眉宇间有一点斯文。我之所以记得他的脸上的善良与斯文，是因为之后的情节将这些善良与斯文放入了一个反讽的语境中。"这是新车，你给 2000 吧。"回来后，我查阅了这辆车的基本数据，国产 A 类轿车，2013 年上市，售价在 6.29 万—7.49 万元，2017 年停产。根据外表判断，这辆车估计已经使用两年左右，它的后翼子板价格为 280 元。两年之后，我在写作这段文字时再次搜索这种后翼子板的价格，两个在售产品，一个 235 元，一个 237 元。但根据碰撞情况，这辆车无需更换后翼子板。

前车司机在面相与话语之间制造了一个巨大的反差。碰撞问题源于我的疏忽，我必须采取主动与忍耐的姿态，面对逐渐失控的道德状况也不能表现出愤怒："你要 2000，我就报警了，这类损伤修理费不过 300，加上人工费，我赔你 500。"关于他的具体回答，我记不清了，但留下了一个记忆标志物：那个纹身的人说取个中间价，赔 800。据此考虑，前车司机应该提出了 1000 元的赔偿要求。从事件结束到写作之间的两年多时间里，我一直后悔当初为什么没有报警，没有进入正常的赔付程序。

但在写作的意义上，这种自我处理的方式是一种进入日常生活领域、了解个体生存状态的机会。这类个体化的生存状态以及相关技巧一般是隐藏起来的，只有在个体之间直接接触时才会显露，然后瞬间消失，所以一般不会进入宏观政治理论，不会进入教科书，即使进入文学类描写也会以匿名或间接的方式。

之后的情节开始慢慢地复原。我转向那个纹身男人："1000 块，你说是不是要得太高了，不行我就报警了。"那个纹身男人说："那就给 800 吧，咱谁也别计较了。"两句话中间应该还有一些在公共道德和个体私利之间碰撞的话语，都已变得模糊。我好像对前车司机说过：

"你换后挡板也不过 500 元。"他好像回答："500 元，你闹着玩哪？"
但很快他做出降价的决定，由 1000 变为 800。坐在车后座里的女人
一直没有下车，但车窗是全开的，我记得她在笑，看着前车司机在笑。
那是一种复杂的笑，笑容中有一种讽刺，不是对我的讽刺，而是对前
车司机的讽刺，还有一种意外的满足感。

　　我要求他们写一个证据，说明两车发生事故的过程，包括时间、
地点、如何赔偿、有无异议。前车司机同意，他回到车里找笔和纸，
但没找到。我回到车里，打开副驾驶前方的储物柜，从里面找到了一
支笔和《汽车音响系统说明书》。我让他在这本说明书的空白处写，他
说自己不会写字了。他转向坐在后排的女人，她的脸上再次出现那个
笑容，她也说自己不会写字了。他又转向我："要不你来写吧。"这段
文字成为这个事件在记忆中最稳定的标志物。

　　这段记忆有两种解释的角度。第一个是道德意义的分析，它让我
在一个反讽的语境中认识了一个人。他看起来平静、从容、善良，但
这些表象与个体的伦理状态没有必然联系。他的行为具有充分的利己
性。在人类历史意义上，个体的利己性不应该受到否定，因其是个体
生存的心理基础。与这种利己性心理密切相关的是一套极具个性的知
识体系，这类知识在学校里、在书籍里都没有，他是从日常生活里学
到的，然后将之纳入个人化的知识体系。汽车属于他的私人财产，受
到这套知识体系的管理。然而，在实践这套知识体系时，其中的利己
性突破了日常性的伦理范畴，并使之陷入贪婪。这套知识体系对于这
种欲望是放纵的，并为之提供无限度扩张的智力、情感、语言和表情
基础。

　　在公共空间里，如果法律不介入，这种欲望有可能失控，由此出

现恶的倾向。在驾驶过程中，我的疏忽导致了轻微意义的经济损失，但在报出赔偿价后，那个司机瞬间成为道德意义的施害人，我转而成为一种负面动机的受害者。我在事故发生后明确表示承担事故责任，但在赔偿问题上受到不公平的对待。因在时间上急迫，我选择在交通规则之外独自处理，没有认识到交通规则对于个体正当利益的重要性。这类事件在一定程度上会影响到个体的社会化进程。史奈特（Philip Slater）在《寂寞的追求》（*The Pursuit of Loneliness*）中提及一个适用于分析这个场景的观点：

> 我们在孩提时代接受的训练并未强调竞争，反而教诲我们合作、共享及体谅他人——只是到了后来，我们才学会了反其道而行之。我们社会的剧烈变迁，在我们心底处所激起的混乱而又敏感的情绪，要比外在发生的任何事情，更会使我们感到困扰。它们阻扰我们与别人、与大自然甚至与我们自己的结合，这种可能性不仅使人感到震惊……就像是我们身上长了一个硬壳似的外表，现在有人威胁着要剥下这层表皮一样……个人主义源于力图否定人类相互依赖的事实与重要性[1]。

这场事故发生后的一段时间里，我一直在为个体的利己性与现代公共空间的正义性之间的反差而纠结。那块被一时撞瘪的后翼子板很快就复原了，从外部看甚至像没有发生碰撞一样，那个人却向我开出昂贵的赔偿价格。记忆复原机制让我脱离了个体意义的纠结，从而进

－1 ［美］I. T. 桑德斯：《社区论》，徐震译，台北黎明文化事业公司，1982年，第13—14页。

入对于这个场景的第二个分析角度。

这场事故发生后就一直处在一个被逐渐遗忘的缓慢进程中。相关的道德判断越来越缺乏实证性，最后成为一种个体化的情绪或感受，并且因为没有实证性而被限定在个体心理中，不具备进入公共空间的基础。这种情况在个体的日常生活中经常出现，很多道德判断都失去了可追溯的场景。我根据一些记忆标志物复原了当时的场景，对于那些刻意弥补出来的情节，我无法证明它们是不是当时的状况，虽然没有人能证明这是虚构的，但我在弥补的过程中明确感受到事件与记忆之间的延迟性和分裂性。在这种情况下，剪切、修饰等逻辑行为会主导对于过去的想象，也就是从有趣的、可传播的、道德化的角度去复原一个本来已经模糊的事件。记忆因为遗忘而变得残缺，在修补过程中出现变形，这是记忆叙事类型的特点。

记忆叙事类型中的时间与事件发生的时间相比一般会有很大的延迟性，这是事件与文本之间的长距离效应。日常生活叙事类型中的时间与事件发生的时间相比也具有延迟性，但这是事件与文本之间的短距离效应，记录人能近乎完美地保留事件发生过程中的即时性情节。这是记忆叙事类型与关于当下的日常生活叙事类型的主要区别，即长时段记忆与短时段记忆的对立。

短时段记忆能塑造一种平面化的叙事层次，事件的片段厚度均匀，在整体上没有起伏，道德判断或其他倾向还没有来得及突出一些片段，过滤掉一些片段。而长时段记忆要靠一些关键标志物的提示，最终在逻辑意义上形成一个存在变形可能的事件。除此之外，这类记忆存在的另一个问题是切割。我们在恢复事件场景时，既要考虑到叙事中时间的延迟性，又要面对空间上的切割。关于切割的另一个说法是简化。

这是历史研究或关于过去的研究中出现的难题。意大利思想家普里莫·莱维在复原奥斯维辛集中营的场景时认识到这个现象对于人类记忆的破坏：

> 我们（这些生还的人）是否能够理解，并让他人理解我们的经历？我们常说的"理解"，意思等同于"简化"——如果没有广泛而深刻的简化，我们周围的世界就会变成无穷无尽、无法定义的一团混沌，让我们无法指引方向，做出决策。总之，我们被迫将已知的世界概括为一个纲要模型——在进化的过程中，为了实现这一目的，我们为自己打造了令人叹为观止的工具。这些工具是人类特有的财富——语言和概念化的思想[1]。

时间意义的延迟与空间意义的切割造就了一个可以想象、可以制造，也可以修改的历史空间。集中营的管理机制的目的是消解日常生活叙事的完整结构，并假设没有人会活着走出集中营所制造的记忆消失之门。所以，普里莫·莱维只有借助于长时段叙事来恢复这个事件的场景。他的历史责任感有助于维持事件的完整性与真实性，但在这个过程中，他仍旧要面对上述两个问题。另一个纳粹集中营的幸存者西蒙·维森塔尔回忆了一个纳粹军官消灭记忆生成机制的意图：

> 不管这场战争如何结束，我们都已经赢得了对你们的战争。你们没人能活下来作证，就算有人能幸存，世界也不会相信他的话。

- 1 ［意］普里莫·莱维：《被淹没与被拯救的》，杨晨光译，中信出版社，2017年，第33页。

历史学家们可能会怀疑讨论和研究这些问题，但他们无法定论，因
为我们会毁掉所有证据，即使留下一些证据，人们也会说，你们讲
述的事情太可怕了，让人无法相信，他们会相信我们。而我们会否
认一切，包括你们。集中营的历史将由我们来书写[1]。

集中营是一个关于事件与记忆之间的关系的极端案例，个体在日
常生活中经常会陷入一种缓和的、无意识的遗忘机制。高速公路出口
的交通事故表面上是一种关于个体利己性与公共道德的纠结，这种纠
结对于历史记忆机制而言并不是一个重要的问题。在充分认识日常生
活的基本状态之后，我很容易就能摆脱这种纠结。与之相关的还有一
个更重要的分析方向，即事件成为记忆之后，在遗忘机制与修辞技巧
的主导下以一种残缺的、变形的状态再次出现。这种情况会导致日常
生活被排斥在历史记忆机制之外，最终成为一个纯粹当下的、不具有
文本意义的、非历史性的存在状态。

- 1 ［意］普里莫·莱维：《被淹没与被拯救的》，第 3 页。

技
术
、
舆
论
与
个
体
消
费
心
理

汽车改变了日常生活的时间性和空间性，并引导我进入一个现代物质—感觉领域。首先，这是一个现代技术所主导的日常领域。这些技术塑造了我的行为模式和感觉模式，而我又以主动的状态去反思现代技术与人的存在的关系。其次，这是一个以独立的视野去体验中国制造状况的机会……在了解这辆车的质量状况和行驶状况（油耗、动力、驾驶感觉、声音控制）之后，我进入了与之相关的消费舆论空间，根据个体化的经验去分析物质、技术和公共舆论之间不稳定的关系。

　　汽车改变了日常生活的时间性和空间性，并引导我进入一个现代物质—感觉领域。首先，这是一个现代技术所主导的日常领域。这些技术塑造了我的行为模式和感觉模式，而我又以主动的状态去反思现代技术与人的存在的关系。其次，这是一个以独立的视野去体验中国制造状况的机会。这辆汽车的生产商具备自主体系，包括设计、生产与质量控制等，同时也具备在现代竞争中持续进步的能力，但它仍旧面临一个难以解决的问题，即消费舆论的贬低。在了解这辆车的质量状况和行驶状况（油耗、动力、驾驶感觉、声音控制）之后，我进入了与之相关的消费舆论空间，根据个体化的经验去分析物质、技术和公共舆论之间不稳定的关系。

　　在现代消费社会中，商品化物质的外观往往具有引导性或主导性的作用。这种作用塑造了一种消费心理，但这种心理是不稳定的，甚至比人的感觉更不稳定，因为这是一个几乎难以估量的非理性领域，其中语言与形状并没有准确的对应关系。在汽车评论中，很多同质性的、可替代的语言模式被用来描述这辆车的设计特点与机械性能："外观方面继承了家族化的理念，车身线条采用流线型设计，完美地突出了该车的动感，车身轮廓特别富有张力……层次感突出，让该车看上去十分有个性……营造出非常不错的运动氛围……整车采用偏年轻化的设计理念，更加符合当下的审美观。"

　　这是一个技术类语言所塑造的模糊的视觉与想象空间。相关叙事以形容词为主，名词处在次要位置，对于逻辑性的要求并不高，单一化的、孤立的状态在不具备逻辑次序的情况下出现，包括色彩的变化、形状的搭配、功能的调教等。这个叙事过程可以从前往后，也可以从后往前，或者从中间到两端。

这还是一个技术语言所主导的非逻辑化的叙事方式，并不具备脱离物质而存在的能力，而是一个需要物质辅助的表意系统。这就意味着，离开汽车本身，这个表意系统就没有了指向性。无论叙事的语言多么准确生动，我们也不能凭借这个关于语言—形状的表意系统还原车身形状与设计特点。所以，这是一个以视觉参与为前提的语言领域，只有借助于汽车本身的存在才能确定词与物之间的对应关系。

为了验证这个结论，我查阅了对于另一辆高端汽车的描述："车身设计擅长运用短线条，并且简短、有力、紧致地互相联结，从而使整个侧面造型实现了'有比例的切分'……大气沉稳，略显中庸，但看起来非常霸气，平直的线条将两侧尾灯相连，进气格栅增加了镀铬亮条的装饰，使前脸造型更加犀利大气，车身设计更加修长，得益于全新的平台轴距和车身尺寸大增后，新车侧面线条更加笔直流畅，经过镜面处理的漆面效果使整车外观更具立体感。"如果没有这辆车作为视觉性的存在前提，我不能确定这个语言—形状表意系统的指代性。这是现代语言在描述那些功能性的、无意识的物质时出现的普遍状况。尽管语言具有延伸性的表意功能，但仍旧不能涵盖现代技术与物质的基本状况。

为了克服语言—审美—视觉之间的隔离性，并在现代消费领域确立一种明确的身份，汽车生产商致力于创造独特的"家族脸谱"，并使之具备车型代际传承时的连续性。经过长时间的、连续性的生产，"家族脸谱"能够为一个汽车品牌塑造工业意义的身份，进而构建工业领域的历史意识。大众、宝马、奥迪、奔驰等汽车制造商已经成功地用这种方式塑造确定性的物质身份，我们即使不看车标，也能根据"家族脸谱"确定一辆汽车属于哪一个品牌。这是技术在现代日常生活中的反向蔓延，不同于用财富支配物质的状况。这种蔓延具有社会意义和文化意义的内涵，它能塑造驾驶者的感觉、身体或驾驶状态，并在现代消费领域里形成一种具有共识性的行为规范。

鉴于此，这辆汽车的生产商在设计过程中致力于塑造一种具备传承性的工业身份传统。几乎是在同一时间，中国汽车制造商也都开启了这种模式，即用形状制造身份。但在工业历史领域，这是一个长时段的问题。一个类型的汽车要具备生产的连续性，在十年或更长的时间里具有稳定的销量，在道路上广泛出现，并进入现代道路景观。这个景观尽管是流动的，却能在人类中心主义的叙事模式中留下记忆的痕迹。这是一种外化的记忆能力，也就是说道路本身不具备这种能力，但道路景观在个体视觉或在工业时代图像生产机制中形成一种非语言化的记忆。一个时代里的一群人闭上眼睛后，能够想起道路上的景观。

国产汽车品牌要塑造工业历史意义的身份，进而成为一种具有反向蔓延功能的技术综合体，它就要进入这个道路景观。在这个过程中，国产品牌面临一个困难。美术教育在一定程度上具有高考附属的特点，也就是说一个人本来对美术没有兴趣，也没有接受过系统的技巧训练，如果他不能通过正常考试进入高等教育体系，他会选择美术考试，利用一年时间学习绘画技巧，据此获得继续教育的可能。毕业后，他可能会进入汽车设计领域，但由于对美术设计的兴趣具有被迫性，所以很难完成一些开拓性的设计方案。

工业设计是现代技术所塑造的一个日常性的艺术领域，虽然在时间意义上要晚于古典主义风格，却在物质—技术领域扩展了艺术的范畴。人的审美不再被限定于艺术馆等公共展示空间，而是有机会进入现代工厂，并在日常生活中塑造一种具有审美价值的工业景观。这是现代化所导致的社会审美力的普遍提高。表现这种景观的不再是水彩、画布、石头、青铜等古已有之的材料，油漆、铁板、玻璃、水泥同样能够承担艺术表现的功能，而且更适合工业审美的造型与功能要求。

然而，非兴趣化的、以生存目的为导向的考试弱化了艺术教育的创造力，也就不能符合工业审美的要求。在中国汽车生产领域，汽车发动机技术不再受制于外国标准，但汽车外观仍旧需要来自异域的造型理念。外国设计师能在短时间内设计出国际化的新车型，但这种方式往往不具备可传承性，因为这是一种跨时间、跨空间的审美力移植。这些设计师有时会以域外探险的状态进入国产汽车工厂，获得一次东方工作经历。关于异域风俗的好奇心获得满足后，他们就会离开。这些一度畅销的车型销量随之下降，工业利润所驱动的车型换代诉求也就无从谈起。这类车在道路景观里就此处于停滞状态，同时也会进入公共遗忘领域。它们仍然会出现在道路景观的片段中，但最终会远离人类中心主义的记忆模式。

这辆车在外观设计上由霍普（James Hope）主导。他是一个热爱旅行的加拿大人，先后在加拿大、美国、德国、意大利、英国、南非等地工作，2011 年加入这家汽车生产商，担任车辆造型总监。在接受《北京青年报》采访时，他含蓄地说明了自己的工作计划："我来这里是为了接受挑战，我幸运能做自己想做的事。"他希望了解中国的习俗，在四处旅行中发现设计的灵感，"中国是个历史悠久的国家，很多东西都有传统元素，了解这些对我的造型设计帮助非常大"。他确定了以水元素为主的设计理念："据我所知，水是中国传统元素之一，它是流动的，也具有力量感，也呈现出不同的形态……它是具有雕塑感以及呈现出水流性动态的感觉。"这是一种修辞术，他实际上沿袭了自己以前的设计风格，然后在语言学意义上使之具有水的内涵。汽车造型设计是一个模糊的语言—形状表意系统，语言与形状之间的关系有无限多的可能。

这是一种新型的"拿来主义"。在一个生产与消费的全球化时代，谁都不能否定这种方式的价值，但谁也不能据此否定创造精神和工业化身份的重要性。霍普曾经委婉地提及这个问题："中国汽车设计已经不输给外资品牌……光看车的造型，跟欧美车的界限已经很模糊，但还需要一段时间，去慢慢形成自己的风格。"2018 年，霍普走了，由姆（Steve Eum）和瑞斯（Kevin Rice）相继加入，他们设计的新车型与霍普的风格没有密切的线条传承关系。这些新车可能会有不错的销量，但同样不会塑造一种可传承的风格。而不可传承的工业品会在有限的时间里具有功能性的意义，却不能在中国消费领域中形成稳定的审美风格。

中国消费领域对于外国品牌汽车的认可有多种解释角度：基于历史常识的理性选择（赋予汽车民族性格或历史性的因素）、后殖民主义时代的消费理念（外国的就是好的，坏的也是好的）、个体实用主义（考虑制造技术、市场占有、维修服务、车辆保值情况做出决定）所主导的消费方式。其中，个体实用主义在最大程度上决定了中国日常生活中的车辆状况。这是一种个体意义的消费行为，同时也是对于个体自由意志的实践过程。

这个判断尤其适用于日本汽车品牌。个体实用主义有一个特点，即商业的归商业，政治的归政治，个人消费习惯一般不会受制于历史问题和宏观政治形势。日本汽车制造商努力开拓中国市场，对于公务员和教师群体有优惠政策，每辆车在正常优惠的基础上再降价 3000—5000 元，而且在遇到偶发性的砸车事件时为受损车辆免费维修。这是一种具有传导性的销售策略，因为教师和公务员群体在日常生活中会受到更多的注视。然而，日本右翼对于侵华问题往往采取回避与拒绝的态度，日本车的中国消费者由此被置于不利境地。

2017 年 2 月，在日华人组织了反对 APA 酒店的游行。事件根源是 APA 酒店的经理元谷外志雄在每间客房里放置了一本否认日本侵华时犯下的南京罪责的书。他要以个体之力重塑历史事件，改变历史记忆的状况。中国政府和民众对之抗议，要求他改变观点，实事求是，他却受到日本右翼的支持，所以更加有恃无恐：

> 从某种意义上说，安倍让我能活跃于业界，回头看对于安倍的各种举措，最不满的就是中国了。托这件事的福，全国各地寄来了一万多封鼓励我们的信件。因为有着众人的期待，所以即便发生这件事，我也绝不撤书。
> …………
> 几个月后人们就会忘记发生了什么，只会记得 APA 这个名字。因此，说不定可以靠这个提高知名度。

元谷外志雄发现了历史记忆机制在日常生活领域中所出现的弱点，从而利用这个弱点重塑历史事件。我要从日常生活叙事的角度补足这个弱点，反击元谷外志雄在历史记忆机制面前的吹嘘及其篡改历史记忆的企图。这种企图在日本右翼的主导下不断入侵小孩的世界观，从而在中日两国之间持续地制造历史性的争端，影响地域文化交流的持久性。2017 年春，日本森友学园举行运动会，在正式比赛开始前，四个小孩背诵宣誓词：

> 大人们决不能让日本输于其他国家，要保卫钓鱼岛、竹岛、北方领土！把日本作为坏蛋对待的中国、韩国要改正这一心态，让他们不要在历史教材上教授谎言。拜托了，安倍首相加油，安倍首相加油。安保法制，国会通过，非常棒。

孩子们的声音清脆温暖，又让人震惊。他们并不理解这段话的涵义，但他们的世界观在形成的时刻已经被成年人刻意改变，从而为中日之间的文化交流和相互认同制造了顽固的障碍。这是对于历史记忆的重新塑造。在日本右翼否认历史的同时，中国消费领域超越了去政治化的理性消费的内涵，表现为一种纯粹的世界主义，确切地说，是一种不受民族主义影响的世界主义，尽管这种态度在日本右翼言论的攻势下有时会显得无辜又无力。

一般而言，汽车的机械性能没有民族之分，但车标具有民族意识的象征性。在特定环境下，这种象征性会被放大，进而塑造出对抗与排斥心理。这是一种在消费领域中存在的道德化或情感化的心理，并在特定的时间或空间里产生不可预期的影响。但在这些时刻之外，汽车作为一种日常商品属于私人生活领域，一个人可以选择国产的，也可以选择进口的，可以选择这类商品，也可以选择其他商品。现代消费领域中的个体有自由选择的权利，道德化或情感化的态度不能无限度地介入其中。

这是一种全球化时代的消费观念，但具有不稳定性，在一些时刻或地区会出现变异的情况。美国一度是全球化的主导者，继承了19世纪英国的自由贸易理念。但这是一种有限度的经济策略，或被单向度解释的贸易理念。美国学者葛凯（Karl Gerth）研究了20世纪80年代美国人对于日本汽车的看法："我和朋友驾车穿越底特律，我强烈地意识到我们所开的车是一辆日产车。我怀疑当地人是否会因为我们这样明目张胆地开着日本车穿行在我们美利坚民族的汽车工业中心而袭击我们。"[1] 那个时刻，美国正在讨论外国人控制美国经济的问题。由于日本人出资购买了曼哈顿商业区的洛克菲勒中心和好莱坞全球电影公司，美国《新闻周刊》的封面刊登了一幅穿着和服的自由女神像[2]。在这种情况下，日本汽车在美国消费领域被赋予了市场经济和自由贸易以外的内涵。

日用消费品在特定的时刻会激起民族意识共同体的反思机制，从而出现一个物质与民族意识的复杂融合体。这是消费领域的民族化倾向，"随着民族国家的阐释而产生的天然副产品"[3]。这种倾向是现代消费领域中的深层问题，即"产品民族性"（product-nationality）或"消费的民族主义类型"（nationalistic categories of consumption）[4]。尽管会受到批评，但这种倾向是世界经济和消费领域中一个内在和稳定的现象，"从世界上消费主义的发展历史来看，市场自由可能更是一种例外，而不是通则"，美国、日本、爱尔兰、韩国、

－1 ［美］葛凯:《制造中国：消费文化与民族国家的创建》，黄振萍译，北京大学出版社，2007年，英文版序第1页。
－2 同上，英文版序第1页。
－3 同上，导论第14页。
－4 同上，导论第3页。

英国、法国、德国、尼日利亚、西班牙等国家在构建民族国家的进程中都经历了程度不同的"国货运动"[1]。

2011年，我在法国学习期间亲身体验了消费领域的民族化倾向所塑造的景观。街上的车一辆辆过去，卡车、轿车、垃圾清理车，基本都是雪铁龙、标致等法国品牌，要看到一辆外国品牌的车需要等一会儿。法国人有一种稳定的消费心理：他们觉得自己的东西是好的，坏的也是好的，并对之爱不释手。他们说自己的葡萄酒是世界上最好的，他们的奶酪是世界上最好的，他们说自己的语言是世界上最动听的。如果将之定义为一种现代心理，那么这种心理可以追溯到17世纪。那时候，他们要摆脱古希腊、古罗马和意大利文艺复兴的影响，反求诸己，在欧洲国家之间的激烈竞争里塑造现代意义的民族认同感。

对于日用消费品与民族意识之间的关系，支持全球化的人可能会提出一个相反的观点："国籍对产品来说是个越来越不相干的因素，底特律生产的汽车也许是由德国工程师设计，使用的是日本的发动机，并在墨西哥将来自世界各个地方的零部件组装在一起。"[2]但法国人始终没有否定日用消费品与民族意识之间的关系，即使认可外国商品的优势，这种优势在民族认同的意义上也无法与本国的商品相比。这是一种具有历史传承性的消费心理，也是一种民族意识在消费领域中的表达，尽管这种消费心理在一些方面阻挡了全球化时代物质流动的进程，也违背了自由贸易精神和市场经济规则。

巴黎的蓬皮杜中心是一个处在消费领域边缘的日常生活展示中心，其存在机制是保存那些日常生活中的物质、语言与行为，据此为那些

- 1 ［美］葛凯：《制造中国：消费文化与民族国家的创建》，导论第14页。
- 2 同上，第349页。

巴黎先贤祠旁的停车场

不间断出现又转而消失的日用消费品确定一个历史性和民族性的身份。我在里面经历了三个场景：

在一张崭新的木质大桌子旁边，我问看护员，一个四十多岁的女人：

——这是艺术吗？
——什么？这是艺术。
——这不是艺术，这只是日常的生活场景。
——这是艺术。

说完后她就不理我了，转过头，静静地看着这张大桌子。在一个旧柜子旁边，我问看护员，一个三十多岁的青年：

——我有一个问题，这是艺术吗？
——啊，又是这个问题，这是艺术。
——我觉得这不是，只是生活中的东西。
——我们把日常的、普通的东西变为艺术，这不是很好的事吗？
—— 一百年后吧，或许它们会成为艺术。

在一个破旧的汽车门旁，我问一个六十多岁的老太太：

——夫人，这是艺术吗？
——你提出的这个问题，应该由你回答。
——这不是艺术。

蓬皮杜艺术中心的日用品展示（一）

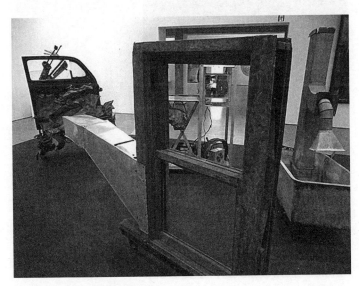

蓬皮杜艺术中心的日用品展示（二）

蓬皮杜艺术中心的日用品展示（三）

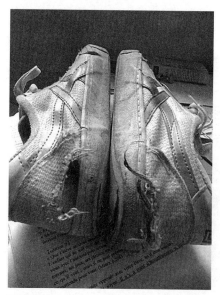

我的破鞋

　　她耸了耸肩，不再回答，安静地坐在那里。在那个时刻，我想把鞋脱下来，放在上面。那双鞋上有几个窟窿，不间断地穿梭于图书馆、档案馆和历史遗址，承担了中法文化交流的功能，比那堆破旧的日用消费品更有意义。这个举动针对的是法国的文化霸权，他们说什么是艺术什么就是艺术，不是艺术也是艺术。他们获得了定义艺术的权力，而我没有这种权力，所以同样的行为会具有不同的内涵，一种是创造，一种是破坏。十年之后，我对这个问题有了不同的看法。对于一个民族的当下及其物质体系的重视是法国在全球化时代维护民族传统的方式，尽管偏执与过度自我欣赏的倾向有很多弊端，但能维持全球化与民族传统的平衡，既不排斥全球化，也不扔掉民族身份。

　　中国街道上的汽车景观已经突破了消费领域的民族化倾向，进而表现为一个博爱与宽容的问题：原谅那些不可原谅的，宽容那些不能宽容的，以一种物质平等的态度引导日常消费的方向。这可能是世界历史上四个古文明里只有中国文明还在延续的原因，因其有博爱与宽容的精神。这种消费观念让中国有独特的现代经济和自由市场内涵，并具备更加开放的思维，冷静客观，专注于产品的品质，不受民族情感波动以及历史问题的影响。鉴于此，西方政治家否定中国市场经济地位的理由并不充分。

　　中国市场具有世界上少有的由宽容所主导的消费体制，对于外国物品始终怀着友好与宽容的态度。2014 年，一种外国品牌的畅销汽车出现了后轴断裂的质量问题。在现代汽车制造业中，这是一个很少出现的状况。2015 年，国家质检总局发布了调查报告：

　　装配耦合杆式后轴的汽车存在安全隐患，构成缺陷。而采用加装衬板的召回措施，能提高后轴纵臂的抗变形能力。但在良好路面行驶时不易察觉，加装衬板不能有效起到警示作用，存在后轴纵臂本体断裂之后未能及时发现，衬板又断裂导致的车辆失控风险[1]。

　　这个事件对于这种类型的汽车销售有过短暂的影响，但中国市场的宽容却让这个事件在进入集体记忆之前很快淡化了相关影响，这种类型汽车的销量很快恢复到每月3万台左右的水平。

　　2015年，大众生产的柴油动力汽车由于软件作弊被美国环境保护局（EPA）发现。通过设置发动机电子程序，柴油动力汽车在实验室检测状态下（前轮正常运行、后轮静止）能开启环保模式，减少尾气中致霾氮氧化物的含量。但当汽车处在正常运行状态下，即四个车轮同时转动时，发动机关闭环保模式，致霾氮氧化物会超过法定值的10—40倍。鉴于此，大众汽车为1100万辆已卖出的汽车支付300亿美元的赔偿和维修资金，其股票价格跌掉三分之一。美国《商业周刊》认为这次危机会使大众汽车"面临崩溃"，"70年来在工程技术方面享有的盛誉毁于一旦……大众汽车看来可能过不了这个难关，至少不会像以前那么被世人认可了"[2]。实际上，这个问题不仅涉及汽车生产问题，而且波及德国制造业在现代历史上用近两百年创造的声誉，"德国制造品牌的精髓在于，无论人们怎样看待德国人，他们都是非常出色的工程师。但就大众的作弊丑闻来看，部分工程师并不如传言中那

- 1 摘自国家质检总局《"新速腾汽车耦合杆式后轴纵臂断裂问题"缺陷调查报告》。
- 2 ［美］Mattew Campbell, Christoph Rauwald, Chris Reiter：《最大丑闻缠身，大众汽车忙赎罪》，《商业周刊（中文版）》2018年第7期，第84页。

般出类拔萃"[1]。

三年后,一个令人惊讶的现象出现了。2018 年,大众再次击败丰田,获得全球汽车销量第一,"这在很大程度上是因为来自中国市场的收入猛增,大众汽车的利润和股价基本上恢复到了丑闻灾难发生前的水平"[2]。在燃油汽车时代向电力汽车时代过渡之际,大众汽车并没有因为这场事故而面临转型危机,相反它有足够的资金研发电力汽车,从而进入新的生产领域。

源自日本的日用消费品同样为这种精神所接纳。日本人在现代化的进程中有可敬的一面,温和谦恭,勤奋努力,但作为一个群体时他们有时会为统一的意志所控制,即使违背普遍的历史理性也愿意为之付出一切。这个意志是一个矛盾体,面对东方国家时表现为控制和征服的愿望,面对西方国家时又表现为屈服与羡慕,然后奋起直追。这个矛盾体中有一种不会被现代文明所浸润的东西,在某个时刻会影响地区历史的方向。近代中国被这种东西所包围、伤害,但现代中国至少在消费意义上原谅了日本的行为,以更加宽容的精神对待日本汽车。日本汽车生产商在中国销售的汽车类型,相比于在西方国家销售的类型,往往存在配置降低的问题。对于一系列的安全问题和质量问题,这些生产商又会采取漠视、忽视等消极态度,这个双重标准也获得了原谅。

与之相反的是,中国汽车品牌在中国消费领域却会受到严格的对待,生产程序上难以避免的概率问题有时会演化为不诚实的商业道德

－1 [美]杰克·尤因:《排放门:大众汽车丑闻》,吴弈俊、鲍京秀译,上海译文出版社,2020 年,第 191 页。
－2 [美]Mattew Campbell, Christoph Rauwald, Chris Reiter:《最大丑闻缠身,大众汽车忙赎罪》,第 84 页。

问题。在这个过程中，国产汽车领域有可能承担了一群人在其他领域所遭遇困境的隐秘转移。2016 年 3 月，我所购买的汽车品牌正式上市，第一个月销售 5456 辆，之后一年里月销量持续攀升，2016 年 12 月达到 21148 辆，之后再也没有超过这个数据，并在三个月后迅速降到 1 万辆左右。2017 年 11 月和 12 月，每月销量达到 1.5 万辆左右，但 2018 年再次回落到月销量 1 万以内。2019 年 4 月，这家公司推出了一个运动类型，但半年后月销量下降到 5000 辆左右[1]。

每次站在城市的街头，我会观察眼前经过的汽车，希望为我所驾驶的汽车寻找一种物质意义的相似性或源于技术与驾驶方式的认同感。由于销量因素，这种认同感往往是稀少和不可预期的。2018 年，这一类型的汽车在一部日常生活类的艺术电影《生活万岁》中无意间进入摄影机的镜头，从第 59 分 36 秒持续到 1 小时 33 秒[2]。这是一种处在艺术化景观边缘的意外现象。这辆车在这个时刻是艺术化背景的一部分，但它可有可无。一对盲人夫妇在卖唱后回家的路上，天下雨了，他们停下来，在推拉车的储物格里找伞，然后撑起来。这辆车停在路边，作为这对夫妇一段对话的日常背景：

——下雨了，伞呢？

——坏了，没有伞。

——啊！

——你这个人最怕下雨了，

- 1 具体数据参考本章附录。
- 2 程工、任长箴导演：《生活万岁：只有真正关掉特效之后，才知道平凡有多么震撼》，2018 年。

——有伞有伞有伞，不慌。

——伞不见了，屋里还有一把伞。

…………

　　电影背景中不断有人经过，就像这辆车一样充当了偶然的、可有可无的角色。其中一个男人在他的日常生活节奏里发现了一些异常的因素，可能是那部摄像机，所以他边走边向这边看。之后又经过两个女人，一个走得快，一个走得慢，在盲人夫妇处走得快的人超过走得慢的人。经过的人都撑起了伞，镜头左边是一个路边广告牌，"百兆宽带，高清电视大片，安装电话××××××"。这是一个没有阐释价值的、随意性的日常生活场景。这辆车出现在这种随意性里，作为一个不能言的、机械性的存在，与这部电影对待日常生活的态度没有联系。它可以消失，对于电影的主题不会有任何影响。

　　为了记录电影中的对话，我反复点击鼠标的左键，用移动的光标控制虚拟播放器的暂停键或开始键。每次暂停时，屏幕中间都会出现不同的广告：青春戏剧社的剧目、一个饮食类节目的预告、一种汽车的广告"被点亮的星球"。这种琐碎、随意、无关联的商业图景加剧了这辆车的无意义状态。

　　在汽车生产逻辑中，一个车型只有保持足够的销量，才有升级换代的可能，第一代之后有第二代、第三代，进而有改变街道景观的能力。这是这个车型进入现代汽车文化的关键。日产轩逸是一个长期热销的日本车型，1959年第一代车型上市，现在已经到了第十四代，动力系统与变速箱的搭配也达到了一种理想状态。丰田的卡罗拉也有几乎同样的技术积累，1966年发布第一代车型，至今已是第十一代。这两种车型经历了二战后家庭轿车的普及潮流，并突破了西方与东方之间的设计壁垒，所以从公路到土路、从严寒到热带都具备世界通用的技术与感觉。它们本身都有缺点，包括动力问题、空间问题，以及控制成本所导致的减配问题，但这些问题在普及率的主导下被塑造为一种品牌特色，买这类车的人已经有接受其缺点的心理准备，所以当问题出现时也不会惊奇。

国产汽车面对的是一套被进口汽车和合资汽车所改造的汽车文化、驾驶感觉（视觉、听觉、触觉）和生产技术体系等。我所购买的汽车在机械性能、功能配置上已经很完备，并经受住了各种类型的测试，包括车辆拆解。上市十七个月后，该车型销量达到 20 万辆，《超级拆车》栏目对之进行拆解，展示内部结构的功能与安全性。拆解师首先拆掉前保险杠，防撞钢梁有足够的厚度，防撞钢梁之后有一个钢制的吸能盒，吸能盒上有两道溃折区，能够承载碰撞的力量，以预期性的局部变形或扭曲来保护汽车底盘的完整与安全。这是一种主动引导性的设计。如果碰撞力量过大，溃折区不能消解这种力量，底盘钢架才会受到影响。防撞钢梁与冷凝器之间有 20 厘米左右的距离，这是缓冲区，目的是在发生严重碰撞时降低水箱受损程度。

水箱前有两个喇叭，一个在正前方，一个在侧前方，隐藏在保险杠里面，两个喇叭相距半米。这同样是一种预防性的设计，如果有人想偷车，剪掉一个喇叭线路，但另一个喇叭仍具有报警功能。拆解师转动螺丝刀，卸下前大灯。前大灯是远近光一体结构，带有透镜，下侧是一个 LED 示宽灯，内侧是转向灯。大灯下方的叶子板内衬有一块隔音棉，消解汽车行驶过程中的车轮旋转噪音。同样，发动机盖内部也有一块隔音棉，目的也是隔音。发动机上方有一个包装盒，将所有的线路集中起来，装在一个塑料筒中，降低受热量，延长线路使用时间。

拆解师卸掉车身前门的内侧装饰板，里面有一层 2 厘米厚的隔音棉，"我们拆了很多车了，能把整个门内衬里边做得如此厚的隔音棉的，这应该是第一台"。车门结构包括钢制轮廓和门板，中间有一个斜向的防撞钢梁，以及一个横向的防撞钢梁，在侧向撞击中增加车身的承重力。车门内侧有一个软性塑料贴片，防止关门时的噪音传递。拆掉后座椅，下方有两个铁质的凸起，加强后排座椅的稳定性，尤其是发生碰撞时座椅不会向前移动，保护乘坐人员的安全。拆解师卸掉前后车门内侧中柱的黑色装饰板，里面同样有 2 厘米厚的隔音棉。后排地板棉下方有一层 2 厘米厚的隔音棉。隔音棉下方是一层软性贴片，防止共振，"用料比较实在"。

拆解师用升降机将车身举起来，卸掉轮毂，轮胎规格为 205-50-R17，扁平设计，偏于运动风格，"更多的出现在中级车中，对于一台家用车而言物有所值"。汽车底盘前轮固定处为麦弗逊独立悬挂（主要结构是螺旋弹簧和减震器，减震器能避免螺旋弹簧受力时的偏移，确保弹簧只能上下振动），减震器比较粗壮，能够应付较大的力度，与运动型的轮胎性能相符。下支臂是双层盒装钢板冲压设计，承载的能力更大。发动机排气筒从前方导向后方，由于行驶过程中排气筒温度高，所以在排气筒上方安装了一排铝制隔音板，"成本比较高，但能很好地隔热"。整个底盘喷了一层颗粒胶，俗称"底盘装甲"，除了隔音降噪之外还具有防锈功能，尤其适用于下雪后使用工业盐当融雪剂的地区。油箱旁边有一个外置式的汽油滤芯，防止油路堵塞，相比于内置式的汽油滤芯，更换里程短，但成本便宜，适合汽油品质不高的状况。

后车轮刹车系统分为两套，一套是脚刹系统，一套是手刹系统。这一点不同于通常的脚刹和手刹共用一套刹车盘的情况，这种设计成本低，但容易磨损，"两者分离的话，它的寿命是延长的，相当于买车多赠给你一副刹车片"。

后尾灯也是一个功能综合体，集成了转向、紧急刹车灯（LED）和正常提示功能灯（LED）。拆掉后保险杠，后防撞钢梁与前防撞钢梁一样，都配置了吸能盒，吸能盒上有两道溃折区。后备厢底部是非全尺寸备胎，在行驶过程中轮胎出现问题后可以暂时换上备胎，然后尽快去修理厂。备胎放置区有减震的软性包裹，"这种设计在其他很多车里甚至没有，包括20多万的车"。后备厢门的内侧有一个轻便的逃生设计，一个塑料拉钩，在遇到危险，车门不能正常打开时，车内人员可以将后排座椅放倒，爬进后备厢，拉动塑料钩，从内部打开后备厢门。

这是一个功能性的物质—技术景观，其目的不是满足视觉意义的审美，而是确保汽车行驶功能的稳定性。各类零件以及搭配并不美观，甚至看起来杂乱，但它们能承担起汽车运行中的各类功能，包括力量传递、方向控制、防护功能、支撑功能、隔音功能等。这是一种对于汽车机械结构的内部观察视野，属于一种处于日常生活边缘的专业技术领域，普通驾驶者一般不会注意这一领域的状况。

尽管质量优异，价格低廉，但在消费舆论中，这辆车遇到了很多质疑和否定。有人认为"同价位性价比无敌"，但更多的人是在吹毛求疵，包括底盘生锈、车身生锈、车内异响、油耗过高等，"有问题厂家和售后不积极彻底解决问题就是一味想办法拖，希望厂家不要忘本，要对信任你的客户讲点信用"。这个网络信息空间中有两个高频率出现的评论：

> 评论一：买奇瑞，心操碎。开奇瑞，真受罪。坐奇瑞，怕连累。
> 评论二：我也是中奖用户呢！不仅是坑，简直就是个洞。说句
> 不客气的话，这就是个无良商家！

两个评论人不但出现在这里，而且广泛出现在其他网络评论区。他们像是积累了满腹的怨气，无处缓解，或是受到某种动机的驱使，总之，他们在各类网络评论区里高频率出现，对之刻意贬低。这些个体化的评论最终会在日常生活领域中形成一些具有稳定性的判断，在一个有限的时刻内产生普遍的影响。尽管这是具有时效性的物质—心理状况，处在档案生成机制之外，最终会成为沉默历史中的微小部分，也不会向未来的叙事与解释学体系开放，所以未来的历史学家无法追踪这个时代的消费心理，但在这个时刻，这种心理却会主导日常生活的物质状况。

各类评论所涉及的问题，包括烧机油、生锈、方向跑偏等，在我的汽车上都没有出现过。关于其他的问题，包括异响、胎噪大、减震硬等，虽然出现过，但都在可接受的范围内，或只是一些偶发现象，很快就自动消失。客观而言，一个由1万多个零件构成的移动体基本都会出现这类问题。但这些问题在网络评论区里都被提出来，而且被看作是关乎汽车质量的根本性问题，进而否定这类汽车的性能。在物质消费全球化的时代，对于外国品牌汽车过度宽容，而对于国产汽车过度严格，这是一个值得思考的现象。

那些认可这类车型的观点会受到无限度的质疑。对于上述拆解

师的评论，有人在栏目的下方留言："这货被充值了。""充值"是一个与手机充话费相关的现代词语。只有手机计费系统里具有充足的话费，手机功能才有效，一个人可以购买29元套餐服务（3G国内流量，100分钟国内通话，超出后按0.29元/M收费，累计5元可使用1G），也可以购买79元套餐（30G国内流量，500分钟国内通话，超出后按0.29元/M收费，累计3元可使用1G）。预付费不同，获得服务也不同，但没有付费则没有服务。在汽车评论领域，"充值"则意味着能够改变公共舆论的导向，将坏的说成好的。所以，这是一种极为严厉的怀疑，指责汽车生产商给予了评论者一定的酬谢，让他们只发布有利信息，隐藏不利信息。

这是一种无所不能的质疑，可以在没有证据的前提下任意质疑，既能质疑虚假的问题，也能质疑真实的评价，而且由于是在一个主体性不明确的网络信息机制下，所以一般不会被追究。在分析这辆车的过程中，我没有被"充值"，我甚至由于卑微的身份而无法从汽车生产商那里获得关于汽车设计和制造的准确信息。我只是一个汽车的驾驶者，或一个现代机械功能的旁观者。我的分析不是源于商业化的目的，而是思想意义的目的：一是记录被汽车改变的个体日常生活状态，弥补历史档案生成机制的不足；二是在同时性的状态下体验中国制造的进程，以实践性的经验阐释被汽车改变的个体感觉；三是在消费领域不独立、汽车文化不完善的时代说明中国道路景观的被动状态。

2020年，我要从家乡山东乘坐飞机回到工作地。由于新冠疫情打乱了正常的日常生活秩序，通往机场的公共汽车发车频率大幅缩减，我决定通过出行软件预约一辆私家车。我点开出行软件，输入出发地和目的地，确定出发时间，预先支付费用，订单很快生成。一个司机承揽了这笔订单，他驾驶的是海马城市越野车。近半年，这家公司制造了一个新闻事件。由于 2017 年和 2018 年，海马汽车处于亏损状态，2019 年深圳股票交易所将它的股票交易标示为"退市风险警示"，公司运营举步维艰。2020 年，该公司出售 344 套房产，获得 1.62 亿元资金，再加上政府补助，暂时缓解了危机。

　　我以前从来没有关注过这家公司，也没有注意过道路上的海马汽车。早上 6 点，司机在约定地点等待，我们简短介绍后上车出发："请您系好安全带，车辆质量您放心，这辆车买了四年了，我经常跑长途，往西去过西宁，往南去过长沙，中途没有出现过故障。"车载电子狗开始工作："请沿此路段向前行驶……请注意经过下陡坡路段，请谨慎驾驶……前方 300 米有摄像头，请减速……"在高速路收费处，值班警察示意停车，要求我们出示身份证，并用电子设备采集身份信息。司机没有带身份证，警察要求他报告身份证号码，他将之输入电子识别设备，身份验证成功。我将身份证递给警察，他将之放在电子识别设备上证明，"嘀"，然后还给我。这辆汽车通过 ETC 专用通道，电子识别系统在极短时间内识别车牌，开启计费模式，铝制的挡杆抬起。汽车进入高速公路，时速 100 公里左右，车辆行驶平稳、减震状况舒适、车内噪音不影响正常交谈：

　　——我这辆 7 万多，现在跑了 7 万多公里了，车况也很好。
　　——现在国产车的质量好多了。

　　前方有一辆运送快递的集装箱重型卡车，时速 80 公里左右。司机要超过去，他打开左转向灯，看了看左后视镜，踩油门加速，时速

120 公里。与卡车车头平行时，大功率发动机的震动传到这辆车的车厢里，超车后这个声音很快消失。高速公路的上方出现了一个告示牌，蓝底白字，宋体："同为行车人，相见礼为先。"电子狗持续提醒前方的道路状况："当前路段限速 100，您已超速，当前车速 107……前方有应急车道拍照……"

我坐在副驾驶的位置，点开手机屏幕，再打开微信，准备发一条朋友圈。高速公路路面平整，车速维持在 100 公里左右，车内噪音轻微。我点击"朋友圈"，准备从手机存储系统中选择要发布的照片，这时手机屏幕上出现三个提示：拍摄、从相册选择、取消。我从相册中选择了一张已拍摄完成的相片，点击"完成"。手机屏幕进入下一个界面，照片上方是文本输入框："这一刻的想法……"我在这个文本框里点击，手机进入拼音—汉字输入模式。汽车行驶状态平稳，我逐字输入又修改了下面这段话，然后与照片一起发布，以此纪念我的母亲：

> 最近三年，多位优秀的医生和护士为我母亲精确诊治，悉心照顾；多位校友、朋友和同学提供及时的帮助；我的领导和同事给予了很多理解和关怀。最后一个月，她的语言和记忆力逐渐减退，家乡的亲戚和邻居赠送各类物品，帮忙做饭，为她洗澡、陪她聊天。五月十八日晚九点，她安静地离开，在这片丰裕的土地上开始新的生命轮回。这些优良的风俗，作为现代生存竞争的人文主义背景，是一个文明绵延不绝、持续进步的原因。

电子狗仍旧在持续发布语音提示，司机在专心地开车。他穿着迷

彩短袖，右肩处有一个徽标："空军运输搜救航空兵第五团……AIR
FROCE AVIATION CHINA"，徽标的中央是一只展翅的鹰，下方是
这支部队的铭言："忠诚、担当、作为"。

——你以前当过兵？

——是，航空兵，现在复员了，在火车站工作，有空的时候就出来
　　跑车，为了生活嘛。

——考航空兵可不容易，身体要好，心理素质也要好。

——我老母亲不放心我在外工作，所以十年前回来了，娶妻生子，
　　过平常日子。你几个孩子？

——一个，小姑娘。

——趁着政策允许，再要个吧，一个孩子以后多孤单呐。我现在想
　　要，但年龄不行了，快五十了。

　　到达机场后，司机帮我将行李取下来。我希望将他的徽标拍下来，
他很高兴地挺起肩膀。我们握手道别，"一路顺风"，司机转身离开，
开门、上车、踩离合、挂一挡、松离合、加油门，持续升挡，驾车而
去。这辆车与我的车有几乎一样的品质，空间、动力、转向、噪音控
制良好，价格低廉，但在路上很少看见，以至于生产厂家持续亏损，
面临退市的风险。

　　现代中国消费领域不是一个独立的物质—感觉领域，而是一个个
体意识和集体意识、本地意识和外来意识所塑造的物质—感觉领域。
汽车，作为一种中立的、功能性的物质，在日常生活中塑造了一系列
前所未有的现代感觉，并赋予了传统意义的平等、自由等概念全新的

内涵。但这个过程受制于一些不可见的因素。西方中心主义是改革开放后中国学术界系统批评过的思想，尽管在一些方面仍旧难以破除相关影响，而且在研究西方问题时，中国学者离开西方的观念与方法后仍旧难以立论，但这种状况在学术界已经引起重视，一些具有创造力和批判精神的人也在试图改变这种状况。而在现代消费领域，一种类似的状况仍旧在不受控制地蔓延。

表面上，这是一种物质所制造的奇异感觉，而实际上是一种物质所映射出来的感觉，确切地说，是物质对于这类感觉的确认。这类感觉在这类物质出现之前已经存在，当这类物质出现时，它仅仅是激活了这种感觉。对于一些人而言，只要购买某一类品牌的汽车，就算这种车发动机出现过或正在出现着机油增多或机油乳化的问题，就算这辆车的发动机会持续地消耗机油，以至于后备厢里总要准备一桶机油以备随时添加，总之，只要购买街道景观里高频率出现的汽车，就觉得内心平静，也愿意忍受这些问题。相反，对于国产汽车，另一种相反的心理出现了，只要出现一点问题，购买者的心理就有可能失衡。

在理论意义上，物质是中立的，物质所塑造的现代感觉也是中立的，但实际上，很多因素减弱了这种中立性，并将一些物质及其塑造的感觉置于一个垄断性或歧视性的文化体系中。如果忽视这些因素的存在，转而强调物质及其所塑造的感觉的中立性，那么，这是垄断性或歧视性的文化体系所主导的状况，并延续了现代世界在开创之初就具有的殖民主义特性。1907 年，在巴黎《晨报》的策划下，意大利伊塔拉汽车公司（ITALA）生产了五辆汽车，运抵意大利驻华大使馆，然后开启了从北京向巴黎、历时 62 天的赛事。对于汽车技术而言，这是一个事关人类文明进步的问题，即推动了汽车的普及以及汽车制造技术的改善，但对于主导这场赛事的西方国家而言，技术与征服或殖民主义有密切的联系。参与者之一吕吉·巴津尼在汽车从北京出发的时刻记录了一个包含这种关系的场景：

> 兵营里人山人海。所有白人都选择在今天见面，一些住在直隶的欧美人也来了，似乎所有的文明人都在这里。无论来自哪个国家，每个人都被一种自豪感号召而来，他们就是文明、教育、天性的融合体，这是西方在北京的心脏隆重庆祝胜利。
>
> ············
>
> 北京人对这场隆重的汽车赛漠不关心。他们看着我们，既不惊讶，也不憎恶。很多人几乎连看都不看，就像他们天天都能看赛车，已经看烦了似的。我们几乎都觉得自卑羞愧，预期中是盛大的欢庆场面，结果却是全然的无动于衷……我们文明的奇迹甚至都不能吸引一个中国小孩的注意力……世界上有两种人能像这样遇事不惊，镇定自如：要么大智大勇，可以理解一切，要么就是懵然无知，对他们而言一切都是谜。他们习惯了难以理解的事物，一切都超出了他们的认知范围，没有什么能令他们感到惊奇，因为一切都可以令他们惊奇。[1]

在技术普及化的过程中，汽车与文明优越论的关系虽然在弱化，但仍旧有一些隐性的遗存，一方面具有对于他者日常生活的控制

-1 ［意］吕吉·巴津尼：《西洋镜——1907，北京—巴黎汽车拉力赛》，沈弘、邱丽媛译，中国画报出版社，2015年，第16、19页。

力，同时又要使之满足于这种控制，并以此在物质、感觉与殖民主义之间确立一种稳定的文化状态，在日常消费领域中模糊自我与他者的关系，从而阻碍了个体身份与群体认同的构建。如果我们强调物质及其所塑造的感觉的地域性或民族性，进而在日常消费领域采取一种类似于政治领域的民族主义倾向，这同样不符合全球化时代的物质存在规则。在全球化时代，几乎没有一个人或一个民族能切断对外联系独立地生存下去，也没有一个公司能够在独立或隔绝的状态下完成创造性的突破。但这不意味着垄断性或歧视性的文化体系就是合理的。

物质主义的主要内涵一方面包括克服物质不能言的状况，另一方面强调物质的中立性和平等性，杜绝人类中心主义、民族主义、殖民主义心理导致的物质歧视或物质的不平等状况。这种状况表现在两个方面：一是对外来物质的歧视，二是对自身物质的歧视。在中国街道景观中，国产汽车受到的是第二种歧视。2020 年 1 月，我去了这家汽车的零售店，观看最新款的车型，外观、内饰和机械性能在三年的时间里已经更新换代。我打开车门，坐进驾驶位上。在视觉和触觉意义上，这是一个更优雅、更实用的驾驶空间。一个销售员走过来，介绍汽车的基本情况，包括尺寸、动力、空间、油耗、价格等。

——我有一辆这样的车，如果置换能补贴多少钱？

——那就很实惠了，可以补贴到 1 万。

——我的车现在能卖多少钱，四年车？

——两万多，看车况。

——我买的时候是 63900，现在贬值这么多？

——没办法，现在新车最低 49900，而且在这个基础上还有折扣，
　这个折扣我们暂且不谈。

　　相比而言，一线品牌的合资汽车购买后第一年贬值 10%—20%，
第二年贬值 20%—30%，第三年贬值 30%—40%，第四年维持在
40% 左右，少量车型第四年贬值率不超过 30%。而这辆车第一年贬值
30%—40%，第二年贬值 40%—50%，第三年贬值 50%—60%，第
四年贬值 60% 左右。国产汽车的贬值率过大，我对此已有充足的准
备，因为我不想很快将之卖掉，而是要从长时段的意义上考察这辆车
的性能。但对于那些普通的消费者而言，这种状况会影响到他们的购
车类别。这种巨大的价格变化机制中有很多矛盾，一是技术与品牌的
矛盾，二是价格与价值的矛盾。
　　关于第一类矛盾，制造汽车的技术在进步，驾驶体验越来越好，
但汽车价格在持续降低，而汽车生产商基本无力干预这个过程。从汽
车零售店回来时，一路堵车，本来 10 分钟车程的路走了 1 小时，前
面汽车的刹车灯不间断亮着，将升腾的汽车尾气照得通红。跑完 1.3
万公里后，这辆车的机械性能达到了最优状态，怠速时车内安静，方
向控制准确，加速有力，刹车力度得体，在各类性能上与同类型的外
国品牌汽车几乎没有差别。但它当前只能卖两万多，考虑到它有过碰
撞事故，前挡板已经更换，它的价格还会更低。
　　在消费心理的主导下，这辆车的价值与价格出现了两次背离。第
一次出现在购买新车的时候，汽车价值要大于价格；第二次出现在出
售旧车的时候，汽车价值要远远大于价格。有一种隐秘的力量制造了
这种背离。大众和丰田品牌的汽车可以不受这种力量的控制，相反它

们能扭转这种背离，因其是这种神秘力量的来源。这是一种什么力量呢？是一种民族意识、生产制度、公共舆论所塑造的物质权力。由于这些因素的介入，一些具有相似价值的物质在消费领域会出现巨大的价格差别。这个矛盾在日常生活心理中被固化，汽车品牌不但以一种虚拟的状态塑造了技术的品质，而且塑造了消费心理对于技术的理解方式。

当下流行的全球史是一种与全球化相符合的思想状态，其主题是在平等、多元、去中心化的条件下分析世界历史的进程。这是学院派的愿望，在相关研究中难以在全球化与全球史之间构建一种具有实践性的、词与物之间准确对应的联系。全球化确立了世界范围内物质、人员和信息的流通机制，这种机制仍旧不是无中心的，也不是平等的，在日常消费领域里，这是一个品牌所塑造的物质权力体系。从表面上看，自由交换和个体选择是这个物质体系的主导因素，除此之外也有殖民主义、后殖民主义因素。所谓的自由贸易，在全球化的进程中也不是一种无权力的平等状态。

关于第二个矛盾，现代经济学理论中有一个共识：商品价格取决于两个因素，即商品价值和供求关系。但在汽车消费领域，这个共识要有所修订，汽车价格在其价值与供求关系之外还取决于那种神秘力量所塑造的感觉。这种感觉既是一种个体意义的感觉，也是一种从众性的集体感觉。个体感觉往往要从属于集体感觉，是集体感觉的延伸。但究竟什么因素决定了集体感觉的生成及其对个体的巨大影响，这是一个复杂的问题。不同品牌的汽车的外观采用了几乎相同的材料，甚至是同一个工厂用相同的材料制造不同的外观，国产车与进口车或合资车的发动机在性能上不相上下，甚至国产车的性能在价格相差不多的情况下表现更好，而一旦车标介入这个领域，区别汽车的技术来源之后，相似的物质就具有了差别巨大的价格。这是一个集体消费心理学现象，有悖于上述经济学的共识，却主导了汽车的存在状态，包括购买、使用、维修以及二次买卖。

一个耗费 50 万元人民币购买豪华汽车的人在网络评论区发表了用车体验："重要的事情说三遍：老婆满意我就满意，老婆满意我就满意，老婆满意我就满意。老婆满意的地方有三个：内饰、外观、车标。"这是一种符号象征主义，造成了人的感觉的无限度漂移。在现代思想中，政治理念、道德理念的跨地域、跨时代漂移已受到抵制，但感觉的自由漂移之路仍旧通畅，感觉的产生与传播有时能逃脱实证性的审查。各种感觉类型离开它们的发源地，作为某种心理状态的象征符号四处漂移，但前提是打破感觉与物质、场景的相关性，使之不受实证主义的控制，结果一个符号所创造的感觉能以非理性的状态跨越在不同的场景之上。

这种情况又由于消费心理的稳定性和传导性而延续下去。即使一种类型的汽车在功能上已经改变，无论变好或变坏，它所塑造的感觉还会在一段时间内在消费领域里以稳定的状态存在，这是物质与心理之间的不对称状况。某一类汽车之前有良好的声誉，虽然更新换代之后质量有所下降，配置有所降低，但之前它所塑造的感觉还会延续，反之亦然。这本来是一种日常消费心理，但与物质歧视意识结合之后会具有隐蔽的内涵和影响力。在日常消费中的西方主义及其所构建的东方主义的语境中，一些物质或技术在日常生活领域被赋予了殖民主义或后殖民主义属性。这是一种物质—文化现象，并持续性地影响着区域意识、群体意识或民族意识的塑造。

附录　2016—2019 年中国汽车销量数据[1]：

2016年	该车型销量	销量第1	销量第2	销量第3	销量第4	销量第5	销量第6	销量第7	销量第8	销量第9	销量第10
3月	5456	大众朗逸 51241	日产轩逸 33266	大众速腾 32593	大众桑塔纳 30391	丰田卡罗拉 30075	大众捷达 28772	别克英朗 28194	福特福睿斯 22838	现代朗动 22168	吉利帝豪 20075
4月	8109	大众朗逸 34503	日产轩逸 29498	大众捷达 29494	大众速腾 29279	丰田卡罗拉 25639	别克英朗 23781	大众桑塔纳 22804	福特福睿斯 22305	现代朗动 19007	现代起亚k3 16244
5月	10986	朗逸 36047	捷达 30546	英朗 30343	卡罗拉 29318	轩逸 28704	速腾 27988	福睿斯 21010	朗动 18152	大众Polo 17356	雪佛兰科鲁兹 16667
6月	10722	朗逸 37869	轩逸 33489	捷达 32950	英朗 30974	卡罗拉 27268	速腾 27023	桑塔纳 26410	福睿斯 21787	科鲁兹 21009	朗动 19532
7月	11135	朗逸 33434	英朗 31109	捷达 27516	卡罗拉 27157	轩逸 25495	桑塔纳 24276	福睿斯 21787	速腾 20239	科鲁兹 15958	丰田雷凌 15587
8月	16800	捷达 36577	朗逸 33912	英朗 32832	轩逸 28035	速腾 26867	卡罗拉 23318	福睿斯 22203	大众宝来 22086	朗动 20199	科鲁兹 18708
9月	14822	朗逸 39726	轩逸 37657	英朗 36386	捷达 34313	速腾 34140	福睿斯 28944	朗动 28120	宝来 28120	卡罗拉 25015	桑塔纳 23045
10月	16504	朗逸 42422	轩逸 40679	英朗 34629	速腾 32816	桑塔纳 32587	福睿斯 31260	宝来 30229	捷达 29637	帝豪 25015	起亚k3 22954
11月	16973	轩逸 45232	朗逸 42716	英朗 35533	卡罗拉 31932	速腾 31698	福睿斯 31052	捷达 30459	朗动 28273	宝来 27264	起亚k3 26235
12月	21148	轩逸 43831	朗逸 37550	桑塔纳 34430	英朗 31726	福睿斯 30784	朗动 30050	卡罗拉 28282	福特福克斯 26822	起亚k3 25300	速腾 25145

- 1 摘自中国汽车工业协会统计数据。

2017年	该车型销量	销量第1	销量第2	销量第3	销量第4	销量第5	销量第6	销量第7	销量第8	销量第9	销量第10
1月	15074	朗逸 52428	捷达 43265	英朗 34548	轩逸 31969	桑塔纳 31842	宝来 27717	速腾 26746	帝豪 26314	卡罗拉 26302	福睿斯 26018
2月	10468	英朗 30477	朗逸 30009	卡罗拉 26518	速腾 24248	宝来 21319	帝豪 20644	轩逸 19021	福睿斯 17540	桑塔纳 17100	上汽宝骏310 16058
3月	11176	朗逸 47595	英朗 35398	轩逸 33920	卡罗拉 31105	福睿斯 26484	速腾 26215	桑塔纳 25800	捷达 22851	帝豪 20527	宝来 19444
4月	10113	英朗 32962	轩逸 29683	朗逸 29277	捷达 23370	卡罗拉 23130	速腾 20977	桑塔纳 19704	宝来 16417	大众迈腾 16163	帝豪 16069
5月	10483	朗逸 37602	轩逸 32462	英朗 30560	卡罗拉 28248	捷达 24084	迈腾 20659	速腾 19798	福睿斯 18718	桑塔纳 18574	帝豪 14211
6月	10174	英朗 35766	轩逸 33110	朗逸 32871	卡罗拉 32381	捷达 23628	速腾 22952	福睿斯 20172	大众凌度 19009	本田思域 17600	迈腾 17523
7月	8579	英朗 34367	卡罗拉 31577	速腾 27836	轩逸 26033	朗逸 25498	捷达 23029	桑塔纳 22372	迈腾 18975	Polo 16787	迈腾 18975
8月	9842	英朗 36418	轩逸 35565	捷达 34864	朗逸 34674	速腾 33426	福睿斯 30869	卡罗拉 25693	宝来 24014	桑塔纳 21251	帝豪 16752
9月	10293	朗逸 53520	轩逸 39789	速腾 39358	英朗 36045	福睿斯 35393	捷达 34253	卡罗拉 32014	桑塔纳 30397	宝来 25226	宝骏310 21705
10月	6033	轩逸 48483	朗逸 40608	卡罗拉 38868	宝来 36799	速腾 36015	思域 21438	大众帕萨特 20716	雷凌 20516	桑塔纳 20386	帝豪 18342
11月	13649	朗逸 47554	轩逸 41647	英朗 37993	捷达 31850	卡罗拉 31177	宝骏310 31002	福睿斯 30826	速腾 29137	桑塔纳 27516	帝豪 24578
12月	14930	朗逸 45554	轩逸 44141	英朗 40939	宝骏310 35048	福睿斯 33581	速腾 29946	宝来 22458	帝豪 22090	雪佛龙科沃兹 21376	现代领动 20492

2018年	该车型销量	销量第1	销量第2	销量第3	销量第4	销量第5	销量第6	销量第7	销量第8	销量第9	销量第10
1月	7755	卡罗拉 46735	朗逸 44202	捷达 39651	轩逸 38179	桑塔纳 35550	速腾 34874	宝来 32585	迈腾 29297	英朗 28016	帝豪 25597
2月	5041	朗逸 25460	卡罗拉 21950	英朗 18695	宝来 17773	帝豪 17307	轩逸 17270	宝骏310 17116	速腾 16620	捷达 15412	吉利远景 14968
3月	11177	朗逸 38914	轩逸 37672	卡罗拉 33670	速腾 32051	宝骏310 28576	宝来 27059	迈腾 24837	桑塔纳 24499	长安逸动 21606	英朗 21600
4月	11135	轩逸 34467	朗逸 30449	速腾 26367	卡罗拉 22869	迈腾 20312	捷达 20126	英朗 20115	帝豪 19941	科沃兹 19448	领动 19300
5月	10475	朗逸 40570	轩逸 39363	卡罗拉 34543	捷达 28364	桑塔纳 23169	速腾 23156	科沃兹 21058	迈腾 20514	领动 18045	雷凌 17295
6月	7928	轩逸 43633	朗逸 41653	卡罗拉 32248	桑塔纳 29654	捷达 27042	速腾 23547	宝来 20585	领动 20120	科沃兹 19890	帝豪 19645
7月	7503	卡罗拉 35392	轩逸 34640	朗逸 33484	捷达 27474	速腾 24596	帕萨特 21611	帝豪 20021	思域 19609	宝来 18103	雷凌 17528
8月	7630	朗逸 38946	轩逸 38357	捷达 30363	卡罗拉 28975	速腾 27407	英朗 23411	帝豪 22814	领动 21361	迈腾 21057	科沃兹 19871
9月	7553	捷达 44759	轩逸 42523	英朗 29746	捷达 29052	桑塔纳 29026	卡罗拉 27451	速腾 25816	领动 24888	宝来 22705	科沃兹 21458
10月	6640	朗逸 46831	轩逸 43419	桑塔纳 30637	英朗 29316	捷达 29288	卡罗拉 27775	速腾 26908	科沃兹 24533	帝豪 20349	别克威朗 18235
11月	6997	轩逸 52640	朗逸 47992	卡罗拉 35037	捷达 32317	英朗 31767	科沃兹 27557	桑塔纳 27492	速腾 26105	思域 22219	本田雅阁 20508
12月	8215	轩逸 56339	朗逸 40484	捷达 36711	卡罗拉 27755	科沃兹 25382	速腾 22455	思域 22195	领动 21726	宝来 21236	雅阁 20064

2019年	该车型销量	销量第1	销量第2	销量第3	销量第4	销量第5	销量第6	销量第7	销量第8	销量第9	销量第10
1月	7925	朗逸 59507	轩逸 44454	卡罗拉 37711	英朗 34622	捷达 31065	桑塔纳 28840	科沃兹 28297	雷凌 26681	宝来 24765	思域 24374
2月	4676	朗逸 33900	轩逸 23553	英朗 22756	捷达 19192	卡罗拉 19191	帝豪 16292	速腾 15748	宝来 15243	思域 13975	桑塔纳 13037
3月	5838	朗逸 49762	轩逸 44948	卡罗拉 29600	英朗 25966	速腾 25280	桑塔纳 23457	宝来 23380	思域 21089	雅阁 20412	雷凌 18388
4月 售新车型 GX	5706+ 5765	朗逸 36522	卡罗拉 30403	轩逸 27902	速腾 27240	雅阁 21276	宝来 19874	帕萨特 16949	桑塔纳 15501	捷达 15384	本田飞度 15349
5月	3876+ 3765	朗逸 35752	卡罗拉 32383	英朗 31204	轩逸 30889	宝来 26283	通用科鲁泽 21439	雅阁 18264	迈腾 15772	思域 15647	帕萨特 14828
6月	3659+ 4321	朗逸 33817	轩逸 32629	卡罗拉 28527	宝来 26643	思域 25641	英朗 24973	雅阁 19549	桑塔纳 19038	北汽 EU 17916	克鲁泽 17807
7月	4092+ 4430	朗逸 36921	宝来 26704	卡罗拉 26049	桑塔纳 25362	思域 25229	轩逸 24999	雷凌 22811	速腾 22240	雅阁 18392	丰田凯美瑞 16213
8月	4600+ 4112	轩逸 33795	朗逸 33006	速腾 30577	宝来 28317	英朗 26555	雷凌 22496	桑塔纳 20517	思域 20378	雅阁 16304	帝豪 15710
9月	5263+ 5026	朗逸 48546	轩逸 42972	速腾 38394	宝来 36610	卡罗拉 29911	英朗 24875	桑塔纳 23694	思域 22260	雷凌 21785	雅阁 20436
10月	6033+ 5156	轩逸 48483	朗逸 40608	卡罗拉 38868	宝来 36799	速腾 36015	思域 21438	帕萨特 20716	雷凌 20516	桑塔纳 20386	帝豪 18342
11月 GX取代 旧车型	12057	轩逸 54348	朗逸 52691	卡罗拉 39475	宝来 37646	速腾 33520	帕萨特 26024	桑塔纳 24342	雷凌 22393	思域 21722	雅阁 19101
12月	11921	轩逸 61980	朗逸 50778	速腾 39484	宝来 38767	卡罗拉 35715	帕萨特 27414	桑塔纳 31057	英朗 23626	雷凌 21984	北汽 EU 21963

手动挡汽车的消失

对于汽车的日常状态而言，这是一个开端，也是一个终点。一种新的驾驶模式即将出现，高密度、即时性的数字处理策略在日常生活领域创造了一个娱乐性的身体移动空间。那种依靠人的体力和感觉机制的驾驶模式几乎处在消失前的时刻。

2021 年 4 月，华为公司发布了自动驾驶系统。在美国单方面实行经济国家主义的时代，这是一种技术性的应对策略。一个复杂的国际关系问题被成功地转变成纯粹的技术问题，从而避免了没有效率和更加不确定的语言对抗。对于汽车的日常状态而言，这是一个开端，也是一个终点。一种新的驾驶模式即将出现，高密度、即时性的数字处理策略在日常生活领域创造了一个娱乐性的身体移动空间。那种依靠人的体力和感觉机制的驾驶模式几乎处在消失前的时刻。

一个电子显示屏出现在装饰简单、充满着塑料感的实验车前部。一个戴着口罩的驾驶者将汽车驶离制造空间，进入城市开放道路，然后开启自动驾驶模式。这辆汽车要沿着逆时针方向完成一个闭环测试。电子屏幕显示着行驶信息和导航地图，包括路线、时速和道路状况。汽车在时速 20—30 公里之间行驶，距离前方红绿灯路口 100 多米时，长焦摄像头检测到红灯，在一系列算法和传感器的辅助下开启减速模式。在刹停之前，红灯变为绿灯，自动驾驶汽车识别后又加速行驶。方向盘不间断地向左或向右调整方向，车速在 20—40 公里之间变化。

自动驾驶汽车配备 5G 天线，3 个激光雷达，6 个毫米波雷达，4 个环视摄像头，9 个高级驾驶辅助摄像头，分布于车身各处。这是一个对于周围环境的全面感受机制。在自动驾驶机制运行时，脉冲激光、毫米波高频率地向外散射，碰到物体后形成反射信号，被雷达回收；摄像头模拟人的视觉机制，收集外部线条和颜色。车载电脑系统采用超级全栈算法，以一种超出人类时间意识的速度处理这些数据，确定汽车与周围可移动物体、固定物体的空间关系，并有效识别交通信号，在此基础上确定合适的车速和方向。

在一个十字路口，自动驾驶汽车要完成右转弯动作。在上述机制以及北斗卫星提供的精确地形图的辅助下，这辆车完成了这个动作，并进入一条双向六车道的沥青路，在右侧车道行驶。左侧一辆高速行驶的内燃动力汽车从中间车道迅速变换到右侧车道，激光雷达测算到这个情况，这辆人类驾驶的汽车被简化为一个移动符号，短暂地出现在电子屏幕上。

驾驶者是自动驾驶机制的辅助者，应对突发情况。他的双手始终放在方向盘下方，准备随时干预。他的双脚不可见，但一定在刹车踏板附近，准备随时踩下去。在自动驾驶汽车行驶的过程中，一个技术话语机制出现了。副驾驶是一个旁观者，对于这个系统他提出了很多问题，包括技术本身和具体应用场景。后排有一个技术人员，她以自信和乐观的风格解释着自动驾驶汽车的类人化反应机制。在这个技术话语机制之外，一个类人化的虚拟声音不断阐释着汽车运行状态和路线选择，并提示下一个动作的目的。两种类型的话语完整地进入车内的影音记录系统，然后在世界范围内开启了中国自动驾驶技术的商业阐释功能。

自动驾驶汽车向左变换车道之前开启了语音阐释机制："……向左变换车道……"这个声音被人类的声音所掩盖，听起来模糊不清。这并没有妨碍自动变道行为，左转向灯开启，不断闪烁，方向盘向左微调。自动驾驶汽车进入中间车道，方向盘向右微调，保持直线行驶。最左侧车道有一辆车占用，自动驾驶汽车在中间车道行驶，等到有足够的距离，方向盘向左微调，进入最左侧车道，保持直线行驶。中间车道出现一辆行驶较慢的卡车，它在电子屏幕上变成一个移动的符号。

自动驾驶汽车以 43 公里的时速成功超车。左侧绿化带中间出现一个蓝底白色的提示牌："保护公路安全，严禁沿路搭建。"

在一个左转路口，自动驾驶汽车在左侧车道均匀减速，在距离前车 5—10 米处跟随行驶。进入待转区后，自动驾驶机制表现出了不同于人类驾驶机制的状态：直行绿灯开启后，对向车辆刚起步，人类驾驶机制往往会加速行驶，利用这个有争议的通行空间完成左转，但自动驾驶机制察觉绿灯后急速刹车。这是一个符合交通规则却违背人类行为逻辑的技术化幽默。车内人员的身体在急停时有轻微的颤动。公开视频上出现了一个注释："系统在有保护左转路口略显犹豫，没有第一时间跟上前车，识别到绿灯变为黄灯后大力刹停。"自动驾驶汽车停在待转区，前方的车辆以垂直的角度密集通过，电子屏幕不间断地显示着这些移动的符号，技术人员继承了这个技术化幽默的状态，在公开视频上加了一个注释："大家可以感受下系统对横向车辆的识别能力和 HMI 可视化显示的流畅性和准确性。"

左转绿灯亮，自动驾驶汽车左转进入直行道路，在中间车道以 50—60 公里时速行驶一段后，在下一个十字路口停车，与前车大概有 8 米距离。绿灯亮，这辆车瞬间提速到 60 公里，左侧不断有人类控制的燃油汽车超越。这辆车又通过两个十字路口，以及一个立交桥通行机制，始终保持直行，然后进入快速路系统，车速在 20—60 公里之间变化。自动驾驶汽车再次向左变线，进入左转车道。这一次在黄灯刚亮起时，它没有启动刹停机制，迅速左转进入直行道路。右侧出现一辆送快餐的电动车，它在电子屏幕上简化为移动的符号。自动驾驶汽车直行穿过两个十字路口，进入左转车道，那个技术化的幽默状态再次出现。左转绿灯亮，这辆车成功左转。人行横道上有两个行人，

激光雷达和毫米波雷达准确识别到他们的移动轨迹，然后减速避让行
人。汽车加速时，一个类人化的声音提示："430米后在前方路口向右
前方行驶。"

自动驾驶汽车再次在左转车道等待，跟随前车，走走停停。这是
一个直行与左转不区分的十字路口，雷达和摄像头高效率运行，识别
各类障碍物。对向一辆直行汽车减速让行，自动驾驶汽车以10—20
公里的时速完成左转，然后启动右转向灯，汽车进入中间车道直行，
经过十字路口后进入右转车道，以20公里时速实现转弯。在下一个
直行与左转不区分的十字路口，一辆汽车抢先变道左转，自动驾驶汽
车识别到突发情况，电子屏幕上出现一个红色的方向盘标识，"嘟嘟嘟
嘟……"，用警示音提示人类的主动干预。驾驶者没有回应这个请求，
自动驾驶汽车减速避让，技术请求解除。之后，它丝毫没有表现出对
于人类的不满，稳定地控制着车辆的行驶状态："1公里后在红绿灯路
口左转……"前方50米处有人违规穿越道路，雷达系统识别后用声
音和图像提示驾驶者，降低车速避让，每小时28—29公里。行人过
路的场景刚结束，一辆送餐电动车突然出现，违规穿越道路，自动驾
驶汽车再次减速，雷达系统检测到左侧有一辆电动车，电子屏幕上出
现了一个符号。这辆电动车加速超越，自动驾驶汽车减速到每小时13
公里。

自动驾驶汽车进入了一个复杂领域，它的计算能力将在这里获
得认可。前方道路两侧停满了电动车，对向车道出现了两辆人类控制
的汽车，右侧空路空隙处突然出现了一辆电动车，并直接进入道路中
间……一个红色的方向盘标识在电子屏幕上闪烁，"嘟嘟嘟嘟……"。
驾驶者再次忽略这个请求。自动驾驶汽车的时速降到3公里，方向盘

不间断地调整。一辆电动车高速行驶，从右侧超车，然后进入道路中间行驶。右侧岔路有一辆待左转的汽车，自动驾驶机制通过转向灯识别到它的意图。一个人违规横穿马路，自动驾驶汽车启动刹停机制，之后向道路中间行驶，越过停在路上的电动车。对向车道上再次出现人类驾驶的汽车，自动驾驶汽车超越电动车后迅速向右变向，以 7 公里时速离开对向车道……

　　这辆汽车在中国的开放道路上自由穿行。自动驾驶机制对于日常生活具备了理解、阐释与实践的能力。在整个过程中，它一直处在日常生活领域的包裹之下，却又具有超越日常生活领域的能力，因其以快速、有效的计算—移动方式创造了一种新的技术景观。对于日常生活的旧秩序而言，这个景观最初具有充分的新奇性。等到这种新奇性在人的视觉领域中变得平常与普通，一种日常生活的新秩序就到来了。来自西方的计算—移动方式并不适应中国的日常生活状况，就像西方政治制度不适合中国的风俗一样。所以，这辆自动驾驶汽车超出了交通工具的内涵，在思想意义上是对于地理风俗与人文制度之间关系的实践性阐释。这是技术在日常生活中创造的一个隐喻。

　　汽车正在从部分自动驾驶（自动变速器、车道偏离辅助系统等）过渡到完全自动驾驶。人的身体功能在这种过渡中出现了彻底变化的可能，手动挡汽车在理论意义上走到了存在进程的终点。这是一种可预测的消失状态，与之相关的各种操作开始具有考古学的内涵。在物质存在的意义上，一种机械功能即将消失，但在思想意义上，一个追溯性的记忆空间即将开启。由于手动挡汽车在 20 世纪历史中的重要性，这个记忆空间对于阐释人类历史进程而言也就具有无可取代的价值。

技术功能的重要性是手动挡汽车主导现代历史的前提，但不是进入人类历史档案机制的前提。这种类型的汽车属于日常生活中的物质领域，在档案生成的意义上，这是一个荒凉地带。手动挡汽车最终会进入难以追溯的、无法阐释的破碎记忆领域。左脚在离合器上的完全踩下动作，右脚在油门与刹车踏板之间的变化与有限度踩下动作，右手在双脚的辅助下对于挡位的控制，向前、向后，左前、右后……这些动作的内涵都会因为物质基础的消失而消失。而在自动驾驶时代，人的身体成为安全、高效移动模式的客体，人的感觉机制处于完全被动的状态。档案生成机制难以从这类移动模式中发掘关于人类生存状态的深刻内涵，也就不会启动文字介入的程序。

在这个可预见的状况出现之前，人类中心主义所主导的文字叙事机制至少能在部分意义上避免手动挡汽车在人类记忆中完全消失的可能。手动驾驶模式与自动驾驶机制之间会出现一种新生与遗忘交叠的现象，对于两种状态的塑造直接决定着记忆—叙事机制的完整性和驾驶感觉的可追溯性，进而为自动化时代驾驶感觉的塑造提供一种手动时代的历史经验。

图书在版编目(CIP)数据

驶于当下:技术理性的个体化阐释/徐前进著.—
上海:上海书店出版社,2021.9
("日常生活&档案生成"系列)
ISBN 978-7-5458-2069-0

Ⅰ.①驶… Ⅱ.①徐… Ⅲ.①汽车-城市社会学-研
究 Ⅳ.①U469②C912.81

中国版本图书馆 CIP 数据核字(2021)第 144350 号

责任编辑	俞芝悦	范　晶
特约编辑	俞诗逸	伍繁琪
封面设计	郦书径	

驶于当下:技术理性的个体化阐释
徐前进　著

出　　版	上海书店出版社	
	(200001　上海福建中路 193 号)	
发　　行	上海人民出版社发行中心	
印　　刷	江阴市机关印刷服务有限公司	
开　　本	640×965　1/16	
印　　张	21.75	
字　　数	250,000	
版　　次	2021 年 9 月第 1 版	
印　　次	2021 年 9 月第 1 次印刷	
ISBN 978-7-5458-2069-0/U·10		
定　　价	68.00 元